U0419465

ADMINISTRATIVE LAW

教育部2013年新世纪优秀人才支持计划项目

华东政法大学2015年行政法学科建设项目

行政法案例分析教程

Case Studies of Administrative Law

章志远 /著

北京大学出版社
PEKING UNIVERSITY PRESS

图书在版编目(CIP)数据

行政法案例分析教程/章志远著.—北京:北京大学出版社,2016.6

ISBN 978-7-301-27253-4

Ⅰ.①行… Ⅱ.①章… Ⅲ.①行政法—案例—中国—教材 Ⅳ.①D922.105

中国版本图书馆CIP数据核字(2016)第148514号

书　　名 行政法案例分析教程
XINGZHENGFA ANLI FENXI JIAOCHENG

著作责任者 章志远　著

责任编辑 朱梅全　徐　音

标准书号 ISBN 978-7-301-27253-4

出版发行 北京大学出版社

地　　址 北京市海淀区成府路205号　100871

网　　址 http://www.pup.cn

电子信箱 sdyy_2005@126.com

新浪微博 @北京大学出版社

电　　话 邮购部62752015　发行部62750672　编辑部021-62071998

印 刷 者 三河市北燕印装有限公司

经 销 者 新华书店

730毫米×980毫米　16开本　15.75印张　218千字

2016年6月第1版　2021年1月第4次印刷

定　　价 39.00元

行政法学研习方法(代序)

行政法是一门中外法学院公认的最难教、最难学、最难考的课程。在我国各大法学院，行政法课程内容之繁杂、概念之抽象、教学之匆忙、授课之无趣往往令本科学生望而生畏。在历年举行的国家统一司法考试中，行政法科目的得分都相当低。即使侥幸通过了司法考试，很多法科学生依旧坦言自己对行政法的印象还是云里雾里。在我国台湾地区，行政法同样是令各大学法科师生头疼的学科。根据学者的调查访谈分析，台湾地区的行政法学教育在每一个环节都出了问题，使得学生根本无法学好这门学科。这些问题包括：各校法律系没有明确的教学目标与完整的课程设计，无法让学生循序渐进、由浅到深地学到行政法的理论精髓；教师所进行的分割式教学和考试，导致学生根本无法窥知整个行政法的体系；教师只介绍行政法的概念和理论，学生根本无法习得行政法规的适用技术；行政法总论排课太早；司法考试出题不当；等等。[①] 在美国浩如烟海的行政法学文献中，有关行政法教学的讨论同样相当热烈，这也从一个侧面反映出美国法学院行政法教学的现实。早在1990至1991年间，思格兰(Schotland)、皮尔斯(Pierce)、夏皮罗(Shapiro)等行政法学者就以通信的方式在美国行政法评论杂志上就行政

① 参见陈淑芳：《各大学法律学系行政法学教学之现况与检讨》，载法治斌教授纪念论文集编辑委员会编：《法治与现代行政法学——法治斌教授纪念论文集》，台湾元照出版公司2004年版，第733页。

法教学问题展开过讨论；1991 年 8 月，温德纳大学（Widener University）法学院成立不久即召开了以“21 世纪行政法实践发展和教学”为主题的论坛，沙珍池（Sargentich）教授对 21 世纪行政法教学展开了全面论述；1999 年 11 月，布兰迪斯大学（Brandeis University）法学院召开了第一次行政法学术论坛，近二十位著名行政法学教授围绕行政法教学、课程设计、教科书撰写进行了深入讨论，夏皮罗教授在那次论坛上还发表了著名的《法科生不喜欢行政法的十大原因及其对策》。①

尽管讨论并非如美国学者那样热烈，但我国行政法学者近年来也针对行政法学教学问题进行了一些有益的尝试，显示出行政法学对自身危机的某种自觉反应。这方面的努力主要体现在三个方面：一是出版了若干极具个性化的行政法学教科书，为行政法学的教学改革探索奠定了基础。在主流行政法教科书之外，学者个人独立完成出版的个性化行政法教科书日渐增多，呈现出百花齐放的格局。章剑生教授的《现代行政法总论》（法律出版社 2014 年版）“运用案例来阐述理论，以期开法学教材务实之新风，让法科学子从中感知法律实践脉络，法律职业人深入案情背后的理论根基”；叶必丰教授的《行政法与行政诉讼法》（高等教育出版社 2011 年版）以“判例说理”的方式对行政法学原理进行了简明扼要的阐释；余凌云教授的《行政法案例分析和研究方法》（中国人民大学出版社 2008 年版）是“通过对行政法的案例分析，思考、总结和演示案例研究方法的一部探索性学术专著”。这些富有特色的行政法教科书、行政法案例分析教材的出版，代表了行政法学界对行政法学教学问题的不懈探索。二是各大高校法学院在行政法学课程设计上不断改革，行政法学教学向纵深推进。在传统的法学专业十四门核心课程中，“行政法与行政诉讼法”仅占一席，不少高校法学院也仅开设这一门课程。由于课时极为有限，授课教师往往只能选择性授课，很多行政法知识特别是

---

① 相关论文，可参见 43Admin. L. Rev. 113（1991），1WidenerJ. Pub. L. 147（1992），38Brandeis L. J. 351（1999—2000）。其中，Shapiro 教授的论文还被高秦伟教授译成中文发表，参见〔美〕西德尼·A. 夏皮罗：《行政法教学的省思：期待续集》，高秦伟译，载《行政法学研究》2006 年第 4 期。

行政诉讼法知识仅仅一带而过，其结果必然加剧法科学生对行政法课程的厌恶感。近年来，多数高校法学院在本科教学中已经分设“行政法”“行政诉讼法”两门必修课，同时还根据师资力量选择性地开设了“部门行政法”“行政法案例分析”“行政程序法”“比较行政法”等多门选修课，在一定程度上改善了行政法学教学课时不足、内容过于宏观的状况。三是行政法学者组织了有关行政法学教学问题的学术研讨，逐步形成了某些共识。例如，清华大学法学院分别于2010年9月25日和2012年11月24日组织召开了全国范围的“行政法学教材编写”和“行政法学教学方法”学术研讨会，在很大程度上引发了行政法学者对自身学科建设和教学方法的反思。与此同时，一些行政法师资力量比较集中的法学院校也相继在内部召开了本校、本院行政法学科建设的会议，讨论了包括行政法学教学改革在内的诸多重要议题。

改革开放三十多年来，我国的行政法学教学和研究经历了从无到有、从小到大的发展历程，对国家的行政法治建设起到了重要的推动作用。同时也应当看到，当下的行政法学教学和研究还存在很多问题，在一定程度上陷入“顶天”不够、“立地”不足的“黑板行政法学”境地。[①] 与根深叶茂的民法学和刑法学相比，主流法学刊物上发表的高端行政法学论文明显偏少，行政法学研究成果很难辐射到其他法学二级学科，行政法学对整个法学研究进步的贡献度明显偏低，行政法学青年人才储备明显不足。行政法学研究的这些危机成因较为复杂，但与行政法学教学方法的落后也直接相关。由于缺乏权威、实用的行政法教科书，加之课时较少、开课时间过早，行政法教师的授课普遍存在选择性讲授的情形，很多教师往往对自己感兴趣的内容大讲特讲，对自己没有兴趣或者没有研究或者认为并不重要的内容则一带而过。如此循环往复，就很难吸引足够优秀的法科学生以行政法学研究作为自己毕生的志业。于是，在法学研究之林中，行政法学就失去了人力资源这一核

---

① 参见胡建淼教授在中国政法大学五十周年校庆“走向21世纪的中国行政法与中国行政法学专题研讨会”上的发言。有关这次研讨会的观点综述，参见司坡森等：《推动依法行政，建设社会主义法治国家》，载《行政法学研究》2002年第3期。

心竞争力。同样的,行政法学科的兴衰关键取决于人才的数量和质量,很难想象粗劣的法科生行政法学教学能够吸引多少优秀的年轻人真正在内心深处渴望进一步了解、学习、研究并运用行政法。因此,从提升行政法学术研究水平、确保行政法学研究事业可持续发展角度上看,必须认真对待行政法学的研习方法。自1996年9月攻读硕士研究生开始,笔者已经在行政法学领域摸爬滚打了整整二十个年头。结合在三所大学从事行政法学研习和教学工作的体会,笔者认为,法科学生要想真正研习好行政法学,至少需要从以下五个方面入手:

第一,阅读经典。每个学科都有自己的经典,每个研究领域也有自己的经典,每个研习者心中更应有自己的经典。经典著作是那些能够穿越时空,为读者带来思考启迪和心灵震撼的作品。对经典著作的深入研读,既能够使读者迅速掌握本学科的基本原理,也能够提升读者的认识境界,更能够激发读者的思考欲望。可以说,阅尽本学科公认的经典,读者就在很大程度上完成了自己的原始积累,也在很大程度上占据了本学科的制高点。经典既可以是出自国外名家之手的巨著,也可以是出自本国名家之手的名著。例如,王名扬先生的"行政法三部曲"——《法国行政法》《英国行政法》《美国行政法》就是国内行政法学研习者的案头必备之作,曾经激励着几代行政法学人为了中国行政法学的崛起而努力奋斗。又如,要想了解或研究行政裁量问题,美国"行政法之父"戴维斯(Davis)的《裁量正义》就是绕不开的经典;要想了解或研究公私合作治理问题,美国学者萨瓦斯(Savas)的《民营化与公私部门的伙伴关系》就是必读经典;要想了解或研究行政程序问题,季卫东教授的《法律程序的意义》就是值得深究的启蒙之作。身处信息爆炸、数码阅读、浮躁流行的新时代,回归经典当是一个学子最重要的生活。"读书,是摆脱庸俗、肤浅和过分世俗的唯一出路。读书,才能实现自我的救赎。"①

第二,精研法条。我国是成文法传统深厚的国家,行政法的主要表现形

① 陈瑞华:《论法学研究方法》,北京大学出版社2009年版,第86页。

式就是成文法。因此，学习行政法知识首先就必须认真研读法律条文，掌握法律条文的原意。由于行政法律规范的数量始终位居部门法之首，加之当下司法考试行政法科目的范围较为广泛，因而行政法法条研读需要运用较为灵活的方法。一方面，对行政法法条要进行“纵向”研读，即按照颁行先后或位阶大小顺序对大量行政法条文进行分拆式阅读。例如，有关程序违法的行政行为的处理问题，《行政诉讼法》《行政处罚法》《行政复议法》等相关法律的规定就很不一致，这就需要研习者结合立法时的相关材料说明及学理进展进行分类总结，从中管窥不同时期立法精神的变迁，并把握今后立法可能的走向。另一方面，对行政法法条要进行“横向”研读，即抽取关键词对大量行政法条文进行拆解式阅读。例如，“申诉”一词频繁出现在我国诸多法律规范文本之中，但不同场合下的含义却并不相同。为此，研习者应认真检视当下中国法律文本中有关申诉的规定，会发现存在四种意义上的申诉权，即作为宪法基本权利的申诉、作为行政法上一种正式救济权的申诉、作为启动诉讼再审程序的申诉，以及作为启动行政程序重开的申诉。[①] 除此以外，行政法的研习者还需要树立立法史的观念，对法条的理解应当回溯到草案的制定过程之中。例如，《行政强制法》的制定过程长达十二年之久，其间历经全国人大常委会五次审议。只要将最终的法律文本与多个草案进行对比阅读，就可以感受到立法过程中的巨大分歧和立法者作出最终决断的理由。这样的深入学习不仅能够全面掌握立法的原意，而且能够切实培养研习者的法律解释能力，进而为法治政府建设输送更多合格的专业人才。

第三，熟稔案例。总体来说，当下正统的行政法学教科书仍然普遍充斥着生硬的概念和原理，不仅教师难以生动地传授行政法学知识，而且学生也缺乏学习行政法学的兴趣。可以说，实例的匮乏已经成为行政法学教学质量提升的一大障碍。2011 年 12 月 23 日，教育部和中央政法委员会联合发布了《关于实施卓越法律人才教育培养计划的若干意见》，明确提出卓越计

---

① 参见章志远等：《中国法律文本中的“申诉”研究》，载《法治研究》2011 年第 8 期。

划的主要任务之一是“强化法学实践教学环节”，其中的要求之一就是“搞好案例教学”，目的在于切实提高学生的“法律诠释能力、法律推理能力、法律论证能力以及探知法律事实的能力”。在这一高等法学教育改革的新背景之下，行政法的案例教学显得格外重要。其实，行政法案例教学的推广目前已经具备扎实的基础。一方面，近年来，我国行政法案例研究方法不断创新，为法科学生行政法案例教学提供了师资力量和教学方法上的保障；另一方面，各种行政法案例素材成倍增长，为法科学生行政法案例教学提供了分析样本和研究素材上的保障。除了最高人民法院每年定期公布《公报》和《人民法院案例选》外，最高人民法院行政审判庭还编辑出版了多卷本的《中国行政审判案例》，专门整理行政审判方面的经典案例。同时，自 2011 年以来，最高人民法院已经相继公布了十二批共计 60 个指导性案例，其中第 5、6、21、22、26、38、39、40、41、59、60 号均为行政法案例。今后，随着审判公开和裁判文书上网改革的推进，查阅法院案例将更加方便快捷。因此，熟悉案例、研读案例并从中发现新的行政法规则将成为未来行政法学教学的重要内容。

第四，关注实践。如果说精研法条是研习者聚焦于立法机关，熟稔案例是研习者聚焦于司法机关的话，那么观察实践则是研习者聚焦于行政机关。传统行政法学过分强调行政活动的形式合法性和个人权利的司法保护，殊少涉及政策面的分析。正如美国学者所批评的那样：“行政法学自己提出问题并自己解决问题的时代已经走到了它的尽头……这门学科的基本变量和范围已经被限定，而行政法学者所提出的问题在这些变量和框架内已经不能得到完美的回答……传统行政法学永远不能告诉我们，什么是好的政策，什么才是理想的政治图景。”[①]面对卓越法律人才培养教育和法治政府基本建成国家战略的实施，行政法学教学必须更加注重对中国本土政府治理实践的关注，尽可能发挥行政法实践教学的实际效果。为此，就必须将发生在

---

① Joseph. P. Tomain, Sidney. A. Shapiro, *Analyzing Government Regulation*, Administrative Law Review, Vol. 49, 1997, p. 380.

行政管理领域的诸项政策、制度实践纳入行政法学的观察视野，使行政法研习者真正能够感受到时代发展的脉搏。例如，为了治理城市交通拥堵难题，一些大城市的治理者可谓挖空心思：有的地方大力发展地铁等轨道交通，通过向地下要空间缓解地面交通压力；有的地方通过大量引入社会资本，大力发展公共交通；有的地方对私人汽车购买和使用进行各种限制（如限购、限行、牌照拍卖发放）；有的地方甚至还禁止颇受工薪阶层喜爱的电动自行车、摩托车上路；等等。这些交通治理政策实际上都是对诸多利益纠结的一种权衡，展现了不同利益之间的博弈，也预示着新的制度变革的可能。从行政法学原理角度对这些活生生的本土实践加以分析，无疑能够有效解决真实世界面临的治理难题，培养学生合法性与最佳性相结合的行政法分析能力。

第五，尝试比较。德国学者塞克尔曾言："不知别国法律者，对本国法律便也一无所知。"[①]我国的行政法学是在学习借鉴德国、日本、美国、英国、法国等西方发达国家的基础上发展起来的，很多行政法的基本概念、制度和原则都存在明显的移植痕迹。因此，在行政法学的研习过程中，比较法元素的融入相当有必要。近年来，随着对外法学交流的不断加强，一批奋发有为的年轻学者负笈欧美、日本等地留学访问，翻译了大量西方国家不同时期的经典行政法学著作，为学界把握西方国家行政法学的发展脉络、追踪国外行政法学的研究前沿作出了巨大贡献。在未来的行政法学研习过程中，这些饱含译者辛劳、智慧的译作无疑应当得到更为广泛的使用。特别是随着国外一系列法律数据库的普遍引入，今后在国内查阅国外法学文献将更为便利，年轻的法科学生当以"学习王名扬、赶超王名扬"的激情和毅力投入比较行政法学的研习之中，为改变我国行政法学的落后局面、加快法治中国的进程贡献力量。

就法科学生研习行政法学而言，上述五种方法的综合运用当是最为理想的状态。为了彻底摆脱黑板行政法学的窘境，也为了吸引更多本科生报

---

① 转引自〔日〕大木雅夫：《比较法》，范愉译，法律出版社1999年版，第68页。

考行政法学专业硕士生乃至博士生，司法导向的“熟稔案例”和行政导向的“关注实践”更值得倡导。在笔者多年从事行政法学的教学实践中，司法案例和行政实例从来都是受到同等对待的。无论是在笔者学术成长地的苏州大学王健法学院，还是在目前供职的华东政法大学，“行政法案例分析”和“部门行政法专题”都是笔者始终积极倡导并坚持主讲的课程。这种综合性的行政法案例教学模式通过对典型司法案例和热点行政实例的深入剖析，能够帮助听众管窥其间的行政法原理和制度运作，打通行政法各论、行政法总论和行政法案例分析之间的壁垒，既有助于培养本科生对行政法学的浓厚兴趣，进而萌发报考行政法学专业硕士生的念头，也能够开拓行政法学专业硕士生和博士生的学术视野，为其撰写学位论文提供新的思路和素材。经过多年的摸索和试验，这一新型教学模式受到了广大学生的喜爱，本书的完成就是笔者多年来行政法案例教学和研究经验的总结。笔者相信，更多个性化行政法教科书的问世将是行政法学振兴的重要表现。

章志远

目 录 Contents

第一章

行政法案例教学模式的创新

行政法案例教学的有效开展，不仅取决于政法院校主事者的支持力度和选课学生行政法基础知识的扎实程度，而且还取决于主讲者的知识视野和教学方法。在目前我国政法院校的"行政法与行政诉讼法"核心课程教学中，授课教师大多开始有意识地尝试案例教学方法的运用。例如，有的行政法教师利用自己担任兼职律师的机会，将其办理过的行政案件带入课堂教学之中，使法科学生能够及时接触到发生于所在地区的行政案件；有的行政法教师基于自身对案例研究的兴趣，将《最高人民法院公报》《人民法院案例选》《中国行政审判指导案例》等权威媒体登载的典型行政案例引入课堂教学之中，使法科学生能够关注经典行政案件的审理结果并阐释其中的行政法理；有的行政法教师虽偏重理论思辨，但也能够将一些社会热点事件融入课堂教学之中，突出行政法学理论对现实的解释力。不过，受制于多种影响因素，这种零星、单一的案例教学模式并未产生应有的教学效果，行政法案例教学模式还有待创新。

第一节　行政法案例教学模式创新的必要性

面对卓越法律人才培养的需要和法治政府基本建成国家战略目标的实现，行政法案例教学必须及时实现模式转换，进而最大限度地发挥案例教学的实际效果。简单来说，这种转换就是从单一化的案例教学模式走向综合性的案例教学模式，在课程设计、案例选取、分析方法以及教学手段上坚持多元、开放的做法。这一转换既是对既往单一化案例教学模式不足的弥补，也是对行政国家时代丰富的社会治理实践的回应。

一、对行政法案例教学单一化模式不足的弥补

目前，政法院校通行的行政法案例教学呈现出较为明显的“单一化”倾向，难以适应法治政府建设对高端行政法治专业人才的需要。这种单一化模式的不足主要体现在四个方面：

第一，在课程设计上，案例教学还比较单一，基本上都是在“行政法与行政诉讼法学”或“行政法学”“行政诉讼法学”两门主干课的教学中将案例穿插在具体知识点的讲解中，专门的行政法案例分析课程还比较少见。随着行政法律规范体系的不断健全，行政法学的内容日益丰富，主讲教师能够在有限的时间内讲授完行政法学的基本知识已属不易，更遑论留有充裕的课时去精研案例了。

第二，在案例选取上，主要还限于司法案例，对于大量没有进入行政诉讼的事例则较少关注，致使学生很难了解具体行政管理领域发生的各种争议。例如，近年来各地在治理交通拥堵过程中所形成的“私车牌照拍卖”“单双号限行”“禁止电动自行车行驶”“曝光酒驾”“拍违有奖”“公交特许经营”等举措都曾经引起过广泛的社会争议，显示出公共政策的制定者、实施者和承受者之间的分歧与交锋。这些鲜活的事例虽然没有进入行政诉讼程序，但同样是行政法学研究的重要素材。围绕各项公共政策正当性的讨论，能够促使法科学生深入行政活动的过程，探究应当如何形成更富理性的行政政策。遗憾的是，目前的行政法案例教学还表现出明显的司法案例偏好，非司法案例没有受到应有的关注。

第三，在分析方法上，基本上限于传统的以请求权基础为核心的分析，往往站在法官的立场，强调当事人在个案中得以依照何种法律依据主张什

么样的权利，或者哪些法律上的权利已受到行政机关的侵害，有什么样的救济渠道，法院应当如何作出裁判。这种司法导向的分析进路，往往遮盖了案例背后的“故事”，忽略了案件发生时的政治经济社会文化背景，进而无法超越个案探寻良好的治理之策。

第四，在教学手段上，基本上还是沿袭预设标准答案、引导学生通过具体条文的解释进行个案处理的做法，师生之间、学生之间缺乏互动，更不用说辩论。这种封闭、僵化的讲授模式难以有效训练学生的发散性思维，也难以真正激发出学生对行政法产生浓厚的兴趣。

行政法案例教学的匮乏及教学模式的单一，直接影响到法科生人才培养的质量，甚至还危及法科生的就业。目前，法科生的“就业难”在一定程度上表现为司法考试难和公务员考试难。按照常理来说，法科生在经历完整而系统的法学正规教育之后，通过国家司法考试应该并非难事。然而，现实情况却远非如此。本科毕业生国家司法考试一次性通过率并不理想，甚至有些学术型硕士生三次考试都未能通过，致使其就业形势严峻。与此同时，法科生公务员考试的总体情况也不容乐观，多数法科生没能进入公务员队伍，只能选择做律师、公司法务甚至从事与法律毫无关系的工作。就业视野拓宽虽然有积极意义，但就国家治理现代化而言，无疑应当使大多数法科生进入行政体制内部。法科生之所以在司法考试和公务员考试中表现不佳，主要原因还在于法学教育理念的落后——司法考试和公务员考试中有很多案例分析试题，这些题目注重考查考生的法条理解运用能力、逻辑判断推理能力和综合思维能力。如果缺乏必要的训练，考生显然难以适应这些考试。2015年12月，中共中央办公厅、国务院办公厅印发了《关于完善国家统一法律职业资格制度的意见》，提出将现行司法考试制度调整为国家统一法律职业资格考试制度，更多的法律从业人员将被纳入法律职业资格考试的范围。可以说，国家统一法律职业资格考试制度的推行和法科生就业的压力无疑会倒逼法学教育作出调整，其中的关键环节之一就是加强案例教学，努力培养法科生对法律规范的理解和运用能力。

二、行政国家时代丰富社会治理实践的回应

自20世纪以来，尤其是第二次世界大战以后，随着科技、经济和社会的发展，行政权急剧扩张，行政职能日益强化，行政组织的作用和自主权明显扩大，这一现象即为“行政国家”。[①] 日本学者手岛孝曾将“行政国家”定义为“本来作为统治行为执行过程之承担者的行政，同时亦进入国家基本政策形成决定的政治过程，甚至起到中心的决定性作用这样的国家。”[②]在行政国家中，行政“从‘政治侍女’的地位一跃上升到执政治牛耳之位”[③]。“行政国家”的出现，意味着行政权作用的领域更为宽广，行政权介入社会的深度更为强化，行政权采用的方式更为多样。为此，行政法学教学和研究就必须更加关注丰富多彩的社会治理实践，将更多行政实例纳入行政法案例分析的视野，培养法科学生的公共政策分析能力。笔者认为，行政实例在行政法案例教学中的意义至少体现在以下三个方面：

第一，行政实例在行政法案例教学中的大量引用符合现代管制国家行政权力运行的实际。行政法学是一门以规范行政权力的运用为己任的学科。在行政法发展的初期，由于崇尚“管得越少就越好”，因而政府权力极其有限，认为只要借助于议会的事前授权和法院的事后审查，就能够从容地解决行政权的合法性问题。在这一背景之下，行政案例理所当然地受到“礼遇”。但是，现代社会已经过渡到福利国家时代，大量的社会经济问题都需要依靠政府的有效管制。在这一背景之下，单纯的合法性审查已经难以回应现实的需求，“什么样的管制政策是好政策”业已成为更具前瞻性的问题。围绕政府的管制政策必然会引发诸多争论，由此而形成的社会事件当然需要被纳入行政法学的分析框架。

第二，行政实例在行政法案例教学中的大量引用符合现代行政法学范

---

① 参见姜明安：《行政国家与行政权的控制和转化》，载《法制日报》2000年2月13日。

② 转引自〔日〕大须贺明：《生存权论》，林浩译，法律出版社2001年版，第52页。

③ 张国庆主编：《行政管理学概论》，北京大学出版社1990年版，第234页。

式转换的趋势。传统行政法学的研究往往立足于事后的司法救济，从诉讼角度去分析行政活动的合法性。为此，行政法学的主要任务就在于对大量的行政活动进行分类，形成行政处罚、行政许可、行政强制、行政指导、行政计划等众多“抽屉”。由此造成的一个普遍现象就是在行政法学的教学中充斥着大量“分门别类”的行政案例，教师往往借助于这些活生生的案例来说明行政法对各类不同的行政活动是怎样进行规范的。然而，现代行政管理是一个异常复杂的专业活动，在某一具体领域，行政机关往往需要动用各种手段进行管制，很难说哪一种手段是最重要的，更难以人为地将复杂的管制活动划分出众多的“抽屉”。相反的，围绕某一具体管制政策的得失，各方利益群体都会有不同的态度和行动。对行政实例的分析无疑契合了这一新的发展趋势。

第三，行政实例在行政法案例教学中的引入有助于提升行政法学理论的社会回应性。传统行政法学过分关注概念的演绎和体系的建构，因而理论回应现实的能力较差。即使引入行政案例的分析模式，也仅仅是解决了具体的微观问题，对促进行政管制过程的正当性并无多大贡献。相比之下，在行政法学课堂教学中引入行政实例分析模式则能够弥补这一缺憾。原因在于，行政实例存在于各种具体的行政管制活动过程中，直接反映了不同社会群体的利益诉求。从行政法学原理角度对这些活生生的事件加以分析，无疑能够解决真实世界中所存在的管制难题，从而大大提升行政法学理论研究成果的回应能力。正如美国学者孙斯坦所言，传统的围绕法院为中心展开的行政法学，对规制项目的实体目标、后果、病理及成因缺少实在的理解，因此应该对立法和行政官员给予更多关注，因为只有他们才是行政法首要的设计师。[①]

行政实例引入行政法案例教学之后，必然会引发课程设计、分析方法及教学手段等诸多方面的连锁反应，进而形成与传统单一化行政法案例教学

---

① See Cass R. Sunstein, *Administrative Substance*, Duke Law Journal, Vol. 41, 1991, pp. 607—646.

模式所不同的综合性模式。就课程设计而言，除了在行政法、行政诉讼法课程中进行案例分析的穿插教学外，提倡开设专门的行政法案例分析课程，就行政法案例进行多维分析；就案例选取而言，应当拓宽视野，将没有进入诉讼的行政实例也吸收进来；就分析方法而言，应当坚持传统请求权基础分析与新型多层次分析方法并举、个案分析与群案分析并举的做法；就教学手段而言，提倡师生之间、学生之间的广泛参与和积极互动，帮助学生树立合法性与最佳性相结合的行政法分析进路。

相比之下，分析方法更新在行政法案例教学模式创新中的地位尤为重要。传统的请求权基础分析方法往往将分析者置于法官的地位，强调当事人在个案中得以依何法律依据主张什么样的权利，或者哪些法律上的权利已受到行政机关的侵害，有什么救济的渠道。例如，当下众多的案例分析大多遵循“案件是否属于行政诉讼受案范围—当事人是否具有原告资格—被告适用法律是否正确—法院判决是否妥当”的思路。这种源自民法的案例分析方法对于法律思维的训练，乃至行政诉讼法律规范的解释与适用，无疑具有重要的意义。然而，现代行政活动的精髓是裁量，每一项诉争行政决定的作出几乎都蕴涵着复杂的利益冲突和政策考量，传统的请求权基础分析方法因议题局限和静态论断已无法因应这种现实需要。我国台湾地区学者叶俊荣教授所倡导的行政法案例“三层次分析法”值得在未来的行政法案例教学和研究中大力推行。所谓“三层次分析法”，第一层次是传统的请求权基础分析，即“权利与救济”层次，重点关注当事人的权益是否因行政违法或不当而受到侵害，能否寻求司法上的救济；第二层次是“制度与程序”分析，力图超越当事人之间的争议和法院的考量，从整体上把握事件发展过程中各种权力部门之间的功能、角色及相互关系，进而思考制度变革的方向；第三层次是“政策与策略”分析，力图超越制度层面的考量，探讨案件背后的政策取向和策略思考，寻求更加有效的规制手段。[①] 毫无疑问，三层次分析法

① 参见叶俊荣：《行政法案例分析与研究方法》，台湾三民书局 1999 年版，第 42 页以下。

不仅能够打通行政诉讼法、行政程序法和行政实体法之间的界限，实现行政法内部各组成部分之间的贯通，而且还能够促使行政法由法解释学向法政策学的迈进，进而提高行政法学对真实世界的回应能力。两种行政法案例教学模式的差异可通过下表反映出来。

表1 单一化行政法案例教学模式与综合性行政法案例教学模式之区别

案例教学模式 比较事项	单一化行政法案例教学模式	综合性行政法案例教学模式
课程设计	案例分析依附于行政法课程教学	独立开设行政法案例分析课程
案例选取	司法案例	司法案例与行政实例并重
分析方法	以请求权基础为核心的分析	个案分析与群案分析并重、请求权基础分析与三层次分析并重
教学手段	预设标准答案，缺乏互动辩论	注重师生之间、同学之间的互动

第二节 综合性行政法案例教学模式的展开

近年来，笔者先后在苏州大学王健法学院和华东政法大学为本科生、硕士生和博士生开设过“行政法案例分析”和“部门行政法专题研究”选修课，吸引了众多优秀的年轻学子参与其间学习和讨论，为综合性行政法案例教学模式的开展积累了一定的经验。充足的课时为司法案例与行政实例并重、个案分析与群案分析并重、请求权基础分析与三层次分析并重、师生之间及同学之间的互动提供了有效保障。笔者认为，法科生行政法案例教学综合性模式的展开可以从以下三个方面着手：

一、行政实例的遴选与分析

与以往单一化的行政法案例教学模式所不同的是，综合性的行政法案例教学模式在案例选取上坚持司法案例与行政实例并重的基本原则，注意将不同行政管理领域发生的热点事件纳入行政法学的分析视野。与司法案例教学相比,行政实例教学需要着重解决好选择标准与分析范式两个问题。

面对现实生活中存在的诸多行政实例,教师在行政法案例教学中对于行政实例的选择应当坚持三个基本标准:一是典型性。在我国,从中央到地方,每天都会发生大量的与行政管理有关的事件。然而,很多事件仅仅具有局部意义,有的甚至是某地所特有的问题,这些都不太适合在有限的课堂教学中进行分析。因此,事件是否具有典型性、代表性,是否反映了我国行政管理领域普遍存在的问题是选择行政实例的首要标准。例如,近些年来,全国很多城市相继出台了除夕之夜禁止燃放烟花爆竹的规定,但不久又纷纷解禁。从禁放到限放,表面上看只是地方政府的决策变化而已,但其实质却是政府究竟应当如何对待民间习俗、公共权力又该怎样审慎介入私人领域的大问题。毫无疑问,这一现象具有典型性特征,应当被吸收进行政法案例教学之中。二是时代性。在现代大工业社会,行政管理领域可谓日新月异。在这一背景之下,对行政实例的选择应当"与时俱进"。一般来说,每一年度行政管理领域都会发生多起重大的社会事件,这些事件通常都会引起社会各界的广泛关注,甚至导致相关领域的管制政策的重大变迁。因此,对某些陈旧的行政实例就没有必要在十分有限的课堂教学时间内加以详细分析,而应将那些"刚刚"发生、媒体正在关注的典型事件及时融入行政法案例教学中去。例如,21 世纪之初发生的"夫妻黄碟案""孙志刚案"都是与行政管理密切相关的典型事件,但由于这些事件早已引起世人的关注,甚至听课者在行政法课程的学习中已经相当熟悉,因而在行政法案例教学中笔者就不再过多剖析。2009 年 9、10 月间,"上海钓鱼执法"事件引起了全社会的广泛关注。在该学期的课堂教学中,笔者就特意组织学生对这一正在发生的行政事件从行政法学角度加以分析,取得了十分明显的效果。三是争议性。就内容而言,很多行政实例所反映的问题较为单一,且往往具有"标准答案",因此对这类事件的分析大多会产生比较一致的认识,对训练学生的多维分析能力效果并不明显。相反的,对于那些极具"争议性"事件的分析,往往会同时出现若干种不同的解决方案，有助于分析者在不同的方案中进行选择，从而有可能形成相对较好的管制政策。例如，伴随着《行政许可法》《道路交通安全法》的相继实施，上海市多年来一直实行的“私车牌照拍卖”制度受到了中央有关部门的公开质疑，从而将这一问题再次暴露在公众面前。这一事件涉及法律的统一适用、个别地区的灵活变通、道路交通管制政策的选择、政府对公共利益的判断等重大现实问题，不同的利益群体（如有车族与无车族之间、本地牌照者与外地牌照者之间等）对此都有不同的见解，无疑具有较高的事例分析价值。

在经过认真细致的筛选之后，如何有效地展开对行政实例的分析便成为摆在行政法案例教学主讲者面前的重要课题。以下笔者结合曾经在行政法案例教学中对“黑龙江率先恢复强制婚检”事件的分析，就行政实例的具体分析流程予以说明：

第一，展现事件全部发展过程。回放行政实例的全部演变过程是深入分析行政实例的基础。一般来说，行政事件的涉及面都比较广泛，且时间跨度大，因而以时间为序展现事件的过程不失为一种理想的方式。在课堂教学中，笔者对“黑龙江率先恢复强制婚检”事件的回放包括以下几个阶段：1986 年卫生部与民政部联合发文，开始在结婚登记之前试行婚检；1994 年《婚姻登记管理条例》规定，有条件的地方应当实行强制婚检制度；1995 年《母婴保健法》规定强制婚检制度；2003 年新《婚姻登记条例》改强制婚检为自愿制度；2005 年《黑龙江省母婴保健条例》保留强制婚检制度。通过以上回放，学生了解到了这一重大事件的全部发展过程，为其后的讨论奠定了重要的事实基础。

第二，揭示事件涉及的专业问题。行政管理领域的社会事件往往涉及多种问题，但就行政法案例教学而言，主要是选取与行政法治相关的专业问题展开讨论。在上述事件中，笔者引导学生分别从形式与实质两个方面分析其所涉及的专业问题：形式上的问题主要是不同法律规范之间的冲突及法律位阶的维护，即国家的法律、行政法规及地方性法规之间的冲突及其消解;实质上的问题就是在传统个人自由领域,政府的公权力应当如何介入。应当指出的是,对于该事件所呈现出的形式问题,学生一般都能感觉到,但对于事件所反映出的政府应如何管制婚姻登记事务特别是如何对待婚前检查,学生则较少关注。为此,笔者在课堂教学中,更加注重引导学生去探究该事件所引发的深层次问题,从而使学生对问题的把握更加全面,更加符合现代行政法学注重管制研究的发展趋势。

第三,挖掘事件背后的社会背景。对行政实例的分析如果仅仅局限于表面报道,从法律原理到法律原理,就难以真正有效地解决事件所引发的制度变迁难题。为此,主讲教师还必须引导学生深度发掘行政实例背后的复杂社会背景。如在对前述事例的分析中,笔者引导学生从更为广泛的视野中去体察婚检制度的变迁。这些背景包括:因婚检过程乱收费而加重了公民的负担,引起社会对强制婚检制度的不满;婚检机构只关注收费不重视检查的做法,背离了该项制度设计的初衷;随着社会开放程度的增加,婚姻领域的自由度日益增强,强制婚检存在的正当性基础发生动摇;婚检与公民隐私权保护的潜在冲突;微小人群存在的问题是否需要通过建立适用于所有人的制度来解决;婚检机构的利益争夺;等等。通过对这些背景因素的考察,学生能更加深入地了解了该事件的起因及其现实困境,为其从管制政策变革角度探索问题的解决提供重要而全面的信息。

第四,探寻事件可能的解决之道。行政实例在行政法案例教学中的运用不仅仅在于使学生了解事件的始末,开拓眼界,更重要的是通过对重大、典型事件的分析,探讨现实问题可能的解决方案,促使形成更加成熟而有效的政府管制政策。在对上述事件的分析过程中,笔者引导学生从成本收益原则、公共权力与私人权利的冲突与消解、不同代际之间权利的冲突与消解、政府对公共利益的判断与维护等方面剖析强制婚检管制政策的利弊。多数学生认为,基于公共利益的需要,在婚姻登记中应当实行身体检查制度,但不能采取整齐划一的强制做法,也不宜采取撒手不管的自愿做法,比较可行的是采取灵活易行的劝导、指导方法,将婚检当作公民的一项福利而非义务来对待。与此同时，还应当通过健全社会医疗保险体系来克服纯粹的婚前检查制度，使得体检真正成为每个公民自觉的行动。通过上述多层次、多方位的分析，学生普遍意识到简单恢复强制婚检的做法实属不当，提高了对问题的认识程度。

二、司法案例的三维分析

对司法案例的精深分析依旧是法科学生的基本功。原因在于，很多行政实例的发生可能都缘自“顶层设计”的失当。在中国特色社会主义法律体系基本建成之后，对法律规范的理解适用已经成为法治国家建设的主要课题。在行政法案例教学中固然需要引入行政实例分析，但对司法案例的多维分析也不容忽略。对司法案例的分析需要尊重既有的裁判结果，同时也需要保持必要的批判立场，避免司法案例分析落入符合预设标准答案的窠臼。[①] 在多年的行政法案例教学实践中，笔者摸索出司法案例的三维分析方法，分述如下：

第一，个案专注式分析方法。无论是最高人民法院通过《公报》《人民法院案例选》及其他渠道公布的行政案例，还是特定时期发生的备受社会关注的行政案例，都蕴涵着丰富的制度资源，值得从不同角度予以深入分析。在笔者看来，对个案的专注式分析可以从程序和实体两个方面展开。例如，在讲授“中国行政信息公开第一案”[②]（“董铭诉上海市徐汇区房地局信息不公开案”）时，鉴于当时国家层面尚无统一的信息公开立法，且现行行政诉讼法及其司法解释均未就信息公开诉讼的基本程序规则作出规定，因而笔者立足于程序视角重点分析了这类案件的起诉规则和审理规则；在讲授最高人民法院 2012 年 4 月发布的指导案例 6 号“黄泽富、何伯琼、何熠诉四川省成

---

① 民法学者有关案例研究进路中“解题式”“论文式”“规范抽取式”“综合性”研究方法的总结，颇值得行政法案例研究者的关注。参见周江洪：《作为民法学方法的案例研究进路》，载《法学研究》2013 年第 6 期。

② 有关该案的背景资料，可参见《南方周末》2004 年 9 月 2 日第 5 版的报道。

都市金堂工商行政管理局行政处罚案"时,则围绕该案裁判要旨对其中的解释技术进行了条分缕析,认为受案法院经由文义解释和目的解释方法的运用,对法定行政程序作出了扩张性解释,并提炼出行政处罚听证程序适用范围的判断标准。个案专注式分析是行政法案例教学的基础,能够培养学生解读法条、处理个案、发展规则的能力。

第二,个案引申式分析方法。对司法案例除了进行个案专注式分析之外,还可以撇开个案具体的裁判结果进行个案引申式分析。原因在于,与民事诉讼、刑事诉讼相比,行政诉讼更为复杂,受制于多种因素的影响,法院往往很难作出是非曲直的裁判。对于这类司法案例,如果不顾客观环境一味批评案件的裁判结果,就可能失去通过反思个案、发展规则进而影响后续类似案件处理的宝贵机会。例如,在讲授"中国姓名权第一案"[①]("赵C姓名权案")时,鉴于案件以双方和解、撤回上诉告终,且国家层面尚无专门规范姓名的法律规范,因而笔者并没有对该案裁判结果本身给予更多关注。相反的,笔者分析了姓名公权控制的历史沿革,认为姓名取舍的历史就是一部个体自由不断得到彰显的历史,但公权对命名活动的控制却从未消失。在此基础上,笔者运用叶俊荣教授所倡导的三层次分析法,对姓名规制环境的变化、姓名规制目标的设定以及姓名规制手段的选择进行了延伸式分析,认为民众个性的张扬、婚姻家庭关系的裂变、姓名平行现象的激增、国家语言文字政策的变迁以及信息社会标准化的现实需求,共同构成了当下姓名规制所面对的社会环境,应当以公序良俗的维护作为姓名规制的基本目标,通过命令控制与激励指导双重手段的运用,对姓名的结构、长度、内容及变更进行适度规制。引申式分析的授课取得了极其明显的教学效果,引发了学生从宪法学、民法学、行政法学等不同学科角度对姓名权属性及其限度的深入讨论。此外,在讲授"中国终生禁考第一案"[②]("注册会计师考生因向涉舞弊

① 有关该案的背景资料,可参见《南方周末》2009年3月5日第A3版的报道。
② 有关该案的背景资料,可参见《新京报》2012年9月11日第A39的报道。

网站汇款被终身禁考案”)、“中国高校教师职称评审第一案”[①](“华中科技大学教师王晓华诉教育部案”)时，笔者同样运用了个案引申式分析授课法，就终生禁考、职称评审行为的法律属性及其控制进行了深入解析，取得了良好的教学效果。

第三，群案小结式分析方法。行政法案例教学除了选材个案之外，还可以选材一组案件，通过对批量案件裁判结果的观察，提炼中国本土的司法智慧，并发展为具有可操作性的规则。这种群案分析方法虽然收集工作琐碎、整理过程漫长，但却能够有效管窥当下某类行政案件的审理情况，从总体上把握相关案件的诉争点及其处理。在以往的教学实践中，笔者就曾经对行政不作为案件、工伤认定行政案件以及学生诉高校行政案件进行过群案小结式分析。这三次授课的基本流程是：从《最高人民法院公报》《人民法院案例选》等权威载体中对相关案件进行“一网打尽”式的收集，课前对所选素材进行阅读整理，以图表形式对选材进行归类；上课时先就特定问题的研究现状进行梳理，指出本土司法经验提炼的必要；总体介绍选材情况；讲授选材所反映出的共性规律；回答学生提问；小结。以行政不作为案件批量式分析为例，笔者事先选取整理了80个样本，并以图表形式对样本的裁判结果进行归类。从对样本案情及裁判的阅读中，抽出行政不作为的司法判断基准、行政不作为的司法裁判方式两个核心问题，对样本所反映出的共性规律进行小结。在行政不作为构成要件的把握上，我国法院业已形成作为义务源自何处、有无现实作为可能以及是否已经作为等三重判断基准，完全修正了法律文本中义务来源单一化和不作为表现形态片面化的规定，且通过个案特殊情境中危险预见可能性、避免损害发生可能性和公权发动期待可能性的权衡，建立了危险防止型行政不作为的判断标准。在行政不作为的司法裁判方式的选择上，我国法院已经形成了履行判决、确认判决和驳回诉讼请求判决三足鼎立的格局。不同类型行政判决的具体适用，能够妥善处理司法

① 有关该案的背景资料，可参见《法制日报》2003年6月19日第6版的报道。

独立判断、尊重行政裁量及私权有效保障之间的复杂关系。该堂课结束之后，学生表示受益良多，重新思考了以往行政法教科书上有关行政不作为构成要件的说法。

三、案例教学中的互动与论辩

与预设标准答案、缺乏互动辩论的单一化教学模式相比，互动与论辩是行政法案例教学综合性模式的典型特征。案例教学的主要目的在于启发学生思维，寻找现实问题可能的解决路径，并在相互论辩过程中谋求最佳的方案。从笔者多年的课堂教学体会来看，这种互动论辩既可以发生在师生之间，也可以发生在学生之间。

在笔者的行政法案例分析课程教学中，大约三分之二的时间是以笔者主讲为主、辅之以学生讨论与提问。笔者时常鼓励学生对教师个人的观点提出质疑，并敢于发表自己的观点。在笔者的激励下，一些对行政法特别喜爱的学生不时就讨论主题提出独特的看法。例如，在讲授“中国姓名权第一案”时，针对笔者关于政府可以公序良俗的维护为理由对公民姓名取舍活动进行干预的观点，有学生提出质疑，认为公序良俗如同公共利益一样都是高度不确定的法律概念，公权力行使者完全有可能打着维护公序良俗的旗号，干预公民的姓名自由权；还有学生认为，文化问题不能通过政府强力推行，只能通过劝告、鼓励等柔性手段实施，对于公民取名用字方面的个性化行为主要应该立足批评教育加以解决。尽管这些观点未必正确或者更符合当下实际，但这种独立思考的精神无疑值得提倡。通过师生之间这种经常性的互动，一方面，教师能够及时掌握学生的接受程度以便及时调整授课的重点及进度，另一方面，学生能够沿着教师的授课思路继续思考进而提出其他切实可行的解决方案。

笔者课堂上另外三分之一的时间由学生主讲。学生主讲一般由两个板块构成，一是本科生按照自愿原则组成若干小组，针对所选案例或扮演不同角色或担任不同方案的论证方；二是由笔者指导的研究生针对所选案例进行主报告，然后由本科生提问。前者的目的在于训练本科生的论辩能力，后者的目的则在于打通本科与硕士教育，使本科生能够与行政法专业硕士生进行有益的互动。在2011年秋季学期中，笔者在行政法案例分析课上遴选了“大城市私车牌照发放三种模式之争”与“中国终生禁考第一案”作为学生主讲的课题。其中，前一课题由三组学生构成，分别代表上海、北京和广州，以政府发言人的身份就私车牌照拍卖发放模式、私车牌照摇号发放模式和私车牌照拍卖与摇号结合发放模式的正当性进行论辩。每一方发言的内容包括发放模式简况、制度设计背景、实施效果、争议回应等，在各方发言之后，其他未直接参与的同学以新闻记者身份进行发问，再由相应团队进行现场回答。实践证明，这一主题的讨论相当成功，学生得到了多方面的锻炼，真切地体验到了公共政策制定的艰难。后一课题同样由三组学生构成，分别代表原告被处理的考生、被告中国注册会计师协会和法院，以模拟庭审的方式对终生禁考行为的法律属性、法律依据、正当程序等展开激烈辩论，并分别撰写宣读代理词、辩护词和判决文书。待模拟庭审结束之后，其他未直接参与的同学以旁听者身份进行发问，再由相应方进行现场回答。实践证明，这一主题的讨论同样相当成功，学生不仅熟悉了行政诉讼程序的基本流程，而且还对“其他行政处罚”的种类及其控制有了全新的认识，从而弥补了行政法教科书的不足，进一步拓宽了本科生的知识视野。

【拓展阅读】

1. 叶俊荣:《行政法案例分析与研究方法》，台湾三民书局1999年版。

2. 余凌云:《行政法案例分析和研究方法》，中国人民大学出版社2008年版。

3. 徐文星编著:《行政机关典型败诉案例评析》，法律出版社2009年版。

4. 解亘:《案例研究反思》，载《政法论坛》2008年第4期。

5. 胡敏洁:《论行政法中的案例研究方法》，载《当代法学》2010年第1期。

6. 李友根:《论案例研究的类型与视角》,载《法学杂志》2011 年第 6 期。

7. 章志远:《行政法案例研究反思之反思》,载《法学研究》2012 年第 4 期。

8. 贺剑:《认真对待案例评析:一个法教义学的立场》,载《比较法研究》2015 年第 2 期。

第二章

司法案例个别式分析

对特定的司法案例进行个别式分析是法科学生从事行政法案例分析所应当具备的基本功。从案例选取上看，既可以来自最高人民法院通过权威渠道发布的经典案例，也可以来自媒体报道的热点案例；从分析方法上看，既可以立足法律规范内部体系进行法释义学的分析，也可以立足外部管制背景变化进行法政策学的分析。本章将综合运用这两种分析进路，重点分析媒体热议的姓名权案和作为典型案例的6号指导案例。

第一节 “赵C更名案”分析

一、“赵C更名案”背后的行政法议题

现年23岁的赵C在换领第二代身份证时，被鹰潭市公安局月湖分局以“赵C”之名不符合规范、无法录入户籍网络为由拒绝。为维护姓名权，赵C于2008年1月4日向鹰潭市月湖区法院提起行政诉讼，法院以公民享有姓名权、赵C的姓名符合法律规定、使用22年间未给国家社会及他人造成不利为由，于2008年6月6日作出判决，责令鹰潭市公安局月湖分局允许赵C以“赵C”为姓名换发第二代身份证，并在法定期限内办理完毕。鹰潭市公安局月湖分局不服判决，向鹰潭市中级人民法院提起上诉。随后，赵C案入选

2008年度“中国十大影响性诉讼案件”，并被媒体誉为“中国姓名权第一案”。[①] 2009年2月26日，这一备受社会关注的行政案件终于尘埃落定。出乎人们意料的是，二审法院并未对一审法院判决理由作出任何评价，而是通过“协调”促使上诉人鹰潭市月湖公安分局与被上诉人赵C达成和解，即赵C同意变更姓名并使用规范汉字依法申请变更登记、月湖公安分局免费为其办理更名手续并撤回上诉。在此基础上，二审法院当庭裁定准许上诉人撤回上诉，并撤销一审判决。[②]

除了媒体热议之外，赵C更名案也引起了部分法律学者的关注。就在该案一审判决作出之后，宪法学者刘练军博士即撰文分析了姓名权的宪法基本权利属性，主张对姓名权的限制必须遵循法律保留原则，并表达了对宪法基本权利规范转变为控制国家行政权力的实效性规范的热切期望。[③] 这些研究对于公民姓名权的法律保护固然重要，但以请求权基础为核心的案例分析却忽略了行政法上的案件“往往涉及高度的利益冲突或公共政策上的争议”[④]，使得人们无法仅仅从现实的规范层面获得对案件的完整理解和确当处置。就赵C案而言，其所涉争议主要体现在法律和政策两个层面。其中，法律层面的争议涉及公安机关拒绝更换姓名的低位阶规范依据（包括《公安部关于启用新的常住人口登记表和居民户口簿有关事项的通知》和《姓名登记条例（初稿）》）与《民法通则》《居民身份证法》《国家通用语言文字法》等有关法律条款适用间的冲突与消解；政策层面的争议则涉及在个性充分张扬的时代，规制机关能否以维护民族文化传承等为理由对公民的姓名

---

① 事实上，在赵C案之前国内就已经发生过类似公民申请改名遭拒而提起行政诉讼的案例，比较典型的就是2004年上海市民王徐英改日本名“柴冈英子”被拒案，只是该案并未引起学界的关注而已。参见曹筠武：《上海人改日本名起风波》，载《南方周末》2004年12月23日。

② 有关赵C案的相关报道，可参见陈杰人：《赵C办身份证胜诉彰显公民权利多元化》，载《新京报》2008年6月8日；杨涛：《赵C的姓名权官司为什么能赢》，载《东方早报》2008年6月11日；赵蕾：《“赵C案”的两难选择》，载《南方周末》2009年3月5日。

③ 参见刘练军：《姓名权能走多远——赵C姓名权案的宪法学省思》，载《法治论丛》2009年第1期。

④ 叶俊荣：《行政法案例分析与研究方法》，台湾三民书局1999年版，第23页。

取舍活动进行干预。[①] 进而言之，在社会环境已然发生深刻变革的背景下，规制机关将如何应对公民姓名自由取舍的诉求？是否存在更为合理的替代性规制手段？相比之下，政策层面的分析更具现实价值，它能够使人们以更加开阔的视野中去审视行政案件背后所蕴涵的复杂行政法议题。

晚近以来，我国行政法上兴起的政府规制分析方法恰好因应了这种政策反思的社会需求。“规制理论是政策分析，但比一般常见的政策分析，对法律的讨论更为深入。规制理论是法律学科内的整合，它不只是行政法，不只是公法；而是为了彻底解决问题而运用各种法律手段、法律机制、法律思想的理论。”[②]可见，规制分析方法能够使行政法学的触角延伸到对个案权利救济背后所隐藏的制度与政策面的考量与关照，从而有效弥补传统的以司法权力救济为核心的分析方法的不足，推动良好行政政策的形成。沿着这样的研究思路，本节将在回顾姓名公权控制历史沿革的基础上，通过我国当下姓名规制环境变迁的展示，剖析姓名政府规制的目标设定与手段选择，进而摹绘出理想的姓名政府规制新图景。

二、姓名公权控制的历史沿革

人类能够给自身命名的行为开始于远古时代。从那以后，姓名就成为人们社会交往必不可少的工具。从某种意义上来说，具有给自身命名的能力正是人类区别于一般动物的显著标志之一。人类学者的研究表明，人的姓名绝不仅仅是为了满足社会交往的需要而产生的简单符号，它与民族国

---

① 值得关注的是，国内一些民法学者也主张对姓名的取舍和变更给予必要限制。例如，杨立新教授即认为，姓名权中的名字是可以自由选择的，可以自由命名，但是姓氏代表的则是亲属的血缘，不能随意选择。对于子女来说，不能选择第三姓，只能随父姓或者随母姓。参见杨立新：《人身权法论》，人民法院出版社 2006 年版，第 470 页。王利明教授虽主张自然人可以基于各种原因申请更改自己的姓名，但同时也指出不能基于不正当目的而取与他人相同的姓名，甚至认为基于不正当目的而改名换姓也是一种滥用更名权的行为。参见王利明：《人格权法研究》，中国人民大学出版社 2005 年版，第 417—418 页。

② 张永健：《论药品、健康食品与食品之管制》，台湾大学法律研究所 2003 年硕士学位论文，第 2 页。

家、社会制度、历史阶段、婚姻形态、风俗习惯、语言文字、思维方式、价值观念均有密切的关系,承载着代表群体个体、表明等级身份、规范婚姻秩序、弥补命运缺憾、指代特殊事物、体现社会评价和凝聚文明精华等社会功能。[①]正是因为姓名具有广泛的社会意义,各个国家不同历史时期的姓名取舍活动都受到公权或多或少、或深或浅的控制。特别是在中国历史上,姓名和姓氏制度早已发展成一种极其复杂的社会制度和意识形态。姓氏认定的严格繁琐和社会宗教寓意,使得中国人对姓氏意义的关注远远超出世界上其他任何一个民族。[②]

皇权干预与宗法渗透是中国古代姓名控制的两大特点。皇权至上是中国古代社会皇权专制统治的集中体现。皇权控制着一切社会资源的分配,甚至直接干预姓名的取舍。皇权对姓名的干预至少表现在两个方面:一是皇帝对臣属的改姓、削名和追谥;二是百姓取名对皇帝姓名的避讳。在宗法体制下,姓氏本来不可随意改变,但皇帝基于个人好恶却可以随时对臣属姓氏进行改动。这种改动既可能基于皇帝对臣属的宠爱和赏识,如西汉刘邦恩赐谋臣娄敬姓刘、南明隆武帝赐郑成功姓朱等,也可能基于皇帝对臣属甚至亲属的愤恨与报复,如武则天将中宗皇后王氏改姓为蟒、将越王李贞改姓为虺等。除了因个人好恶而肆意改姓外,皇权对姓名的干预还表现为百姓取名必须避帝王之讳。因避皇帝的名讳而改变自己的名字,在历朝历代都是常见现象,避讳改名的方式通常包括直接改名、改称名为称字、将双名中犯讳之字删去等三种。[③] 更有甚者,唐太宗李世民登基之后,不仅世、民二字在百姓取名中销声匿迹,就连中央六部之一的民部也改为户部,并为唐以后的历朝所沿袭,可谓姓名史上一大奇观。[④]

从表面上看,中国古代的律令似乎并未对百姓取名有过限制。然而,由

① 参见何晓明:《姓名与中国文化》,人民出版社2001年版,第5—17页。

② 参见钱杭:《血缘与地缘之间:中国历史上联宗与联宗组织》,上海社会科学院出版社2001年版,第82页。

③ 参见金良年:《姓名与社会生活》,文津出版社1990年版,第60页。

④ 参见何晓明:《姓名与中国文化》,人民出版社2001年版,第252页。

血缘纽带所维系的宗法制度及其遗风早已深深嵌入民间社会之中，成为古代姓名取舍所遵循的“天然法则”。[①] 一般来说，姓名中的姓往往具有强烈的血缘和身份区分功能，同姓即意味着拥有共同的血缘关系。因此，在古代社会，除了皇帝改姓之外，普通百姓是断然不能随意改姓的。即便是姓名用字，由于深受纲常伦理、阴阳五行的潜在影响，因而事实上无须也不能加以改变。特别是从宋朝开始，随着宗法家族制度的发达，一种以别长幼、明世系为宗旨的按辈分定字命名的方式日渐规范，名字取定之后就更难以改变了。宗法观念对姓名取舍的渗透还体现在女子的姓名上。“妇人，从人者也：幼从父兄，嫁从夫，夫死从子。”[②]在男尊女卑的宗法秩序下，女子出嫁之后，不仅自己的名字随之失去意义，而且自己的姓也退居次位，甚至难以保全。现代京剧《沙家浜》中无姓无名的阿庆嫂和鲁迅小说《祝福》中无姓无名的祥林嫂就是典型的写照。

清末民初，随着西风东渐，立法上开始承认姓名权为民事权利。《大清民律(草案)》不仅承认姓名权为私权，而且还在总则中以专门条款规定了姓名的登记、使用、变更及保护。1929 年国民党政府公布《民法典·总则编》，其中的第 19 条正式确认了对姓名权的民法保护；1941 年国民党政府还公布了《姓名使用限制条例》，规定每个人只能使用一个姓名，并用于财产的取得、转移和变更，但是实际上没有执行。此外，《民法典·亲属编》有关“妻以基本姓冠以夫姓”以及“子女从夫姓”的一般性规定都说明彼时姓名权并未为个人所普遍享有。同一时期，革命根据地的婚姻家庭法制得到不断发展，男女平等的原则逐渐获得认可，越来越多的女性同男性一起分享到平等的姓名权。

新中国成立不久即于 1950 年 5 月 1 日颁布了我国第一部法律《婚姻法》，该法第 11 条明确规定“夫妻有各用自己姓名的权利”，从而彻底废除了

---

① 费孝通先生在论及乡土社会礼治秩序的诸多传统时曾言：“像这一类传统，不必知之，只要照办，生活就能得到保障的办法，自然会随之发生一套价值……依照着做就有福，不依照了就会出毛病。于是人们对于传统也就渐渐有了敬畏之感了。”费孝通：《乡土中国 生育制度》，北京大学出版社 1998 年版，第 51 页。

② 《礼记·郊特牲》。

姓名问题上歧视妇女的做法,实现了男女在姓名权上的完全平等。这一规定在以后的新婚姻法中得到了重申。1958年1月9日施行的《户口登记条例》第18条规定了公民姓名变更申请的办理,这实际上是对公民姓名变更权的默许。一些地方的户口管理规章还对公民姓名变更作出了必要的限制性规定,如《上海市户口管理暂行规定》第14条第1项实际上规定了两类限制,一是必须有特殊情况凭有关证明才可以申请更改姓名;二是正在被刑事处罚、劳动教养和其他正在羁押的人员不予更改姓名。目前,除我国《民法通则》第99条、第120条规定了公民姓名权及法律保护外,《婚姻法》第22条有关“子女可以随父姓,可以随母姓”以及《收养法》第24条有关“养子女可以随养父或者养母的姓,经当事人协商一致也可以保留原姓”的规定都体现了对公民姓氏的法律保护,是我国目前姓名权制度的重要组成部分。

进入21世纪之后,随着公民姓名取舍活动个性化的进一步彰显,姓名问题逐渐成为我国户籍管理中的一大难题,大量重名、怪名、洋名的出现呼唤立法对姓名权行使进行必要的规制。十届全国人大代表厉兵和张书岩在2003年“两会”期间,甚至还提出尽快出台《姓名法》规范公民命名活动的提案。作为主管机关的公安部也有了强烈的规制冲动,并于2007年草拟了《姓名登记条例(初稿)》,试图对公民姓名设定和变更进行一揽子规范。然而,由于这一初稿的内容争议颇多,迄今为止仍然没有正式出台,甚至都没有正式向社会公布。

就在“赵C更名案”尘埃落定之际,2009年发生在济南的“‘北雁云依’诉济南市公安局历下区分局燕山派出所户籍行政登记案”再次引发了社会对公民姓名权的关注。济南市民吕晓峰、张瑞峥的女儿出生于2009年1月25日,夫妇俩共同决定为女儿取名“北雁云依”,并向燕山派出所申报户口。派出所以姓名“北雁云依”不符合办理户口登记的条件为由,拒绝为其办理户口登记。吕晓峰认为派出所拒办户口的行政行为侵犯其女儿的合法权益,于2009年12月17日以被监护人“北雁云依”的名义向历下区人民法院提起行政诉讼。因涉及法律适用问题,案件经层层上报,最后由最高人民法院向全国人民代表大会常务委员会提出议案，请求对《民法通则》第 99 条第 1 款“公民享有姓名权，有权决定、使用和依照规定改变自己的姓名”和《婚姻法》第 22 条“子女可以随父姓，可以随母姓”的规定作法律解释，明确公民在父姓和母姓之外选取姓氏时应如何适用法律。全国人民代表大会常务委员会于 2014 年 11 月 1 日通过了《关于〈中华人民共和国民法通则〉第九十九条第一款、〈中华人民共和国婚姻法〉第二十二条的解释》。对于上述规定的含义，全国人民代表大会常务委员会讨论后认为：公民依法享有姓名权。公民行使姓名权属于民事活动，既应当依照《民法通则》第 99 条第 1 款和《婚姻法》第 22 条的规定，还应当遵守《民法通则》第 7 条的规定，即应当尊重社会公德，不得损害社会公共利益。在中华传统文化中，“姓名”中的“姓”，即姓氏，体现着血缘传承、伦理秩序和文化传统，公民选取姓氏涉及公序良俗。公民原则上随父姓或者母姓符合中华传统文化和伦理观念，符合绝大多数公民的意愿和实际做法。同时，考虑到社会实际情况，公民有正当理由的也可以选取其他姓氏。基于此，对《民法通则》第 99 条第 1 款、《婚姻法》第 22 条解释如下：“公民依法享有姓名权。公民行使姓名权，还应当尊重社会公德，不得损害社会公共利益。”“公民原则上应当随父姓或者母姓。有下列情形之一的，可以在父姓和母姓之外选取姓氏：（一）选取其他直系长辈血亲的姓氏；（二）因由法定扶养人以外的人扶养而选取扶养人姓氏；（三）有不违反公序良俗的其他正当理由。”“少数民族公民的姓氏可以从本民族的文化传统和风俗习惯。”2015 年 4 月 21 日，历下区人民法院恢复审理这起中止时间长达五年的案件，对于“北雁云依”要求确认燕山派出所拒绝以“北雁云依”为姓名办理户口登记行为违法的诉讼请求，于 24 日作出驳回判决。[①]

通过对我国姓名问题简略的历史考察，不难发现，姓名取舍的历史就是一部个体自由不断得到彰显的历史。在这一进程中，公民姓名权不断得到

---

① 参见胡芳泰：《全国首例姓名权行政诉讼案一审判驳原告诉求》，载《山东法制报》2015 年 4 月 27 日。有关该案处理的不同评价，可参见姚文辉：《“北雁云依”可不可以成为一个姓名》，载《春城晚报》2015 年 4 月 23 日。

立法的认可和保护。与此同时,公权对个体命名活动的控制从未停止。虽然不同历史时期控制的形式不同、手段各异,但对姓名取舍进行适度规制却是基本规律。这表明,姓名取舍活动从来就不是绝对自由的,基于不同的社会背景进行相应的规制是完全必要的。

三、姓名政府规制策略的重建

作为公民个体身份识别的标志,姓名无疑是个人的,但作为民族历史文化的重要组成部分之一,姓名又是社会的。在现代社会,法律上会保障一个公民使用和改变自己姓名的权利,但他也绝不能任意地取名授字。尤其是在中国这样一个人口众多、对姓氏意义特别看重的国家,保持对姓名的适度规制仍然是必要的。当然,在倡导人性自由的时代,究竟应当如何规制公民姓名的取舍,还有赖于对姓名规制环境的正确把握,进而实现规制目标的科学设定和规制手段的合理选择。

(一)姓名规制环境的变迁

当下中国正处于艰难的社会整体转型时期,体制、制度、观念都在不断调整之中。就姓名规制所面临的环境而言,以下五个方面的变化尤其值得关注:

第一,民众个性的充分张扬。改革开放的三十多年,不仅是体制变革的三十多年,更是社会结构发生深刻变革的三十多年。在这一伟大进程中,单一化的社会结构逐步被打破,一个主体多元化的全新社会结构正在形成。公民个人再也不是国家机器上的一颗螺丝钉,而是一个个有着独立人格的主体。从姓名取舍到衣食住行,从兴趣爱好到事业发展,公民无不享有充分的选择自由。可以说,改革开放最具实质意义的就在于民众个性的充分张扬。具体就姓名权行使而言,个性化色彩日渐浓厚,大量生僻姓名、双姓名、四字名、"洋名"出现,甚至还出现"无姓"名和"异姓"名。[①] 个性化姓名的涌

---

① 例如,江苏常州市民点明,既不随父、母姓,也不随祖辈、外祖辈姓,而是四家各占一点演变为"点"姓,可谓姓名史上一大奇观。参见成希:《公民取名应否限制?》,载《南方周末》2007年6月14日。

现既彰显了社会的进步与宽容，同时也对社会交际、信息处理、文化民俗、社会管理乃至人口政策等都构成了现实挑战。特别是在个体禁锢已久的当下中国，规制者如果不审慎考虑个性的过分张扬所带来的负面影响，规制政策的实施就极可能陷入困境之中。[①] 因此，伴随着民众姓名取舍活动个性化时代的来临，特别是相关行政纠纷的增加，适度规制政策的出台就显得尤为迫切。

第二，婚姻家庭关系的裂变。中国文化的传统特别讲究血缘关系和宗祖情结，而姓名中姓的主要功能就是用来标记特定的血缘遗传关系。姓名的血缘亲缘区分功能在时代的变迁中虽然有所弱化，但传统观念依旧根深蒂固。在司法实践中，因婚姻关系变动致子女改姓而引发的纠纷也时有发生。[②] 资料显示，改革开放之前我国的离婚率仅为3%，而至2009年已升至13%。[③] 随着婚姻观念的变迁，特别是公民对幸福婚姻和美好生活的不懈追求，我国未来的离婚率短期内恐难以下降。离婚所引起的家庭关系变动往往涉及未成年子女的抚养，其姓氏也可能随着之出现变更。如何回应公民改变姓氏的请求，如何在离异双方、再婚双方的权利之间进行取舍，成为规制机关必须直面的现实问题。

第三，姓名平行现象的激增。姓名平行就是通常所说的重名。造成重名的原因很多，如取名的从众心理、人名用字过于集中、单名增加、追赶潮流等。重名本身并不违法，但重名的增加不仅可能给重名者的社会交往造成极大不便，也给社会管理带来了诸多难题，甚至还容易引发法律上的争议。重名现象的增加在客观上也增大了公民变更姓名的概率，特别是当某些特定的姓名具有明显不良的社会评价时，改名几乎成了重名者的唯一选择。

---

① 2002年个性化私车牌照在京、津、杭、深四座城市的短暂试行和旋即叫停就是很好的佐证。参见乔新生：《“个性化车牌”叫停暴露行政执法困境》，http://auto.sina.com.cn/news/2002-08-26/27900.shtml，2015年4月2日访问。

② 参见刘妍：《儿子改随继父之姓已逾六载 生父要求恢复原姓未获支持》，载《人民法院报》2009年3月5日。

③ 参见《专家解析中国内地离婚率上升现象》，http://www.39.net/HotSpecial/hunyin/zhuanjiaguandian/41442.html，2015年4月2日访问。

改名需求的上升既要求规制机关放松对公民姓名变更事由的规制，同时也要求规制机关在婴儿出生之后进行姓名初姓登记时履行好服务职责，从源头上控制姓名平行现象的增长。

第四，语言文字政策的变迁。姓名是一种社会现象，也是一种语言现象。当姓名以书面形式出现时，又是一种文字现象。因此，对公民姓名取舍活动的规制自然也离不开对现行语言文字政策的把握。汉语言文字有着悠久的历史，承载着中华民族灿烂的文化。身处全球化时代，在片面追求同世界接轨而一味注重外语学习的背景下，作为国民母语的汉语一度受到冷落，而网络语言和广告语言的普遍失范甚至还使汉语言陷入危机之中。所幸的是，近年来，维护汉语言文字的规范性和纯洁性已经成为国家基本的语言文字政策。2001 年 1 月 1 日开始施行的《国家通用语言文字法》明确规定“国家推行规范汉字”；一些地方相继颁行相关法规，或规定“推行规范汉字是全社会的共同责任”[①]，或规定人名用字应当“符合国家汉字人名规范”[②]。2004 年 1 月 1 日开始施行的《居民身份证法》第 4 条则规定：“居民身份证使用规范汉字和符合国家标准的数字符号填写。”可见，作为公民完整语文符号的姓名也是整个语言系统的有机组成部分，同样需要遵守国家现行的语言文字政策。

第五，信息时代的现实需求。语言文字是人类社会最重要的交际符号系统。以计算机和远程通讯为核心技术的信息革命从根本上改变了人们的生产方式、生活方式、工作方式和思维方式，开辟了人类历史上前所未有的信息时代，同时赋予语言文字重要的信息属性，使之成为人际系统和人机系统进行信息交流和交换的最重要的载体。在现代信息社会，姓名基于改造

① 参见《山西省实施〈中华人民共和国国家通用语言文字法〉办法》（2003 年 9 月 1 日施行）第 3 条、《福建省实施〈中华人民共和国国家通用语言文字法〉办法》（2006 年 7 月 1 日施行）第 3 条。

② 参见《山西省实施〈中华人民共和国国家通用语言文字法〉办法》第 16 条（“人名用字应当符合国家汉字人名规范”）、《福建省实施〈中华人民共和国国家通用语言文字法〉办法》第 13 条（“人名用字应当以规范汉字基本用字”）、《浙江省实施〈中华人民共和国国家通用语言文字法〉办法》（2007 年 4 月 1 日施行）第 15 条（“人名用字提倡使用规范汉字、常用字”）。

自然、改造社会、利于信息顺畅交流的自觉要求,正朝着简单、规范、省力的方向发展。现代工业化社会对标准化、规范化的要求,也自然而然地通过信息处理的相应发展,体现到姓名上来。例如姓名拼写正字法、外国人名的标准对译、对于姓名字数的限定、姓名缩写规则、姓与名前后顺序的固定排列等,无不体现了经济、准确、规范、高效的原则。[1] 事实上,命名的不规范不仅会对公民个人参与社会交往造成诸多不便,而且还增加了规制机关信息处理的难度。因此,在日益发达的信息时代,标准化无疑应当成为公民姓名取舍活动的规制原则之一。

(二) 姓名规制目标的设定

时代的变迁和社会的进步已经使姓名的诸多附加功能日益萎缩,除了个体识别功能之外,文化传承几乎成为姓名唯一的附属功能。尽管"全面二孩"政策已经放开,但为子女特别是独生子女取个好名字依旧寄托着父母乃至整个家族的期望。正所谓"赐子千金,不如教子一艺;教子一艺,不如赐子好名。"因此,放松姓名规制、充分尊重公民姓名的取舍自由应当成为姓名权法律保护的基本原则。那么,在社会环境已经发生深刻变化的背景下,公权介入姓名取舍活动的正当性基础是什么呢?或者说,姓名的适度规制应当基于何种理由、达致何种目标?

众所周知,私人自治原则是私法体系的"恒星"。一般情况下,对作为民事活动的取名行为,只要不影响公共利益或其他人的正当权益,就不应进行干预。综观世界各国、各地区民法的规定,几乎毫无例外地以一定的表征公共利益或社会公德为内容的范畴对当事人的民事活动加以检视,这些规定、用语概括起来就是"公序良俗"。也就是说,在法律没有明确禁止的情况下,对民事活动的控制只能止于公序良俗。[2] 笔者认为,公序良俗不仅是私法上检视公民命名行为的阀门,而且也是公权力介入姓名权行使的基本事由。《民法通则》第7条、《合同法》第7条和《物权法》第7条关于社会公德、社会

---

① 参见纳日碧力戈:《姓名论》,社会科学文献出版社1997年版,第126页。

② 参见苏永钦:《私法自治中的国家强制》,中国法制出版社2005年版,第10页。

公共利益和社会经济秩序的规定，实际上就是对公序良俗的认可。同时，很多行政法律规范也体现了公序良俗的内涵。[①] 如今，全国人大常委会专门就姓名权条款作出立法解释，明确采行公序良俗的表述，为姓名公权规制提供了充分的规范依据。

公序良俗是公共秩序和善良风俗的简称早已为人们所熟知。然而，如同公法上的公共利益等不确定法律概念一样，公序良俗的内涵同样难以精确化，且随着时代的变迁而发展变化。尽管不能简单否认普世伦理的存在，但“对于哪些行为的内容属于违背法律和善良风俗这一问题，世界各国法律的回答并不一致，因为在这一问题上，不同的国家民族的风俗习惯非常不同，而更为复杂的是对这一问题进行判断的标准是民族自己的历史形成的，在这一问题上发挥决定性作用的就是这些历史形成的标准。”[②]因此，为了防止公序良俗条款的随意解释而不当限制公民姓名权的行使，我国法律必须以我国当下的公序良俗作为判断基准。[③]

正如前文所言，姓名是一种典型的语言文化现象。姓名的取舍是否符合国家的语言文字规范和民族心理，对于维护汉语言文字的纯洁性乃至国家与民族尊严都具有重要意义。特别是在当前汉语言文字的发展面临重大挑战之际，每一个公民更应当自觉遵守《国家通用语言文字法》，从个体命名开始维护汉语言文字的纯洁性。[④] 党的十七届六中全会首次提出了“坚持中国特色社会主义文化发展道路、努力建设社会主义文化强国”的战略目标；

---

① 例如，《湖北省实施〈中华人民共和国国家通用语言文字法〉办法》(2004 年 9 月 1 日施行)第 13 条规定，广告用语使用成语、词语不得滥用谐音字。这项规定的目的显然在于维护汉语言文字的纯洁性，实际上就是对公序良俗原则的间接表达。

② 〔德〕茨威格特、克茨：《违背法律和善良风俗的法律行为后果比较》，孙宪忠译，载《环球法律评论》2003 年第 6 期。

③ 例如，在 2001 年被媒体热炒的四川泸州“二奶继承案”中，法院最终就是以遗嘱内容违反公序良俗为由认定遗赠行为无效；而 1970 年发生在德国的“情妇继承案”中，法院则认定被继承人将情妇列为继承人的做法有效。除了在适用技术上区分法律行为与事实行为之外，两份迥异的判决实际上反映出中德在公序良俗判断基准上的“时差”。

④ 媒体甚至还不断发出“保卫汉语”的呼声。参见艾跃进：《保卫汉语：向世界推广中国的语言文字本身就是与国际接轨》，载《天津日报》2009 年 3 月 16 日。

党的十八大报告进一步提出了“经济建设、政治建设、文化建设、社会建设、生态文明建设五位一体”的总体布局，明确“文化软实力显著增强”是全面建成小康社会的重要目标，并将“建设优秀传统文化传承体系，弘扬中华优秀传统文化”作为“扎实推进社会主义文化强国建设”的重要步骤。当一国公民连取名都不使用本国的通用语言文字，当一国法律所明确规定的通用语言文字都无法推行时，何谈增强文化软实力?! 因此，维护汉语言文字的规范性、纯洁性应当成为当下判断的公序良俗——我国姓名规制目标的核心基准。从这个意义上来说，受人诟病的《姓名登记条例(初稿)》在姓名规制目标的总体设计上并无偏颇，只是一些具体规制手段的设置明显不当而已。[①]

(三) 姓名规制手段的选择

在确立公序良俗作为姓名规制目标之后，就必须选择与此目标相适应的规制手段。笔者认为，姓名规制的对象包括姓名的设定与变更两个方面，不同事项的规制策略也互有差别。总体来看，应当尽量减少命令控制型手段的运用，更多地选择激励指导型手段。[②] 具体而言，在姓名规制手段的选择上应当着重解决好以下四个问题：

第一，姓名结构规制。长期以来，汉族姓名一般都遵循“姓＋名”“姓在前名在后”的结构模式。随着父母合姓、异姓甚至无姓的出现，如何规制姓名结构成了需要认真解决的社会问题。事实上，无论是在姓名学的理论研究，还是国外姓名立法上，都存在较多分歧。例如，法国、日本在近代都通过立法强制规定公民取名必须用姓，而冰岛则禁止取名用姓。[③] 在学理上，有的认为从人类宗系学、优生学角度上看，姓的使用应当保留；有的从维护社

---

① 例如，《姓名登记条例(初稿)》第 5 条规定，姓名登记应当使用“规范的汉字”和少数民族文字；第 12 条进一步规定，姓名不得含有“损害国家或者民族尊严”“违背民族良俗”“容易引起公众不良反应或者误解”的内容。

② 激励指导型规制手段的运用也契合了我国婚姻、生育等传统私域放松规制的时代潮流。例如，《婚姻法》第 6 条“晚婚晚育应予鼓励”、《人口与计划生育法》第 34 条“对已生育子女的夫妻，提倡选择长效避孕措施”的规定等。

③ 参见张联芳主编:《外国人的姓名》，中国社会科学出版社 1987 年版，第 479—480 页。

会秩序角度出发,认为应以父母姓为宜;还有的则认为取名有姓无姓均可。[①]笔者认为,随着时代的变迁特别是人口的频繁流动,姓名的血缘表征功能日渐式微,立法上没有必要对此作出强制性规定。公民取名究竟是依父姓、母姓还是选择双姓甚至无姓,主要还是社会习俗是否为人们普遍遵从的问题,公权力不宜强行干预。当然,为了维护取名的文化传统,立法上加以提倡应当是允许的。为此,今后在姓名结构的规制上,可以采取富有弹性的行政指导手段,提倡公民取名采用父姓或者母姓。[②]

第二,姓名长度规制。在我国,除了少数民族使用本民族文字取名以及少数复姓外,汉族人名多为两字或三字格人名。近些年来,随着父母双姓使用的逐渐流行,四字格人名开始出现且呈增长态势。姓名长度的增加不仅改变了我国的姓名传统,而且还会影响特定的民族文化心理。大量四字乃至五字格人名的出现,客观上与近邻日本的命名传统雷同,在国际交往中也会造成诸多不适。加上信息化时代所崇尚的信息简化、规范的现实要求,人名过长同样会造成社会管理的诸多不便。有鉴于此,对汉族姓名的长度作出限制实属必要。《姓名登记条例(初稿)》第14条有关"姓名用字应当在二个汉字以上,六个汉字以下"的规定应当予以肯定。不过,除此硬性强制手段之外,对姓名长度的规制还可辅以柔性指导手段,即"提倡复姓公民取单字名",进而避免四字格人名过度增长所带来的负面影响。

第三,姓名内容规制。从维护汉语言文字的规范性和纯洁性上看,对姓名内容的规制最为重要。姓名权第一案的争议焦点也在于此。就汉民族而言,姓名取字究竟应当遵守什么样的规范呢?从现有的立法及政策上看,使用国家的通用语言文字——规范汉字已是大势所趋。规范汉字的标准主要包括《汉语拼音方案》《简化字总表》《汉语拼音正词法基本规则》《现代汉语通用字表》《标点符号用法》等。从世界范围上看,北欧一些国家为了维护本

① 参见张联芳主编:《中国人的姓名》,中国社会科学出版社1992年版,"绪言"。

② 从这个意义上来说,现行《婚姻法》有关子女"可以随父姓,可以随母姓"的规定是确当的。相比之下,《姓名登记条例(初稿)》第7、8条对姓名结构和随父母姓的强制性规定不仅与《婚姻法》规定相冲突,而且也是立法对社会习俗的过度干预。

民族的姓名传统，抵制新潮或强势洋名的“入侵”，还制定了专门的人名词表。在日本，半个多世纪以来，为了规范人名用字，一直都遵循按照《人名用字表》取名的做法。[①] 在我国，对于是否需要制定《人名规范用字表》，理论上还存有很大争论。[②] 在此之前，姓名的取字至少应当遵循三个基本原则：一是姓名用字不得含有自造字、外国文字、汉语拼音字母、阿拉伯数字及符号。赵C案所涉及的焦点问题就在于汉语拼音字母是否能够作为姓名的组成内容。事实上，根据《国家通用语言文字法》第18条，《汉语拼音方案》只是中国人名、地名和中文文献罗马字母拼写法的统一规范，只用于汉字不便或不能使用的领域。可见，取名是不宜使用拼音字母的。二是提倡使用简化的规范汉字命名。在汉语世界，简体字与繁体字的优劣一直是颇具争议性的话题。[③] 基于人际交往的简便易行和信息时代信息标准化的客观需求，汉字的简化使用业已成为新的时代习俗，这也是姓名经济原则的重要体现。为此，今后在姓名内容的规制上，应提倡使用简化汉字命名。三是姓名用字应当符合我国的民族习惯，避免使用违反公序良俗、容易引起公众不良反应的用语。特别是在当前倡导命名追求个性、大量“洋名”不断出现的时代，对公序良俗的强调尤为迫切。作为异质文化的“洋名”与我国的民族心理不符，不管其最终能否流行开来，进行适度限制并非没有必要。道理很简单，当一个国家的公民连取名都不愿意采用本国的通用文字而去竞相追逐异族的流行文字时，又怎能唤起国民的民族自豪感和归属感?!

第四，姓名变更规制。变更权是姓名权的重要组成内容之一。公民在确定姓名之后，可能会出于各种原因而要求改变自己的姓名，如当初取名考虑不周，或家庭变故，或重名影响正常人际交往等。姓名的改变固然会给社会管理带来很多不便，但公民本人的社会交往成本也会增加，因而除非恶意

① 参见何晓明：《姓名与中国文化》，人民出版社2001年版，第456页。

② 参见冯象：《政法笔记》，江苏人民出版社2004年版，第211—218页。

③ 在2009年“两会”期间，甚至还有全国政协委员提出“废除简体汉字、恢复使用繁体字”的议案。参见丁勇：《政协委员潘庆林：用10年时间恢复繁体字》，http://news.hexun.com/2009-03-05/115288223.html，2015年3月2日访问。

改名，否则公民一般是不会轻易申请改变自己姓名的。为此，法律上就没有必要对变更姓名的理由和次数作出强制性规定。[①] 当然，对于公民姓名变更登记的申请，规制机关应当进行审查，并作出是否准予办理变更登记的决定。规制机关的审查基准主要有两个：一是审查申请变更者“是否存在不良信用记录”，如是否正在接受案件调查、相关诉讼是否完结等。通过这一审查，能够有效防止恶意改名现象的发生，避免他人利益或公共利益遭受不必要的损失。二是审查申请变更后的姓名内容“是否违反公序良俗”，如是否为了谋取非法利益而故意造成姓名重复、姓名用字是否符合汉语言文字习惯等。通过这一审查，既能够减少姓名平行现象的发生，也能够维护汉语言文字的规范性和纯洁性。

第二节　6号指导案例分析

一、6号指导案例：一次波澜不惊的司法重申

自《行政诉讼法》将“违反法定程序”明确列为人民法院判决撤销具体行政行为的一类情形以来，“严格遵循法定程序”逐渐成为行政机关依法行政的核心要义，“程序正当”甚至还一度写入作为法治政府建设纲领性文件的《全面推进依法行政实施纲要》之中。然而，文本上的宣示却并不意味着“依法定程序行政”的理念在行政权力的运行中已经得到彻底落实。相反的，受制于我国当前行政程序立法整体上的滞后，加之行政机关对程序束缚的本能抗拒，“法定行政程序”的自觉遵循依旧十分艰难。于是，利用各种契机灵活地解释“法定行政程序”，进而引导行政机关养成依程序法行政的习惯成为时代赋予法院的重要使命。

回顾我国行政审判实践的发展历程，可以发现法院对法定行政程序的

---

① 《姓名登记条例（初稿）》第16条有关“无正当理由不得变更姓名”以及第20条有关“变更名字以一次为限”的规定实属规制过度。

解释大致是从两个维度展开的:一方面,法院努力从形式上将法定行政程序中"法"的菜单不断拉伸,除了法律、法规和规章以外,将规范性文件也视为行政程序直接的规范依据。例如,在"罗满秀不服上杭县公安局治安管理处罚裁决案"中,法院认为,被告对原告5000元罚款的处罚决定违反了公安部1996年的《关于行政处罚听证范围中"较大数额罚款"数额的通知》"个人处2000元以上罚款"的规定,构成程序违法。[①] 另一方面,法院则通过各种解释技术努力从实质上扩充法定行政程序的含义。例如,在"张成银诉徐州市人民政府房屋登记行政复议决定案"中,法院认为,行政复议法虽然没有明确规定行政复议机关必须通知第三人参加复议,但根据正当程序的要求,行政机关在可能作出对他人不利的行政决定时,应当专门听取利害关系人的意见。被告徐州市人民政府未听取利害关系人张成银的意见即作出于其不利的行政复议决定,构成严重违反法定程序。[②] 尽管这些零星的个案并不代表法定行政程序已经得到了普遍适用,但法院的努力并未间断。

在最高人民法院发布的6号指导案例"黄泽富、何伯琼、何熠诉四川省成都市金堂工商行政管理局行政处罚案"中,受案法院将法律没有明文列举的"没收较大数额财产"这一行政处罚也列入必须举行听证的范围。法院生效裁判认为:《中华人民共和国行政处罚法》第42条规定:"行政机关作出责令停产停业、吊销许可证或者执照、较大数额罚款等行政处罚决定之前,应当告知当事人有要求举行听证的权利。"虽然该条规定没有明确列举"没收财产",但是该条中的"等"系不完全列举,应当包括与明文列举的"责令停产停业、吊销许可证或者执照、较大数额罚款"类似的其他对相对人权益产生较大影响的行政处罚。为了保证行政相对人充分行使陈述权和申辩权,保障行政处罚决定的合法性和合理性,对没收较大数额财产的行政处罚,也应当根据《行政处罚法》第42条的规定适用听证程序。关于没收较大数额的财产

---

① 参见最高人民法院中国应用法学研究所编:《人民法院案例选》(2004年行政·国家赔偿专辑),人民法院出版社2005年版,第33页。

② 《最高人民法院公报》2005年第3期。

标准,应比照《四川省行政处罚听证程序暂行规定》第3条“本规定所称较大数额的罚款,是指对非经营活动中的违法行为处以1000元以上,对经营活动中的违法行为处以20000元以上罚款”中对罚款数额的规定。因此,如某工商局没收黄某等三人32台电脑主机的行政处罚决定,应属没收较大数额的财产,对黄某等三人的利益产生重大影响的行为,某工商局在作出行政处罚前应当告知被处罚人有要求听证的权利。而本案中,某工商局在作出处罚决定前只按照行政处罚一般程序告知黄某等三人有陈述、申辩的权利,而没有告知其有听证权利,违反了法定程序,依法应予撤销。该案的“裁判要点”指出:“行政机关作出没收较大数额涉案财产的行政处罚决定时,未告知当事人有要求举行听证的权利或者未依法举行听证的,人民法院应当依法认定该行政处罚违反法定程序。”该案的发布,标志着行政法学理及实务中有关《行政处罚法》第42条“责令停产停业、吊销许可证或者执照、较大数额罚款等行政处罚”中的“等”究竟是“等内等”还是“等外等”争论的终结,无疑是法院对法定行政程序的又一次扩张性解释。

与最高人民法院早期公布的其他几个指导案例相比,6号指导案例的宣示多少显得有些“波澜不惊”。[①] 其实,早在2004年,最高人民法院就先后利用发布司法文件和批复的契机,对《行政处罚法》第42条中“等”字的意涵作出了明确的表态。首先,最高人民法院在印发的《关于审理行政案件适用法律规范问题的座谈会纪要》(以下简称《纪要》)中指出:“法律规范在列举其适用的典型事项后,又以‘等’‘其他’等词语进行表述的,属于不完全列举的例示性规定。以‘等’‘其他’等概括性用语表示的事项,均为明文列举的事项以外的事项,且其所概括的情形应为与列举事项类似的事项。”其次,最高人民法院在《关于没收财产是否应进行听证及没收经营药品行为等有关法律问题的答复》(以下简称《答复》)中明确提出:“人民法院经审理认定,行政

---

① 例如,针对最高人民法院公布的2号指导案例,国内民事诉讼法学者展开了颇具批判性和建设性的学理分析。参见王亚新:《一审判决效力与二审中的诉讼外和解协议——最高人民法院公布的2号指导案例评析》,载《法学研究》2012年第4期;严仁群:《二审和解后的法理逻辑:评第一批指导案例之“吴梅案”》,载《中国法学》2012年第4期。

机关作出没收较大数额财产的行政处罚决定前，未告知当事人有权要求举行听证或者未按规定举行听证的，应当根据《行政处罚法》的有关规定，确认该行政处罚决定违反法定程序。”如果说前者还仅仅反映的是最高人民法院对法律规范中“等”一词的一般性理解的话，那么后者则十分清晰地表达出最高人民法院对《行政处罚法》第42条中“等”一词的特定性理解。可见，最高人民法院发布6号指导案例与其先前所持的基本立场是一脉相承的。

尽管6号指导案例在很大程度上是最高人民法院就行政处罚听证范围问题的一次司法重申，但考虑到案例指导工作推行的目标在于“总结审判经验、统一法律适用、提高审判质量和维护司法公正”，特别是各级人民法院在审判类似案例时“应当参照”指导性案例，因而6号指导案例在行政法学研究中依旧具有重要的分析价值。为此，本节的研究任务就在于提炼6号指导案例中法院对法定行政程序进行扩张性解释的主要技术，并就现行体制内司法扩张性解释作用的限度加以剖析。

二、法定行政程序扩张性解释的技术

法律的生命贵在实施。面对复杂多变的社会关系，法律实施绝非简单机械的操作“自动售货机”活动。作为一种以语言文字为载体的行为规范，法律文字的精确含义时常令人生疑。为此，法律适用者的日常任务就是对法律规范文本不断进行各种具体化的解释。德国学者拉伦茨曾言：“法律经常利用的日常用语与数理逻辑及科学性语言不同，它并不是外延明确的概念，毋宁是多少具有弹性的表达方式，后者的可能意义在一定的波段宽度之间摇摆不定，端视该当的情况、指涉的事物、言说的脉络，在句中的位置以及用语的强调，而可能有不同的意涵。即使是较为明确的概念，仍然经常包含一些本身欠缺明确界限的要素。”[①]对于法官而言，法律解释活动更是规范文本与社会现实之间无法割舍的联系纽带。正如丹宁勋爵所言：“无论一项法

---

① 〔德〕卡尔·拉伦茨：《法学方法论》，陈爱娥译，商务印书馆2003年版，第193页。

律什么时候被提出来考虑，人们都没有能力预见到在实际生活中可能出现的多种多样的情况。即使人们有这种预见能力，也不可能用没有任何歧义的措辞把这些情况都包括进去……如果国会的法律是用神明的预见和理想的清晰语言草拟的，它当然会省去法官们的麻烦。但是在没有这样的法律时，如果现有的法律暴露了缺点，法官们不能叉起手来责备起草人，他必须开始完成找出国会意图的建设性的任务。他不仅必须从成文法的语言方面去做这项工作，而且要从考虑产生它的社会条件和通过它要去除的危害方面去做这项工作。然后，他必须对法律的文字进行补充，以便给立法机构的意图以'力量和生命'。"①

自《行政处罚法》实施以来，我国行政处罚听证程序的适用范围就一直是颇具争议性的问题。尤其是围绕该法第 42 条中"等"字的理解，不仅不同地区、不同部门的规范性文件之间规定不一，而且不同法院在不同案件的审理中态度也不尽一致。为了统一法律适用，最高人民法院在 2010 年 11 月 26 日下发了《关于案例指导工作的规定》(以下简称《规定》)，迄今已公布了十二批指导案例。作为其中的十一个行政指导案例之一，6 号指导案例的任务就在于解决行政处罚听证范围的不确定问题。通过解读 6 号指导案例的上述裁判理由，不难看出，法院对法定行政程序进行扩张性解释所运用的基本技术：一是"文义解释—目的解释"法律解释方法的遵循；二是与法定三种处罚"类似"的"其他对相对人权益产生较大影响"的行政处罚适用听证程序标准的提出。尽管裁判理由部分还存在措辞不尽一致(如"利益"与"权益"，"较大影响"与"重大影响")等表述瑕疵，但也充分展示出法院对法律解释基本技术的掌握。

在法律解释学上，任何解释活动都是从条文规范出发的，文义是所有解释首要的出发点。从法律规范文义的表达中可以得出立法者的规范意旨和具体规范的目的。同时，法律规范文本的语言本身是有歧义的，是不确定

---

① 〔英〕丹宁勋爵：《法律的训诫》，杨百揆等译，法律出版社 1999 年版，第 13 页。

的。因此，仅仅进行文义解释是不够的，仅凭文义不能说明对某个法律规范是应当进行限缩性解释还是扩张性解释。这个问题需要由规范目的，也就是立法旨趣的探求来决定。正如杨仁寿先生所言："典型的解释方法，是先依文义解释，而后继以论理解释。非如此者，为非典型的解释方法，仍不失为解释方法，惟论理解释及社会学的解释，始于文义解释，而其终也，亦不能超过其可能之文义，故如法文之文义明确，无复数解释之可能性时，仅能为文义解释，自不待言。"[①]就6号指导案例中的解释活动而言，法院同样遵循了"文义解释"优先的原则，对《行政处罚法》第42条中的"等"字进行了文义解释，认为这里的"等"应作不完全列举的理解，还应当包括与法定三种行政处罚程度相当的其他处罚。为了进一步支撑这种扩张性解释，法院继而运用了目的性解释方法，认为这种理解是基于行政处罚"为了保证行政相对人充分行使陈述权和申辩权""保障行政处罚决定的合法性和合理性"的规范目的。根据法律解释学原理，法律解释活动的最终目标都在于发现法律文本的真实含义，都服从于法目的的探寻。在通过各种方法进行解释，或者对个别法律规定有多种解释的可能性时，"解释者必须一直考虑规定整体所追求的全部目的"[②]。

在欣喜于法院恰当运用"文义解释—目的解释"方法进行法律解释的同时，也应看到该案解释技术还存在进一步提升之处。其中，最关键的问题就在于文义解释的简单化处理上。正如梁慧星先生所言："任何法律条文之解释，均必须从文义解释入手，亦即在顺序上应首先应用文义解释方法。采用文义解释方法后，若无复数解释结果存在之可能性时，则不得再运用其他解释方法；只在有复数解释结果存在之可能性时，方能继之以论理解释。"[③]就《行政处罚法》第42条中的"等"字而言，立足文义解释实际上有"等内等"和"等外等"两种解释的可能性，因而才有必要让论理解释"出场"。从该案所

① 杨仁寿：《法学方法论》，中国政法大学出版社1999年版，第101页。

② 〔德〕卡尔·拉伦茨：《法学方法论》，陈爱娥译，商务印书馆2003年版，第210页。

③ 梁慧星：《民法解释学》，中国政法大学出版社1995年版，第245页。

展示的裁判理由中,不难看出法院的文义解释失之简单。虽然该项解释活动也遵循了文义解释在先、目的解释在后的一般顺位原则,但对二者之间的过渡却没有详细的理由说明。其实,最高人民法院行政审判庭郭修江法官在就《答复》所进行的学理阐述中已经清晰地表达过二者之间的关系。他认为:“对法律条文的理解,既要考虑文字本身的含义,又要结合立法目的等综合分析判断。就字面看,‘等’字在列举词尾时有两种含义:一是表示列举未尽;二是列举后煞尾。在文字层面,两种理解均符合文义。在此情形下,结合上下文,考虑立法目的就成为核心的问题。以‘等外’理解此处的‘等’字,更符合行政处罚法的立法目的。第一,作‘等外’理解更有利于实现规范行政处罚的实施,监督行政机关有效实施行政管理,保护公民、法人或者其他组织合法权益的行政处罚立法目的;第二,作‘等外’理解有助于实现行政处罚法第四条规定的公正、公开原则;第三,作‘等外’理解不会大幅影响行政效率,相反能够促进行政机关依法处罚,提高当事人自觉接受行政处罚的比率。”[①]无论从文义解释、目的解释的充分性和全面性,还是从文义解释退场、目的解释出场的必要性和可行性而言,上述学理阐释的过程都远比6号指导案例中的裁判理由更为确当。

6号指导案例还提炼出了适用于听证程序的行政处罚范围的一般判断标准。从该案裁判理由的展示中,依稀可以看出这一标准的三大关键词——“类似”“对相对人权益产生较大影响”“数额较大”。在有关“数额较大”的判断标准上,法院比照了《四川省行政处罚听证程序暂行规定》中有关“数额较大的罚款是指对非法经营活动中的违法行为处以1000元以上,对经营活动中的违法行为处以20000元以上罚款”的规定。就积极意义而言,通过对上述三项判断标准的进一步解释,确实能够在事实上起到扩大行政处罚听证程序适用范围的作用。不过,除了“数额较大”标准之外,“类似”和“对相对人权益产生较大影响”标准依旧十分模糊。如果对三者进行整体、

① 转引自蔡小雪、郭修江、耿宝建:《行政诉讼中的法律适用——最高人民法院行政诉讼批复答复解析》,人民法院出版社2011年版,第192页。

系统解释的话，可以看出该案裁判要旨的最大“射程”范围也只不过是各类财产罚（与“较大数额罚款”程度相当）和行为罚（与“责令停产停业”“吊销许可证或者执照”程度相当）。例如，“没收财产”如果达到“较大数额罚款”的标准，就应当属于听证程序的适用范围；“无偿收回土地使用权”导致被处罚人直接减少的财产价值达到“较大数额罚款”的数额标准的，也应当属于听证程序的适用范围。当然，如果以“数额较大”进行限缩性解释，则其“射程”范围则主要限于财产罚。

然而，行政处罚“对相对人权益产生较大影响”绝非仅仅限于“数额较大”这一类情形。首先，按照通常的理解，人身罚对行政相对人权益的实际影响远比财产罚、行为罚要大。但是，基于 6 号指导案例的裁判要点归纳和裁判理由说明，似乎很难将人身罚也纳入听证程序的适用范围之中。其次，在警告、通报批评等传统的申诫罚之外，以“曝光”“黑名单”等为代表的违法事实公布处罚在食品安全监管、环境监管、交通治理、人口与计划生育管理等领域日益增多。作为一类新型的行政处罚方式，违法事实公布是行政机关向违法者发出警戒，申明其有违法行为，通过对其名誉、荣誉、信誉等施加影响，引起其精神上的警惕，促使其不再违法的处罚。因此，就功能意义而言，违法事实公布实际上是一种声誉罚或信息罚，可以归入《行政处罚法》第 8 条所规定的“其他行政处罚”。作为声誉罚的违法事实公布是以个人或企业的名誉、信誉为直接处罚对象的，一旦公开失实，所造成的损害往往难以补救。因此，违法事实公布之前的程序设计对行政相对人的权利保护尤为重要。由此带来的问题是，作为保障行政相对人陈述权和申辩权高级形式的听证程序能否适用于违法事实公布处罚？最后，大量从业限制、禁止性处罚措施也开始得到大量运用。例如，新近北京市海淀区人民法院受理了“注册会计师考生因向涉舞弊网站汇款被终身禁考案”，这是国内第一起因考试作弊而被处以终身禁考处罚的案件。作为该案终身禁考处罚的直接法律依据，《注册会计师全国统一考试违规行为处理办法》仅为财政部发布的部门规章。在《行政处罚法》所确立的处罚谱系中，终身禁考同样属于“其他行政处罚”。从对行政相对人的权益影响上看，这种行政处罚比较大数额罚款等财产罚更为严重。为此，能否通过听证程序的适用来制约这类行政处罚权的滥用，同样是需要直面的问题。[①] 可见，从行政处罚制度实践的发展来看，6 号指导案例裁判要点的射程还相当有限，司法机关对法定行政程序的扩张性解释依旧任重而道远。

三、法定行政程序扩张性解释的限度

上文的论述表明，最高人民法院 6 号指导案例的发布只是对法定行政程序进行扩张性解释的一次重申。在官方、学界乃至公众面前，该案裁判要旨之所以显得波澜不惊，除了其自身是司法重申的缘故以外，更与其射程有限直接相关。鉴于案例指导制度是未来中国法律成长的重要路径之一，同时也考虑到中国行政程序法法典化的道路还十分漫长，因而将法定行政程序的扩张性解释置于国家权力结构和社会变迁的宏观视野下进行考察更有必要。笔者认为，无论从司法机关的现实地位和行政审判政策的调整还是从法院法律解释技术的运用和案例指导制度的功能上看，法定行政程序的扩张性解释都还存在很大限制。对这些外在制约因素的深入分析，有助于增强人们对案例指导制度现实功效的客观认识。

首先，司法在国家权力结构中的地位孱弱，司法解释的空间时常被行政解释所侵蚀。众所周知，在西方的法律传统中，法官被公认为是法律问题的专家，在法律解释上享有毋庸置疑的最终决定权。无论是在英美法系国家的司法审查还是大陆法系国家的行政审判中，法院对行政机关就法律规范所作出的解释往往都保有独立的审查权。行政解释与司法解释之间的关系，正如英国学者维尔所指出的那样：“警察、检察官和文职官员在他们工作的每个阶段也都在进行解释。他们每个人都在解释法律，然后按照他的理

---

① 参见张媛：《注册会计师考生因向涉舞弊网站汇款被终身禁考》，载《新京报》2012 年 9 月 11 日。

解适用法律，尽管这两步并不总是被有意识地相互区分。然而，在这些解释和法官解释之间的差别在于，司法解释具有权威性品质，而其他官员的解释，尽管通常被接受为有效解释，原则上要服从司法审查。在合宪政府体制中不能忽视这种区别的重要性，因为如果我们还不准备让行政者最后决定法律之含义的话，那么就必须保持一些对行政者的法律解释的独立制约。如果我们忽略了这一事实，我们就确实生活在一个最后由官僚说话算数的社会，而不论这些官僚有多仁慈。”[①]在我国，现行宪法所确立的国家权力结构表现为一种“强行政、弱司法”的明显格局。司法地位的孱弱，直接决定了作为解释、细化法律法规规定的行政机关的规范性文件时常左右着法院的行政审判活动。虽然《纪要》将行政机关就法律规范的具体应用所作的解释定位为“非正式的法律渊源”“对法院不具有法律规范意义上的约束力”，且人民法院可以“在裁判理由中对具体应用解释是否合法、有效、合理或适当进行评述”，但在很多情况下，法官在审理具体行政案件时或简单援引法律条文而回避具体理由的阐述，或直接依据行政机关的解释作出裁判，进而导致司法审查功能的严重萎缩。正是基于对这一现实的忧思，有学者提出：“某种程度上，中国行政诉讼的困境实质最终归结为法院在法律问题上权力的有限性。”[②]在本节所考察的6号指导案例发布之前，尽管也有少数法院的裁判对听证程序的适用范围作了扩张性解释，但很多情况下，法院还是基于各种现实利害关系考量迁就于行政机关的解释，表现出过度的“尊让”。[③] 可见，法律地位的孱弱直接决定了法院对法定行政程序的扩张性解释还只是一汪碧水中的阵阵“涟漪”。在没有被赋予完整的司法审查权之前，行政解释对司法解释空间的侵蚀现象还将继续上演。因此，6号指导案例所确立的裁判要点能否有效抵御现存的大量行政解释还难以预料。

其次，法院的法律解释技术尚不成熟，通过司法发展法律的作用十分有

---

① 〔英〕维尔：《宪政与分权》，苏力译，生活·读书·新知三联书店1997年版，第313页。

② 杨伟东：《行政行为司法审查强度研究——行政审判权纵向范围分析》，中国人民大学出版社2003年版，第209页。

③ 参见于立深：《违反行政程序司法审查中的争点问题》，载《中国法学》2010年第5期。

限。法律解释是一项专业性很强的活动，解释者不仅需要了解不同解释方法的运用场合，而且还需要掌握不同解释方法之间使用的一般顺位，甚至还要区分法律解释与法律漏洞填补技术之间的界限，防止法律解释权的越位。受法律思维模式、法学教育体制等多种因素的影响，我国法院法官整体的法律解释技术还不够成熟，法官解释法律推动法律发展的作用十分有限。就6号指导案例而言，法院对法律解释一般规则的遵循固然可圈可点，但其中也存在很多瑕疵。如果将眼光投向我国当下的行政审判实践，不难发现解释方法的误用还比较普遍。例如，按照《工伤保险条例》第17条第2款的规定，如果用人单位未提出工伤认定申请的，只有工伤职工本人或者其直系亲属、工会组织才能直接提出工伤认定申请。在“李绍兰诉聊城市劳动和社会保障局工伤行政复议决定案”中，原告胞兄李绍乾在其所在厂区内发病死亡，李绍乾没有直系亲属，且用人单位和工会组织都没有提出工伤认定申请，作为死亡职工唯一旁系亲属的原告究竟能否申请工伤认定就成为案件最大的争点。一审法院认为，对法律规范中的“直系亲属”一词应作广义理解，认定原告李绍兰具备工伤认定申请人的主体资格。二审法院则认为，“直系亲属”这一法律概念具有确切的含义，仅包括直系血亲和姻亲，并不包含旁系血亲和姻亲，作广义理解没有法律根据，显属不当。但通过体系解释和目的解释，二审法院认为，《工伤保险条例》第17条第2款规定的直系亲属的申请资格排斥的是旁系亲属的同时申请资格，即当直系亲属和旁系亲属并存时，旁系亲属无权申请工伤认定。基于同等情况同等处理的基本法律原则，当直系亲属缺位时，就应当承认旁系亲属的申请资格，从而保障其接受“供养”权利的实现。[①] 从法律解释学上来看，该案一审法院虽然坚守了文义解释优先的原则，但却忽略了法律解释活动只在可能的文义范围内进行的原则。对这种随意扩大解释法律规范内涵的做法必须予以纠正。如何在“绝不可

① 参见最高人民法院中国应用法学研究所编：《人民法院案例选》2007年第4辑，人民法院出版社2008年版，第455页。

以改变法律织物的编织材料但可以把皱褶熨平”[①]之间进退自如、如何在规范意旨与社会变迁之间自由拿捏，这些抉择不仅考验着法官法律解释的技艺，而且也直接决定着通过司法发展法律的现实功效。就我国当下法官法律解释活动的现状来说，以司法推动法律发展的前景尚不明朗。

最后，社会对案例指导制度的功能尚未形成普遍共识，司法能否有效说服行政还难以预料。回望《行政诉讼法》颁行二十多年来我国行政法治的发展历程，最高人民法院始终扮演着极为重要的角色。特别是最近十年来，面对社会形势发展提出的新要求和人民群众的新期待，最高人民法院在《行政诉讼法》修改之前充分利用现有体制内的各种有利资源，频繁地通过出台司法解释、发布司法文件、作出个案批复、发布《公报》案例等正式形式以及树立地方样板、领导视察讲话、发表研究成果等非正式形式，不遗余力地推动行政法治的发展。这些做法有的获得了广泛的社会认同，有的收效并不明显，有的甚至还遭到社会质疑。为了缓解成文的行政法律规范与急速的社会变迁之间的紧张关系，同时也为了进一步增强人民法院法律适用的统一性，尽力落实同案同判的基本原则，最高人民法院在经充分酝酿之后正式建立案例指导制度。在《规定》发布之后的五年里，52 个指导案例陆续与公众见面。无论从指导案例的数量、裁判要旨还是发布时间、频率上看，目前的指导案例与社会期待以及制度设计本身的旨趣之间都还存在很大差距。即便各级人民法院在审判类似案例时“应当参照”指导性案例的目标能够实现，其效力的实际“射程”范围也仅限于法院内部，能否影响到行政机关的执法活动则不无疑问。与刑法、民法不同的是，行政法领域中更多具有实际影响力的规范依据都出自行政机关之手。在行政执法活动的规范群中，作为“孤岛”的法律、法规被规章和规范性文件的“大海”所包围。因此，指导性案例中所宣示的裁判要旨能否说服行政机关，进而转化为行政执法活动所应当参照的依据实在难以预料。在我国传统的科层制行政官僚体系中，唯上

① 〔英〕丹宁勋爵:《法律的训诫》,杨百揆等译,法律出版社 1999 年版,第 13 页。

级文件命令马首是瞻早已根深蒂固。就本节所关注的6号指导案例以及同期公布的5号指导案例而言，其裁判要点的宣示实际上早有相关法律、法规、规章及规范性文件作为依托，同时也与最高人民法院先前的有关立场保持一致，这种四平八稳的指导性案例体现了最高人民法院在推行案例指导制度过程中的稳健与慎重。就行政处罚听证程序的适用范围而言，不同地区、不同部门之间的规定或照抄《行政处罚法》第42条，或去掉其中的“等”字，或作了一定范围和程度上的拓展。那么，在6号指导案例发布之后，上述情况是否会因此而出现明显改观？或者说，行政机关在今后决定是否适用听证程序作出行政处罚时，是否会自觉与6号指导案例的裁判要点保持一致？对这些问题的追问，不仅考验着法院和行政机关的智慧，而且直接决定了案例指导制度未来的命运。

四、结语：伴随司法经验凝练走向行政程序法的法典化

综观行政法治发达国家的历史，一部结构合理、内容确当的统一行政程序法典对于规范行政权力的行使和促进良好治理的实现都具有里程碑式的重要意义。20世纪90年代以来，国内行政法学界就一直呼唤制定统一的行政程序法典，其间虽渐趋沉寂，但也实现了行政程序立法的地方试水，湖南、山东、江苏、浙江等省相继制定了适用于本行政区域的行政程序规章，为中央层面的统一立法提供了可资参考的范本。《中共中央关于全面推进依法治国若干重大问题的决定》发出了“完善行政组织和行政程序法律制度”的号召，重新点燃了行政法学者心中的行政程序法典梦想。然而，一部相对成熟的行政程序法典的制定，不仅需要官方与民间达成广泛的社会共识，而且需要行政法学理界的精耕细作。就此而言，目前的社会条件很难说已经完全具备。早在十几年前，就有学者表达出行政程序法法典化“应当缓行”的观点。他认为，我国行政程序法法典化所面对的现实基础是“行政程序法治观念淡薄、行政程序价值理念失落和行政程序法律化程度滞后”，在这一基础上制定出来的行政程序法实效可能不会太好；况且，我们对行政程序法理

论研究可以说还是相当肤浅的。如果制定出的法律不能实施，或者大部分不能实施，还不如不制定这样的法律。鉴于许多国家行政程序法从提议到制定、公布前后都经过了几十年时间，我国在行政程序法典化进程中，要“警惕操纵立法的人理性恶性膨胀”，更要防止立法上的“首长工程”。[①] 时至今日，这一论述依旧值得省思。

事实上，在立法助推行政程序法治模式之外，还应密切关注法院对法定行政程序的认知与贡献。通过对最高人民法院利用不同渠道公布的典型行政案例的整理，可以看出法定行政程序的内涵与外延经由个案判决已经得到了有效拓展。[②] 为此，在迈向行政程序法法典化的进程中，应当格外重视司法经验的提炼。特别是最高人民法院指导案例中所表达的法定程序观点，更应成为今后行政程序法研究的有益素材。从这个意义上来说，6 号指导案例裁判要点的命运就是中国法定行政程序生长的一个缩影，更是管窥中国行政程序法法典化的一个窗口。伴随着单行行政程序立法的不断推进和司法经验的不断凝练，行政与司法终将成为中国行政程序法法典化的“鸟之两翼”，并最终催生出一部寄托了几代行政法学人梦想的行政程序法典。

【拓展阅读】

1. 张红：《姓名变更规范研究》，载《法学研究》2013 年第 3 期。

2. 蔡小雪：《因起名引起的立法解释——“北雁归依”诉济南市公安局历下区分局燕山派出所户籍行政登记请示案》，载《中国法律评论》2015 年第 4 期。

3. 张新宝等：《姓名的公法规制及制度完善》，载《法制与社会发展》2015

① 参见章剑生：《认真对待行政程序法典化》，载《法制日报》2002 年 6 月 9 日。

② 相关研究可参见何海波：《司法判决中的正当法律程序》，载《法学研究》2009 年第 1 期；章剑生：《对违反法定程序的司法审查——以最高人民法院公布的典型案件(1985—2008)为例》，载《法学研究》2009 年第 2 期；于立深：《违反行政程序司法审查中的争点问题》，载《中国法学》2010 年第 5 期。

年第6期。

4. 王彬:《“高校改名热”也有现实悲凉》,载《河南日报》2016年1月22日。

5. 李肖肖:《祭城居民状告郑州市政府 要求把“平安大道”改回“祭城路”》,载《河南商报》2015年10月20日。

6. 孙光宁:《法律规范的意义边缘及其解释方法——以指导性案例6号为例》,载《法制与社会发展》2013年第4期。

7. 石肖雪:《行政处罚听证程序适用范围的发展——以法规范与案例的互动为中心》,载《华东政法大学学报》2013年第6期。

第三章

司法案例批量式分析

对司法案例特别是最高人民法院公布的经典行政案例进行批量式分析,不仅能够全面把握某类案件司法审查的基本经验,而且还能通过本土司法智慧的凝练发展法律。本章择取目前司法审判实践中数量较多的行政不作为案件和工伤认定案件进行分析,力图展现这两个领域中的本土经验。

第一节 行政不作为案件批量式分析

一、研究缘起与样本说明

美国行政法的巨擘施瓦茨教授曾言:"行政法的首要特征就在于它是一个处于持续不断变化中的学科。"[①]回顾各国行政法的发展历程,人们不难发现行政法宛如一面时代的魔镜,映照出它所规制的社会生活的全貌。在奉行"最少干预最好政府"的自由法治国时代,行政的任务局限于消极地维持社会秩序和安全,行政法的使命则在于防范行政权的滥用侵害到个人权益;而在奉行"最多给付最好政府"的社会法治国时代,行政的任务除了秩序维

① Bernard Schwartz, *Some Crucial Issues in Administrative Law*, 28 Tulsa Law Journal, 1993, 793—794.

护之外还需主动为个人的生存与发展提供各类给付，行政法的使命则从单纯保障私益不受侵犯发展到促成公共福祉的增进。伴随着行政任务的多样化和复杂化，民众公权概念亦由侵害行政为中心的时代的违法排除请求权嬗变为给付行政为中心的时代的行政介入请求权。于是，行政不作为便成为现代行政法上的重要议题。

我国行政法学界对行政不作为问题的热切关注始于《行政诉讼法》的颁行。尤其是近十年来，行政不作为业已成为行政法学研究中最为热门的课题之一。综观既有的学术研究，论者大多表现出明显的语义学分析偏好，着力从概念解释的角度分析行政不作为的理论内涵、构成要件和表现形式，并附带探讨行政不作为的司法救济和赔偿责任。晚近以来，甚至还有论者主张以“怠于履行行政义务”或“怠于履行公共职能”取代“行政不作为”。[①] 这些研究对于丰富行政不作为理论、概括行政管理领域内的不作为现象乃至指导人民法院的行政审判活动都有一定的现实意义。不过，中国本土化行政不作为理论的建构固然离不开法教义学的阐释和外国经验的介绍，但更需要对本土司法经验与智慧的总结和提炼。如果研究者将目光投向我国的司法实务，就不难看出“处江湖之远”的基层法院行政法官既没有拘泥于现行《行政诉讼法》的规定，也没有完全受制于行政法理论学说的束缚，而是在有限的制度空间内通过个案累积能动地拓展了行政不作为案件的受案范围，生成了行政不作为的判断基准，丰富了行政不作为的裁判方式。

本节拟通过阅读司法实践中若干行政不作为的典型判例，勾勒行政不作为案件在当下中国司法审查中的真实图景，进而提炼行政不作为判断基准和裁判方式的本土司法经验。《最高人民法院公报》和《人民法院案例选》以其所刊载行政案例的权威性、典型性和指导性，已日益成为我国行政法学研究的重要素材，因此，本节所运用的案例全部来自于这两个系列的文本。笔者通过检读发现，截止到2009年年底，在《最高人民法院公报》上公布的近

---

① 参见杨小军：《怠于履行行政义务及其赔偿责任》，载《中国法学》2003年第6期；林卉：《怠于履行公共职能的国家赔偿责任》，载《法学研究》2010年第3期。

90个典型行政案例中，涉及行政不作为的有8个；而在《人民法院案例选》上公布的近900个典型行政案例中，涉及行政不作为的有72个。这80个典型行政不作为案例涉及政府、公安、工商、劳动、卫生、民政、司法行政、国土资源、规划、房管、教育、财政、建委、学校、邮电局等24类国家行政机关和法律法规授权组织，比较全面地反映了目前司法实践中行政不作为案件的现状，构成了本节的基础性研究资料。

从总体上看，在这80个行政不作为案例中，法院以判决方式结案的比例和原告胜诉的比例都大大高于全国行政案件的平均水平。其中，以履行判决结案的38个，以确认判决及赔偿判决结案的12个（含1个案件通过调解赔偿），以驳回诉讼请求判决结案的15个（含1个案件同时给予原告经济照顾），以维持判决结案的4个，裁定驳回起诉的6个（含1个案件同时发出司法建议、1个案件被撤销并继续审理），裁定不予受理的1个，撤诉的4个（含3个因被告改变原告主动申请撤诉的）。统计结果表明，原告胜诉实际上是56个，占70%；被告胜诉仅24个，占30%。进一步观察则显示，在以公安机关为被告的12个案件中，原告胜诉9个，占75%；在以一级人民政府为被告的18个案件中，原告胜诉15个，占83.3%，原告胜诉率甚至还高于整体水平。行政不作为典型案件各类结案形式的数量及比例如下表：

表2 行政不作为案件结案形式和比例表

结案形式	履行判决	确认违法赔偿判决	驳回诉讼请求判决	维持判决	驳回起诉	不予受理	撤诉	合计
数量	38	12	15(14+1)	4	6(4+2)	1	4(1+3)	80(50+6+24)
比例	47.5%	15%	18.75%	5%	7.5%	1.25%	5%	100%(70%+30%)

过高的胜诉率或许在一定程度上降低了这些案件的代表性，但也从一个侧面反映了人民法院在行政不作为案件司法审查上的能动主义立场，进而契合了本文提炼行政不作为司法审查本土经验的旨趣。为此，在下文的研究中，笔者将通过对这80起典型行政不作为案件法院裁判过程及判决结果的条分缕析，试图捕捉以下富有价值的信息：人民法院在具体个案情境中

是如何认定被告构成行政不作为的？在作出这种复杂的司法决断的背后，人民法院究竟动用了哪些智识资源？人民法院的行动逻辑是否能够上升为具有普适性的司法判断基准？人民法院在认定被告构成行政不作为之后又是通过何种裁判方式积极响应原告诉求的？哪些方式更有助于原告权益的切实维护且又能够合理消解司法权僭越行政权的质疑？这项研究的展开有望改变当下行政不作为研究法教义学一统天下的固有格局，通过司法经验元素的引入形成能够有效解决转型中国行政审判难题的行政不作为理论。

二、行政不作为的司法判断基准

尽管行政不作为在行政法学理上是一个颇具争议的概念，但司法实务所理解的行政不作为与学理并非完全吻合，甚至也没有机械固守《行政诉讼法》第 12 条第 1 款的规定。综观行政审判实践中的典型案例，司法实务视野中的行政不作为指的就是行政主体不履行作为义务的状态，至于作为的义务从何而来、有无作为的现实可能、究竟是否已经作为则是个案之中具体的司法判断问题。从本节所考察的 80 起典型行政不作为案件来看，人民法院大体上已经形成"作为义务源自何处—有无现实作为可能—究竟是否已经作为"的三重判断基准。这些基准不仅适用于较易判断的"许可满足型行政不作为"案件，同样适用于相对复杂的"危险防止型行政不作为"案件。这三个维度的争点观察将分散在对若干具体案件的描述之中。

（一）作为义务源自何处

诚如我国台湾地区学者王和雄先生所言："行政不作为之违法，乃请求国家赔偿及其他行政救济之要件，而所谓行政不作为之违法，即是指违反作为义务之谓，故如何导出作为义务实为行政不作为是否违法之判断前提。"[①] 令人欣喜的是，人民法院在行政审判中并未完全受制于《行政诉讼法》第 12

① 王和雄：《论行政不作为之权利保护》，台湾三民书局 1994 年版，第 280 页。

条第1款第6项及第72条有关“法定职责”的规定，而是通过具体个案的累积形成了作为义务来源多样化的格局，在很大程度上消除了“行政不作为就是不履行法定职责”片面理解的影响。阅读典型案例之后，可以看出行政机关的作为义务大致来源于以下五个方面：

1. 法律规范。“职权法定”是现代行政法的基本原则，法律规范自然是行政机关作为义务最重要的来源。按照我国现行的立法体制，这里的法律规范包括法律、法规和规章。从具体的规定模式上看，既有法律规范直接设定行政机关负有某种特定的作为义务，也有法律规范通过授予行政机关某种职权或职责的间接规定作为义务，甚至还可通过授予行政相对人某种请求权来间接规定行政机关的作为义务。例如，在“汤晋诉当涂县劳动局不履行人身权、财产权法定职责案”中，法院对被告的作为义务作了比较完整的推断：首先，根据《劳动法》第88条第2款有关“任何组织和个人对于违反劳动法律、法规的行为有权检举和控告”的规定，原告汤晋认为建材公司违反劳动法律、法规，损害了自己的合法权益，写信要求查处，是行使公民的正当权利；其次，根据《劳动法》第9条第2款有关“县级以上地方人民政府劳动行政部门主管本行政区域内的劳动工作”的规定，原告汤晋向当涂县劳动局投诉是适当的；再次，根据《劳动法》第85、86、91条的规定，当涂县劳动局有责任、也有权力对用人单位遵守劳动法律、法规的情况进行监督、检查和处理；最后，根据《劳动法》第87条的规定，物资局作为政府部门对其主管的建材公司遵守劳动法律、法规的情况有权进行监督，但是无权对违法行为进行处理。至此，法院认为，当涂县劳动局把要求查处违法行为的来信批转无处理权的物资局去处理，自己既不履行监督检查的职责，也不向物资局了解监督的结果如何，并且不给来信人答复，不能认为其已经履行了法定职责。否则，法律赋予公民的检举、控告权利就会形同虚设。[①] 在另一起因原告投诉所在单位违反劳动法超时加班而要求劳动行政机关查处的案件中，受案法

① 参见《最高人民法院公报》1996年第4期。

院也对劳动行政机关的作为义务作了类似的司法阐释。[①]

2. 行政规范。在我国,各级各类国家行政机关出于行政管理的需要,都会发布大量的行政规范。如果将行政规范视为一片汪洋大海,那么法律只不过是这片汪洋大海中的几座孤岛。就行政法治主义的立场而言,这些行政规范当然不能在法律之外自我授权,但并非不能为行政机关自身设定特殊的作为义务。事实上,行政机关的这种自设拘束更符合给付国家时代对积极行政的需要。在很多典型的行政不作为案件中,法院都坚持将行政规范看作作为义务的重要来源。例如,在"溆浦县中医院诉溆浦县邮电局不履行法定职责案"中,二审法院最终认定溆浦县邮电局负有开通"120"急救专用电话的义务,该义务是由湖南省卫生厅、湖南省邮电局(1997)15 号档《关于规范全省"120"医疗急救专用电话管理的通知》所设定的。[②] 在"中国光大银行诉武汉市人民政府不履行法定职责案"中,一、二审法院都认为,依据国发(2000)15 号《国务院批转财政部国家计委关于进一步加强外国政府贷款管理若干意见的通知》的规定,武汉市人民政府对已实行重组、改组的转贷款项目负有确定债务人和担保人的法定职责。[③] 在"安子龙诉蔚县财政局等五单位甄别企业性质不作为案"中,受案法院认为,根据国家财政部、国家工商管理局、国家经济贸易委员会和国家税务总局 1998 年 3 月 24 日下发的《关于印发〈清理甄别"挂靠"集体企业工作的意见〉的通知》的规定,地方财政等行政部门负有甄别集体企业性质的法定职责。[④] 从这些新类型的不作为案件来看,法院大多已将"法定义务"中"法定"的外延拓展至行政规范,无疑是值得关注的司法新动向。

3. 行政行为。就内容而言,很多行政行为都为相对人设定了某项具体

---

① "仇亚东等诉广州经济技术开发区劳动和保障局不履行法定职责案",参见最高人民法院中国应用法学研究所编:《人民法院案例选》2005 年第 2 辑,人民法院出版社 2006 年版,第 448—451 页。

② 参见《最高人民法院公报》2000 年第 1 期。

③ 参见《最高人民法院公报》2004 年第 10 期。

④ 参见最高人民法院中国应用法学研究所编:《人民法院案例选》2000 年第 4 辑,人民法院出版社 2001 年版,第 336 页。

的权利，只要该行为没有经过正式程序被撤销，作出该行为的行政机关就必须受其拘束，自觉履行该行为所课予的义务，以保障相对人对该行为的信赖利益。可见，行政机关的作为义务也可以直接来源于其自己所作的行政行为。在“林曦诉福州市台江区人民政府拒绝履行拆迁后安置住房法定职责案”中，二审法院认为，台江区人民政府在建海新村拆迁改建工作中，根据拆迁政策作出的《关于唐登福、林曦拆迁房屋安置的通知》确认林曦享有拆迁安置的权利，是具体行政行为的表现形式，具有法律效力。台江区人民政府在作出这一通知后两次为林曦安排了过渡房，至今没有经法定程序作出否定或撤销该拆迁安置通知的决定，因而该通知仍然是有效的。为此，台江区人民政府自然就应该履行为林曦合理安置住房的义务。[①] 相比较一审法院以林曦不符合《福州市建设拆迁安置办法》规定的安置条件而否定台江区人民政府负有履行职责而言，二审法院的阐释和判断更为合理，有助于原告正当权益的切实维护。

4. 行政契约。尽管行政契约在行政法学者与民法学者之间曾经发生过激烈碰撞且至今还未有统一认识，但在公共治理实践中，行政契约却得到了越来越广泛的运用。透过有限的司法实务，人们同样能够看到在司法判决的字里行间充盈着法官对行政契约的默认乃至遵从。就本文所考察的行政不作为典型案例而言，恰有一例系因当事人双方就行政契约义务是否履行存在争议而生。在“李文英请求泸州市江阳区卫生局履行行政合同安排工作案”中，一、二审法院都认为，原告与被告签订的行政合同有效，被告在签订行政合同后，已经按合同约定将原告协调安排到乡镇卫生机构就业，最后用人单位未予接受原告，其责任不在被告，被告已按行政合同履行了义务。[②] 对作为义务源自行政契约的认可，不仅提升了行政契约在现实生活中的实

---

① 参见最高人民法院中国应用法学研究所编：《人民法院案例选·行政卷·下》(1992—1999年合订本)，人民法院出版社 2000 年版，第 963 页。

② 参见最高人民法院中国应用法学研究所编：《人民法院案例选》(2004 年行政·国家赔偿专辑)，人民法院出版社 2005 年版，第 336—337 页。

际地位，而且也拓展了行政不作为案件的受案范围。

5. 先行行为。按照我国台湾地区学者王和雄先生的理解，“作为起因性不作为乃系因行政之作为造成违法或危险之状态在先，而未阻止其结果发生于后之情形，其本质乃作为与不作为相结合致全体过程发生疏忽，并非典型之行政不作为情形。”[①]这种由行政机关自身的某种先行行为而引起的作为义务也是比较常见的情形，往往表现为行政机关负有一种更为严格的义务。在涉及公安机关的12起典型行政不作为案例中，有2例属特殊作为义务源自先行行为的情形。其中，在“刘桂兰诉昆明市公安局官渡分局不履行法定职责行政赔偿案”中，一、二审法院均认为，被告接警将被他人殴打致伤的杜文华带到派出所之后，在特定的环境中便负有监护伤者的责任。但是，被告在杜文华一直未清醒的8个多小时里，没有积极采取相应的救助措施致使杜文华死亡，构成了行政不作为。[②] 此案中被告积极救治的作为义务即来自于其将伤者抬至派出所的先行行为。在“何川江诉成都市公安局成华分局行政不作为案”中，二审法院认为，成华分局下属派出所的民警将治安纠纷双方安排在同一办公室进行调解，具有矛盾激化、引发新纠纷的危险，民警具有保障双方安全、避免和阻止危险发生的义务。但是，办案民警却在没有采取相应防范措施的情况下离开了办公室，致使双方发生冲突，何川江受伤。被告的行为是未完全履行职责，构成行政不作为。[③] 此案中被告防范冲突升级的作为义务即来自于其将纠纷双方安排在同一办公室进行调解的先行行为。

值得注意的是，作为行政不作为判断基准之一的“作为义务”必须是一种现实而非抽象、特定而非一般的义务。在“宋国云等九人诉国土资源部等

---

① 王和雄：《论行政不作为之权利保护》，台湾三民书局1994年版，第279页。

② 参见最高人民法院中国应用法学研究所编：《人民法院案例选》2007年第2辑，人民法院出版社2007年版，第471—472页。

③ 参见最高人民法院中国应用法学研究所编：《人民法院案例选》2007年第3辑，人民法院出版社2008年版，第455—456页。

六部委不履行监督管理职责案”中，一、二审法院均认为，被起诉的六部委在法律规范层面确实存在监督下级机关违规行为的抽象作为义务，但这种义务不是现实的特定的行政作为义务，上级行政机关怠于履行该监督管理职责不构成行政不作为。同时，这种监督管理只是行政机关内部的一种层级监督行为，对相对人的权利义务并不产生实际影响。因此，法院作出了不予受理的裁定。[①]

（二）有无现实作为可能

是否存在特定的作为义务只是行政不作为司法判断的第一重基准。当某个行政机关具有特定的作为义务时，接下来的判断基准就应当是具体个案中有无作为的现实可能。以颁发证照为表现形式的许可满足型行政不作为而言，因存在法定期限和实体审查标准，有无现实作为可能的判断相对容易。相比之下，以行政机关是否严格履行监管职责避免损害发生为表现形式的危险防止型行政不作为的判断则更为复杂。作为一类最典型的行政不作为形态，危险防止型行政不作为是指“行政机关对于存在于自然界或社会上之危险及第三者行为所生之危险，未能适当行使规制或取缔权限致生损害的行为。”[②]随着2005年“松花江水污染事件”和2008年“三鹿奶粉事件”等公共安全事件的发生，追究监管部门不作为责任的呼声渐起。[③] 而在新近发生于深圳的“太空迷航事件”中，追究相关监管部门的不作为责任也引起了媒体的关注。[④]

危险防止型行政不作为具有第二重判断基准——有无现实作为可能之所以异常复杂，其原因就在于法律往往赋予行政机关针对个案具体情形作

---

① 参见最高人民法院中国应用法学研究所编：《人民法院案例选》2007年第1辑，人民法院出版社2007年版，第477—479页。

② 参见王和雄：《论行政不作为之权利保护》，台湾三民书局1994年版，第279页。

③ 相关研究可参见曾姗：《松花江污染事件是否存在行政赔偿的法律空间——从行政不作为违法的角度看》，载《法学》2006年第2期；张素华：《论行政不作为侵权的责任承担——以三鹿奶粉事件为中心的研究》，载《法学评论》2010年第2期。

④ 参见黄秀丽：《“太空迷航”能否被惩罚性赔偿？》，载《南方周末》2010年7月8日。

出相应处置的裁量余地。为此,在司法审查中,法院就必须深入具体的个案情境之中,通过对法律规定、公众期待、行政执法能力、客观条件等相关因素的综合考虑,最终对行政机关有无作为的可能作出合乎个案实情的准确判断。在我国,公安机关是最重要的危险防止机关之一。最高人民法院曾于2001年7月专门针对"李茂润诉四川省阆中市公安局不作为案"作出批复,首次明确承认了公安机关行政不作为的赔偿责任。在司法实践中,公安机关行政不作为案件也一直占据较大比重。就本节所考察的80起典型行政不作为案件而言,除去以一级人民政府为被告的18件外,在以具体行政部门或授权组织为被告的62件案件中,公安机关为被告的有12件,居于榜首。在这12起公安机关行政不作为案中,有5起案件都因公安机关对自然界、社会及第三人所生危险未履行规制权限而致损害发生。深入分析这5起行政不作为案件中法院对"有无现实作为可能"的情境判断,无疑能够提炼中国式危险防止型行政不作为司法判断的智慧。

我国台湾地区学者王和雄先生在总结日本法中有关危险防止型不作为构成学说及判例的基础上,提出应从"被害法益之对象性、危险之迫切性、危险发生之预见可能性、损害结果之回避可能性及规制权限发动之期待可能性"等五个方面加以综合判断。[①] 就下文所考察的5起典型行政不作为案件来说,所侵害法益的重要性和紧迫性自不待言,最为重要的判断还是围绕另外三个要素展开。其中,危险预见可能性是指行政机关对于危险的发生能够预见或者具有预见的可能性;避免损害发生可能性是指行政机关通过采取相应的防止措施避免所预见损害的发生;公权发动期待可能性是指仅凭被害者的个人努力无法排除危险而根据社会通念期待行政机关发动公权进行规制。司法机关针对具体个案情境的决断过程在下表中得以展现:

---

① 参见王和雄:《论行政不作为之权利保护》,台湾三民书局1994年版,第297—300页。

表3　人民法院对危险防止型行政不作为之情境判断

案件来源	案件名称	危险预见可能性	避免损害发生可能性	公权发动期待可能性	判断结果
《最高人民法院公报》2003年第2期	“卢琛琰诉卢氏县公安局110报警不作为行政赔偿案”	凌晨3时，知情人两次拨打110报案，被告完全能够预见财物被盗的结果	作案人作案长达20多分钟，110接警后有足够时间出警，避免财物被盗损害的发生	失主不在门市部无法自救，依据社会通念也不能苛求知情人制止，只能期待公安机关到现场查处	不作为的行为违法
《人民法院案例选》2003年第1辑	“解风歧因呼图壁县公安局不履行法定职责造成其子被杀害要求行政赔偿案”	三名警察接警出现场后，目睹精神病人持刀行凶，完全能够预见群众生命受严重威胁的危险	从当时环境、警力情况看，三名警察如抓住行凶者跪地拍打自己头部的有利时机将其制服，能够避免损害发生	面对处于发狂状态、攻击性特别强的精神病人持刀行凶，被害人无力自救，只能期待警察择机制服	属不作为，违法
《人民法院案例选》2003年第4辑	“刘彩勤等诉资兴市公安局不履行法定职责申请行政赔偿案”	派出所接到报案后，能够预见到可能发生报复行凶的损害后果	从接警到刘蜀湘被捅致死仅半小时左右，被告如及时出警，有可能避免死亡结果发生	加害一方人多势众，受害者势单力薄无法自救，只能期待警察出警施助	被告行为构成不履行法定职责
《人民法院案例选》2004年行政·国家赔偿专辑	“张志发申请上海市公安局普陀分局行政赔偿案”	派出所接警之后及时出警，依当时现场情况难以预见醉酒倒地者会死亡，也难以预见家属会久候不至	警察采取了走访邻居、查明身份、多次且及时通知家属、看护现场、久候家属之后通知120急救中心等积极救助措施，难以避免死亡结果的发生	通知家属是警察处理醉酒者的惯用做法，家属知悉情况后无正当理由未及时赶到，延误了自救时机	被告已履行法定义务，不构成不作为
《人民法院案例选》2008年第1辑	“方某某诉广州市公安局白云区分局行政不作为及请求国家赔偿案”	派出所两次接警之后都及时赶到现场，依外观特征根本无法判断方某处于病重状态	警察出警之后采取了问话、搀扶、提供饮食、联系家属等积极而合理的救助措施，无法避免死亡结果的发生	按照社会通念，不能苛求不具备医学专门知识的警察作出专业的医学判断，死者本人及其身为医生的家属也延误了自救时机	被告已履行法定职责，不存在不作为的情形

在上述5个典型案例中，除“卢琛琰案”因被告接警后无任何理由而没有出警较易判断构成行政不作为外，其余4个案件中警察或与报警者有过正面接触并作出初步响应，或及时赶赴现场采取了一系列积极防止措施但仍然发生了伤亡后果，因而较难判断究竟是否构成行政不作为。尤其是“解风歧案”，警察究竟是否具有制服行凶者的机会与可能，必须立足当时的现场环境和力量对比作出相对合理的判断。正如该案二审法院在判决中所言：“上诉人呼图壁县公安局的民警李会枝在执行职务时，明知精神病人甘忠茂持利器有很大的危害，却没有在甘忠茂跪下用刀拍打自己头部的有利时机将其制服，导致其将被害人解平砍伤致死。这应认为是公安机关不履行法定职责所造成的伤害后果，上诉人应依法承担赔偿责任。”[①]可见，司法实践在危险防止型行政不作为构成要件的判断上坚持了综合权衡原则。

具体来说，人民法院对危险防止型不作为“有无现实作为可能”要件的情境判断是三阶式的：首先，行政机关是否能够预见到危害结果的发生，这需要结合案件当时的客观情况和行政机关自身的认知能力加以判断。例如，在“刘彩勤案”中，马杜前往派出所报案时已经说明了对方可能会报复打架的情况，因而值班民警完全能够预见到可能发生报复行凶的损害结果；但在“张志发案”及“方某某案”中，无论是依据生活常理、现场状况还是警察的认知能力和职业要求，都难以预见醉酒者身亡和救助对象处于病重状态。其次，行政机关能否通过规制权限的行使避免损害结果的发生，这需要结合时间是否及时、处置是否积极等因素进行考虑。例如，在“刘彩勤案”和“卢琛琰案”中，从接警到损害结果发生都只有半小时时间，只有被告及时出警才可能避免损害结果发生；在“张志发案”及“方某某案”中，警察都及时赶到现场，并根据现场情况和执法惯例采取了一系列积极的救助措施，可以说已经最大限度地履行了法定职责。按照生活常理，这些积极的救助措施是能

---

① 最高人民法院中国应用法学研究所编：《人民法院案例选》2003年第1辑，人民法院出版社2003年版，第446页。

够避免其可能预见的损害结果发生的。最后，被害人自身是否无法排除危险发生进而只能期待行政机关行使规制权限，这需要结合被害者自救的可能性、一般社会通念等因素加以分析。正如“张志发案”一审法院在判决中所言：“在张朱明醉酒倒地事件中，其亲属接到救助电话后理应积极作为，然无任何理由在两小时内仍未到现场，不仅自己延误对亲属醉酒后的救助时间，还误导了处警民警对醉酒者采取进一步措施的判断。”①

（三）究竟是否已经作为

在作为义务源自何处、有无现实作为可能均获得肯定判断之后，行政不作为是否构成的最后判断基准就是究竟是否已经作为。这涉及作为与不作为界限的认定以及不作为的具体表现形态。在我国行政法学理上，一种流行的观点认为应当从形式意义上理解行政不作为，并将明确拒绝的行为视为否定性作为而排除在行政不作为之外。② 从对当事人充分有效救济以及法定职责的全面准确理解上来看，这种做法并不可取。正如我国台湾地区学者蔡茂寅先生所言：“行政不作为的类型以行政机关消极的不为任何行为（即单纯不作为）最为普遍，但从人民权利保护的观点来看，行政机关积极拒绝人民的请求，对人民而言在结果上与单纯不作为并无任何差异，因为人民所得到的都是零。”③其实，最高人民法院在 2004 年 1 月 14 日下发的《关于规范行政案件案由的通知》中已经解决了上述认识问题。根据该通知的规定，不作为类案件案由的确定方法是：以“诉”作为此类案件案由的第一个构成要素；以行政主体的类别作为第二个构成要素；以不履行特定行政职责或义务作为第三个构成要素。鉴于《行政诉讼法》第 11 条已将拒绝履行和不予答复作为不履行法定职责的两种表现形式，因而拒绝作为无疑属于行政不

---

① 最高人民法院中国应用法学研究所编：《人民法院案例选》（2004 年行政・国家赔偿专辑），人民法院出版社 2005 年版，第 478 页。

② 参见周佑勇：《论行政不作为》，载罗豪才主编：《行政法论丛》（第 2 卷），法律出版社 1999 年版，第 247—248 页。

③ 蔡茂寅：《论行政不作为之救济问题——以行政争讼形式之检讨为中心》，载《行政诉讼论文汇编》（第一辑），台湾“司法院”1998 年印行，第 246 页。

作为类案件。在本节所考察的80个典型行政不作为案件中，有多起案件就因拒绝颁发毕业证及学位证、不予接收教师、无故停发抚恤金、不予法律服务执照注册、拒绝办理独生子女证、不予幼儿园登记注册、拒绝安置住房等拒绝作为而引发。可见，明确拒绝的行为同纯粹的不答复和拖延履行一样，都属于行政不作为的具体表现形态之一。

除了较易判断的拒绝作为、不予答复及拖延履行之外，司法实践中还存在其他一些行政不作为的具体表现形态。尤其是在危险防止型行政不作为的认定过程中，"没有实施防止危害的行为"和"没有实施最终防止危害结果发生的行为"即两种典型的不作为表现形态。除前述"刘桂兰案""何川江案""刘彩勤案"外，在"陈芝英等因上海市公安局静安分局对羁押人在被关押期间因病未及时治疗而致死亡申请行政赔偿案"中，法院也认为，被告因"未采取及时有效治疗措施致羁押人死亡"应承担赔偿责任。① 至于后者，其主要表现就是行政机关虽然已经实施了一定的行为，但该行为并没有有效防止危害结果的发生，因而还不能算作完整的作为（即不完整作为），类似于有的学者所概括的"形式作为而实质不作为的行政行为"②。

在《人民法院案例选·行政卷·下》（1992—1999年合订本）中，有3例起诉规划局不作为的典型案例。这3起案件都因要求规划局查处违章建筑保障原告相邻权而生，且被告都采取了相应的措施，但最终仍被法院认定为不作为，为人们观察不完整作为的司法判断提供了难得素材。下表即展现了司法机关针对这些个案判断的过程：

---

① 参见最高人民法院中国应用法学研究所编：《人民法院案例选》2001年第2辑，人民法院出版社2001年版，第419页。

② "所谓形式作为而实质不作为的行政行为是指行政主体虽然启动了行政程序但是并未实质性地履行法定义务的行为，其主要表现为行政主体方法、措施、手段不当，或者未尽到注意义务，或者根本就未进行实质性行为，且从常理上就便于认知的行政行为。"黄学贤：《形式作为而实质不作为行政行为探讨——行政不作为的新视角》，载《中国法学》2009年第5期。

表 4 不作为表现形态之一的不完整作为之判断

案件名称	是否立案组织查处	是否作出处理决定	是否送达告知原告	是否督促履行	是否申请法院执行	是否属于不完整作为
“王宗孝诉连云港市规划局不履行规划管理职责案”	√	√	×	×	×	√
“刘秀兰诉沈阳市皇姑区规划土地局不履行规划管理职责案”*	√ √	√ ×	× ×	× ×	× ×	√ √
“张福康诉上海市徐汇区规划土地管理局不申请人民法院强制执行案”	√	√	√	√	×	√

* 此案中原告先后于 1994 年、1997 年期间多次以上访、正式书面形式要求被告履行法定职责。

在上述 3 个典型案例中，人民法院对不完整作为的判断是立足于行政活动的过程展开的，凡是行政活动过程中的某一环节缺失的，即可认定为不完整作为。除此以外，法院也注意从行为的内容上来判断作为的完整性。例如，在“绩溪县黄山塑料制瓶厂诉绩溪县建设委员会不履行法定职责案”中，被告抗辩已于 2005 年 1 月 14 日向拆迁人康达公司发出了《关于妥善处理房屋拆迁中有关问题的通知》，告知康达公司依法处理好与原告在房屋拆迁中的有关问题，主张其已经履行了职责。一审法院认为：“该通知从内容上看，不具有对违法拆迁行为作出相应处理并责令停止不合法拆迁行为等履行职责的实质内容，故被告的抗辩主张不能成立。”二审法院也认为：“该通知发出后，康达公司并未停止其违法行为，故该通知内容不具有对违法拆迁行为予以处理的内容。”[①]可见，就没有实施最终防止危害结果发生的行为这一最为复杂的行政不作为表现形式而言，不仅有行为过程视角的客观判断，而且还有行为内容及结果视角的主观判断。正是通过这种主客观标准相结合的个案情境判断，行政不作为的具体表现形态才得以丰富起来，进而有效弥补了现行法律在这一问题上的片面化规定。

三、行政不作为的司法裁判方式

行政不作为案件的裁判涉及对司法独立判断的维护、行政机关裁量的尊重及相对人私权的有效保障等三个重要的价值维度。从表2可以看出，除裁定不予受理、驳回起诉及撤诉外，法院在典型行政不作为案件中实际动用了履行判决、驳回诉讼请求判决、确认违法赔偿判决及维持判决等四种判决形式。鉴于维持判决与依诉请裁判法理相冲突，此类判决在行政不作为案件中并无多少适用空间。[②] 因此，在行政不作为案件司法裁判方式的选择上，人民法院大体上形成了履行判决、确认违法赔偿判决和驳回诉讼请求判决三足鼎立的格局。当然，在典型行政不作为案件的处理过程中，法院时常也会采取比较灵活的方式化解纠纷，真正实现“案结事了”。例如，在“孙庆龙诉新化市教育局等不履行办理入学及进编手续法定职责案”和“谢启川诉龙岩市国土资源局限期履行职责案”中，法院虽然分别作出了驳回起诉裁定和驳回诉讼请求判决，但为充分保护行政相对人合法权益，法院还及时向两案被告发出司法建议，起到了保护原告利益和规范行政执法的实际效果；[③]在“席福宗诉笃忠乡人民政府不履行法定职责案”中，法院在判决驳回原告

---

① 最高人民法院中国应用法学研究所编：《人民法院案例选》2006年第3辑，人民法院出版社2007年版，第458—459页。

② 早在数年前，直接参与《最高人民法院关于执行〈中华人民共和国行政诉讼法〉若干问题的解释》起草工作的甘文法官就曾指出：“驳回诉讼请求的判决形式应当进一步扩大，在条件成熟的时候，最终替代维持判决。”甘文：《行政诉讼法司法解释之评论——理由、观点与问题》，中国法制出版社1999年版，第159页。

③ 参见最高人民法院中国应用法学研究所编：《人民法院案例选》（2004年行政·国家赔偿专辑），人民法院出版社2005年版，第189、262页。

要求增加定补的诉讼请求之外，还从实际出发判决被告给予原告经济照顾、继续给予原告优待，实现了办案法律效果与社会效果的统一。[①] 有关这三类判决争点问题的分析将分散在对若干具体案件的描述之中。

（一）特定内容与一般内容之履行判决

履行判决一般是法院在行政不作为业已构成且作为义务仍有履行的必要时，根据当事人的诉讼请求而作出的。就当事人提起行政不作为诉讼的现实目的而言，大多是希望法院以判决形式命令行政机关作出其已申请并遭受拒绝或根本未予实体决定的行政行为。正如我国台湾地区学者黄锦堂先生所言："由行政法院直接判决行政机关必须做成一定内容之行政处分，对当事人而言，可免去不精确（夜长梦多）之苦，也可防患行政机关假借事实调查而绝地反攻，从而就国家总体资源之配置而言系属有效之设计；除此之外，由行政法院以客观第三人之立场就此类型之案件直接加以裁判，长年以往，也可收去除行政机关滥权或恣意之功效。"[②]在本节所考察的80个典型行政不作为案件的裁判中，履行判决即其中最主要的一种判决方式。

履行判决中最为关键的问题就是法院应当如何确定行政机关履行职责的内容。一旦处理不好，其结果要么侵犯到行政机关的裁量自由，要么难以有效保护当事人的合法权益甚至增加诉累。在这个问题上，德国课予义务诉讼中的"裁判时机成熟"理论提供了较为可行的解决思路。根据德国《行政法院法》第113条第5款的规定，应以"案件成熟"（亦称"裁判成熟"）作为课予义务判决的要件。具言之，凡案件已经达到可裁判的程度，法院即可作出命行政机关做成原告所申请内容的行政行为；反之，如果案件尚未达到可裁判程度，法院只能命行政机关遵照其法律见解对原告作出相应决定。前

① 参见最高人民法院中国应用法学研究所编：《人民法院案例选》2000年第1辑，人民法院出版社2000年版，第335页。

② 黄锦堂：《德国课以义务之诉之研究》，载《行政诉讼论文汇编》（第一辑），台湾"司法院"1998年印行，第318页。

者通常被称为“命为处分判决”，后者则被称为“命为决定判决”或“答复判决”。① 至于裁判时机成熟的内涵，主要是指案件所有的事实与法律要件均已具备，一方面，案件事实已经明确，即“该案之法律要件有关之事实客观上均已达到明确之程度，从而行政法院可以就之加以判决”；另一方面，原告所申请的行为是羁束行政行为，或者虽是行政裁量行为但“裁量已缩减为零”。②

就本节所关注的38个行政不作为案件的履行判决而言，其间也充斥着对裁判时机是否成熟的艰难抉择。总体上看，法院在是否作出具有明确履行内容的判决上表现出明显的审慎态度。在这38个履行判决中，有特定内容的仅5个，有一般内容的31个(含1个有特定内容的一审履行判决被二审改变的)，另有2个为混合型判决。下表即直观地展现了法院在这7起非一般内容的不作为案件中，对裁判时机是否成熟的判断过程：

表5 人民法院作出履行判决时针对裁判时机是否成熟的判断

案件来源	案件名称	事实明确	羁束行为	裁量行为	判决内容
《人民法院案例选·行政卷·下》(1992—1999年合订本)	“郑小榕诉三明市梅列区计划生育局拒绝为其办理独生子女证案”	√	√	×	被告应在判决送达之日起5日内为郑小榕办理其子黄可镇的独生子女证
《人民法院案例选·行政卷·下》(1992—1999年合订本)	“王秀英诉合江县参宝乡人民政府不予发给五保供养证书案”	√	五保供养对象√	五保供养内容√	被告在接到王秀英申请后一个月内发给其五保供养证书并落实五保供养内容

① 受德国立法的影响，我国台湾地区“新行政诉讼法”第200条也作出了与此极为类似的规定。该条第3项规定：“原告之诉有理由，且案件事证明确者，应判命行政机关作成原告所申请内容之行政处分。”第4项则规定：“原告之诉虽有理由，惟案件事证尚未臻明确或涉及行政机关之行政裁量决定者，应判命行政机关遵照其判决之法律见解对原告作成决定。”

② 参见〔德〕弗里德赫尔穆·弗里德赫尔穆·胡芬：《行政诉讼法》，莫光华译，法律出版社2003年版，第443页以下；吴绮云：《德国给付行政诉讼之研究》，台湾“司法院”1995年印行，第66页以下。

（续表）

案件来源	案件名称	事实明确	羁束行为	裁量行为	判决内容
《人民法院案例选·行政卷·下》（1992—1999 年合订本）	“张福康诉上海市徐汇区规划土地管理局不申请人民法院强制执行案”	√	√	×	被告在判决生效后 15 日内履行申请执行的法定职责
《最高人民法院公报》2005 年第 7 期	“田永诉北京科技大学拒绝颁发毕业证、学位证行政诉讼案”	学籍√ 学位证书相关材料×	毕业证书√ 派遣手续√	学位证书√	被告在判决生效之日起 30 日内向原告颁发大学本科毕业证、在判决生效之日起 60 日内召集本校学位评定委员会对原告的学士学位资格进行审核、在判决生效之日起 30 日内履行向当地教育行政部门上报原告毕业派遣的有关手续的职责
《人民法院案例选》2000 年第 1 辑	“陈明扬诉古蔺县玉田乡人民政府不予发放军属优待金案”	√	√	×	被告在判决生效后一个月内发放原告应得的 1998 年度军属优待金 200 元和两次立功奖金 200 元
《人民法院案例选》2003 年第 1 辑	“朱秀梅诉如皋市人民政府不依法履行颁发房屋所有权证案”	√	√	×	被告在判决生效之日起 30 日内向原告核准颁发房屋权属证书
《最高人民法院公报》2005 年第 7 期	“杨宝玺诉天津服装技校不履行法定职责案”	√	√	×	被告自判决生效之日起 60 日内向原告颁发毕业证书

在上述 7 个典型的具有特定内容的履行判决中，最值得称道的就是“田永案”。法院在该案中对裁判时机是否成熟的把握颇有可圈可点之处：首先，法院通过对案件事实深入而详细的调查，分析得出原告学籍并未被取消的结论。既然原告具有学籍，那么被告自然就有义务根据有关教育法规给原告颁发相应的学历证明，以承认其具有的相当学历。换言之，此时不仅案件事实已经明确，而且颁发学历本身属于必须严格遵照法律规定作出的羁束行政行为。其次，按照《学位条例》的有关规定，大学本科生在其毕业后可以授予学士学位。鉴于学士学位的授予尚牵涉到对毕业生毕业成绩、毕业鉴定等诸多材料的审核，因而原告究竟是否完全符合学士学位的授予条件还需要经过必要的审查。换言之，此时不仅案件事实尚未完全明确，而且被

告对是否颁发学士学位证还享有裁量权，显然不能直接作出课予义务的判决。最后，按照《普通高等学校毕业生就业工作暂行规定》的相关规定，高校有义务将取得大学毕业资格的毕业生的有关资料及时上报所在地教育行政主管部门，以供其审查和颁发毕业派遣证。既然原告田永具有学籍，能够取得大学毕业资格，那么被告就有责任将其材料上报当地教育行政主管部门。此时不仅案件事实已经明确，而且办理派遣手续本身属于必须严格遵照法律规定作出的羁束行政行为。“田永案”中法院对裁判时机是否成熟的三重判断，较好地处理了尊重行政机关裁量自由与有效保障行政相对人合法权益之间的关系，其间蕴涵了弥足珍贵的本土司法智慧。

在38个履行判决中有2个经过二审作出的改判同样值得关注。上表中的“郑小榕案”，一审判决是“被告应在判决生效之日起10日内履行为原告郑小榕办理独生子女证的法定职责”，这实际上是仅具有一般内容的答复判决。按照这一判决，原告是否能够取得独生子女证尚无法确定，其合法权益自然得不到有效保护。有鉴于此，二审法院以一审判决“用词不准确”为由直接改成具有特定内容的履行判决。[①] 而在“林惠明诉厦门市公安局同安分局不履行法定职责案”中，一审法院作出了具有明确内容的履行判决，即“被告应于判决生效之日起一个月内对违反治安管理人吕贯彻作出处罚决定”；二审法院在肯定原审认定的主要事实清楚、证据充分的同时，以一审判决主文“直接要求上诉人对吕贯彻作出处罚决定不当”为由将其改为“上诉人于判决生效之日起一个月内履行法定职责”的答复判决。[②] 这种审慎处理恪守了司法权的边界，表现出对公安机关处理治安纠纷所拥有的裁量自由的充分尊重。两个案件一、二审判决的内容虽然截然不同，但都反映出二审法院对个案裁判时机是否成熟、是否需要尊重行政裁量把握准确，无疑是中国式履行判决裁判时机成熟司法实务经验的生动体现。

---

① 参见最高人民法院中国应用法学研究所编：《人民法院案例选·行政卷·下》(1992—1999年合订本)，人民法院出版社2000年版，第614页。

② 参见最高人民法院中国应用法学研究所编：《人民法院案例选》2003年第2辑，人民法院出版社2003年版，第398—400页。

（二）驳回诉讼请求判决的具体适用情形

驳回诉讼请求判决是《最高人民法院关于执行〈中华人民共和国行政诉讼法〉若干问题的解释》（以下简称《解释》）第56条新增的一类判决形式，适用的情形之一是“起诉被告不作为理由不能成立的”。驳回诉讼请求判决的增加弥补了现行行政判决方式的不足，尤其是避免了行政不作为不能成立时不得不选择维持判决的尴尬。不过，由于《解释》本身并没有就“不作为”及“不作为理由不能成立”作出明确的界定和列举，不作为案件中驳回诉讼请求判决的具体适用就几乎完全依赖于司法机关的自觉。

在本节所考察的80起典型行政不作为案件中，法院除了在15个案件中针对不作为理由不能成立使用了驳回诉讼请求判决外，还在其他一些案件中驳回了原告的某些特殊诉讼请求，从而使这一判决形式得到了较为灵活的运用。笔者所关心的问题是，司法实务究竟发展出哪些“不作为理由不能成立”的情形。深入解读15个典型不作为案件驳回诉讼请求判决的理由，能够归纳出这一判决方式的具体适用情形。

表6　驳回诉讼请求判决的具体适用情形

适用情形	案件名称及来源
被告无特定作为义务	“中国光大银行诉武汉市人民政府不履行法定职责案”（《最高人民法院公报》2004年第10期） “张南山诉惠州市劳动局不履行法定职责案”（《人民法院案例选》2001年第2辑） “谢启川诉龙岩市国土资源局限期履行职责案”（《人民法院案例选》（2004年行政·国家赔偿专辑） “宣杏花等诉上海市长宁区城市规划管理局要求履行法定职责案”（《人民法院案例选》2000年第1辑） “席福宗诉笃忠乡人民政府不履行法定职责案”（《人民法院案例选》2000年第1辑）
原告不符合许可条件	“锦云公司诉株洲市建工局不履行法定职责案”（《人民法院案例选》2002年第1辑） “贺龙国不服江苏省司法厅、灌南县司法局拒绝履行法律服务执照注册行为案”（《人民法院案例选》2000年第4辑）

（续表）

适用情形	案件名称及来源
被告已履行作为义务	“李文英请求泸州市江阳区卫生局履行行政合同安排工作案”(《人民法院案例选》(2004年行政·国家赔偿专辑)) “韦调庆要求上海市社会保险事业基金结算管理中心履行法定职责案”(《人民法院案例选》(2004年行政·国家赔偿专辑)) “仇亚东等诉广州经济技术开发区劳动和保障局不履行法定职责案”(《人民法院案例选》2005年第2辑) “安溪正浩印刷有限公司诉安溪县人民政府等不履行开闸泄洪管理职责并请求行政赔偿案”(《人民法院案例选》2005年第2辑) “北京东方旭煜商贸有限公司诉海淀区劳动和社会保障局不履行送达法律文书职责案”(《人民法院案例选》2008年第4辑) “陈定等诉厦门市土地管理局、房地产管理局不予发放房屋所有权证、土地使用权证案”(《人民法院案例选·行政卷·下》(1992—1999年合订本))
被告已实施合理救助措施	“张志发申请上海市公安局普陀分局行政赔偿案”(《人民法院案例选》2004年行政·国家赔偿专辑) “方某某诉广州市公安局白云区分局行政不作为及请求国家赔偿案”(《人民法院案例选》2008年第1辑)

从上表可以看出，驳回诉讼请求判决既能够适用于许可满足型行政不作为案件，也可以适用于危险防止型行政不作为案件。就司法实践所形成的四类具体适用情形而言，基本上都是围绕行政不作为的三重判断基准所展开的。值得玩味的是，在“李文英案”“张志发案”“东方旭煜商贸有限公司案”中，受案法院驳回诉讼请求判决的作出并没有依照《解释》第56条第1项“起诉被告不作为理由不能成立的”的规定，而是选择依照《解释》第56条第4项“其他应当判决驳回诉讼请求的情形”的规定；在“方某某案”中，受案法院则同时根据《解释》第56条第1项和第4项的规定作出了驳回诉讼请求判决。其中，“李文英案”因行政合同纠纷而生，“张志发案”“方某某案”因危险防止义务而生，“东方旭煜商贸有限公司案”则因证明标准难以确定而生。法院在这些案件中对判决依据的微妙适用，实际上反映出当下司法机关在行政不作为内涵和范围的理解上仍然存在分歧。尽管法院通过个案不断扩大了行政不作为的案件范围，但受制于现行行政诉讼法文本的限制性规定，

法院在案件审理和判决过程中常显得有些矛盾。也许,这正是社会转型时期地位孱弱的行政法官既想在有限的制度空间中能动司法、发展法律又担心遭受质疑、踯躅前行复杂心态的真实写照吧。

（三）基于比例原则与补充原则之赔偿判决

除了履行判决和驳回诉讼请求判决之外,确认违法及赔偿判决也是行政不作为案件一类常见的判决方式。在这类判决中,如何确定行政机关的赔偿数额是最为关键的问题。尤其是在行政不作为与第三人或受害人加害行为并存的情况下,如何实现行政机关与危险制造者之间公平的责任分担进而最终确定国家赔偿的具体数额,自然就成为行政不作为案件司法审查所无法回避的问题。鉴于行政不作为赔偿与民事侵权赔偿交织案件责任分担的复杂性,新近修订的《国家赔偿法》和刚刚施行的《侵权责任法》对此都只字未提。目前唯一的规范依据就是最高人民法院 2001 年 7 月 17 日正式公布的《关于公安机关不履行法定行政职责是否承担行政赔偿责任问题的批复》(以下简称《批复》)。《批复》规定:“由于公安机关不履行法定行政职责,致使公民、法人和其他组织的合法权益遭受损害的,应当承担行政赔偿责任。在确定赔偿的数额时,应当考虑该不履行法定职责的行为在损害发生过程和结果中所起的作用等因素。”就字面意义而言,《批复》确立的是按比例分担赔偿数额的原则,体现了国家赔偿“不可不赔、不可多赔”的一贯立场。

在本节所关注的典型行政不作为案件中,有 12 个案件是以确认违法判决结案的,这其中包含了 8 个赔偿判决。巧合的是,其中 5 个案件的赔偿判决都是针对公安机关的行政不作为而作出的。同样富有研究价值的是,这 5 个案件中都存在危险制造者(第三人的违法犯罪行为造成损害)或受害人自身的疾病原因。因此,分析这 5 个案件中法院对公安机关不作为赔偿数额的确定,大体上就能够看出司法实务在这一问题上的倾向性做法。下表即直观地展现了法院对行政机关不作为违法赔偿数额的确定:

表 7　危险防止型行政不作为案件中行政赔偿数额的分担

案件来源	案件名称	损害成因	诉讼请求	数额分担
《人民法院案例选》2001 年第 2 辑	“陈芝英等因上海市公安局静安分局对羁押人在被关押期间因病未及时治疗而致死亡申请行政赔偿案”	死者哮喘病复发； 公安机关未及时采取有效措施	要求被告赔偿 10 万元	判决被告赔偿 9 万元
《人民法院案例选》2003 年第 4 辑	“刘彩勤等诉资兴市公安局不履行法定职责申请行政赔偿案”	他人持刀行凶； 公安机关没有出警	要求被告赔偿 354302.4 元	原告之子死亡并非被告直接造成的后果，被告只应承担部分赔偿责任，双方达成被告赔偿 54000 元的调解协议
《人民法院案例选》2003 年第 1 辑	“解风歧因呼图壁县公安局不履行法定职责造成其子被杀害要求行政赔偿案”	精神病人持刀行凶； 公安机关未履行法定保护职责	要求被告赔偿 104036.1 元	原告要求赔偿不尽合理，判决被告赔偿 30000 元
《最高人民法院公报》2003 年第 2 期	“卢琛琰诉卢氏县公安局 110 报警不作为行政赔偿案”	他人实施盗窃； 公安机关没有出警； 原告没有派人值班或照看	要求被告赔偿全部损失 25001.5 元	公安机关未及时出警使原告有可能避免的损失没能得以避免，应对被盗损失承担相应责任，赔偿 25001.5 元损失的 50%，即 12500.75 元
《人民法院案例选》2007 年第 2 辑	“刘桂兰诉昆明市公安局官渡分局不履行法定职责行政赔偿案”	被他人殴打； 民警未积极实施救助	要求判令被告赔偿 277214 元	根据不作为对死亡结果的相应作用及该不作为行为的程度，认定公安机关承担 20%的责任，赔偿 49142 元

在表 7 所列 5 个典型案件中，除“陈芝英案”的判决是在《批复》公布之前作出外，其余 4 个案件的赔偿结果都是在《批复》公布之后作出的，因而都贯彻了按比例分担赔偿责任的原则。其中，“卢琛琰案”及“刘桂兰案”的赔偿判决直接确定了行政机关承担的责任比例；“刘彩勤案”及“解风歧案”的调解协议或赔偿判决虽然没有直接表明具体比例，但赔偿结果的得出都是基于法院对比例原则的考虑。而且，在两案的评析中，编写法官都表达了对按适当比例确定固定赔偿金额做法的认可。尤其是在“解风歧案”的评析中，编写人甚至以“不近人情”的口吻写到：“即使甘忠茂(行凶的精神病人——笔者注)的监护人完全没有赔偿能力，被告呼图壁县公安局也只是承担与其不履行法定职责行为在损害发生过程中所起作用相应的行政赔偿责任。也

许法院正是考虑了这一点，对原告提出赔偿各项损失10万多元的诉讼请求，只是给予了部分支持。”[①]与之形成鲜明对照的是，在《批复》公布之前作出的“陈芝英案”的判决评析中，编写人则认为：“我国国家赔偿实行的是违法原则，而不适用民法中的过错原则，故不能以死者生前已患病为由而减少被告的赔偿责任，仅承担部分赔偿费用的情况。”[②]

从对以上5个典型行政不作为案件赔偿判决的粗略梳理中，不难看出《批复》施行以来对司法实务所产生的重大影响。《批复》的作出固然有一定的补缺意义，但其合理性却不无疑问。正如有的学者所指出的那样：“不履行职责的行为是损害结果的条件原因，其作用总的来说就是条件，在‘条件’名义下是没有程度区分的。没有程度区分的‘条件’，又怎么作为确定不同数额的国家赔偿呢？”[③]《批复》可能带来的最大负面影响就是无法有效填补当事人的实际损失。尤其是在危险防止型行政不作为案件中，如果存在危险的直接制造者无法寻觅、已经死亡或根本无力赔偿的情形时，坚持适用《批复》必然会令受害者雪上加霜。很显然，这种结果对受害者来说是极不公平的，也不利于唤醒行政机关的危险防范意识。

按照侵权行为法的一般原理，在危险防止型不作为案件中，损害结果往往是由危险的制造者直接造成的，行政机关的不作为只是损害得以扩大或者没有避免的外部条件，因而危险制造者与不作为行政机关之间是一种非真正连带责任关系。[④] 与成因相同和目的一致的真正连带责任相比，行政机关的责任因违反危险防止义务而生，危险制造者的责任则因违反不得加害他人义务而生，二者分属不同性质的责任，自然就无法按照一定的比例来分

---

① 最高人民法院中国应用法学研究所编：《人民法院案例选》2003年第1辑，人民法院出版社2003年版，第449页。

② 最高人民法院中国应用法学研究所编：《人民法院案例选》2001年第2辑，人民法院出版社2001年版，第421页。

③ 杨小军：《怠于履行行政义务及其赔偿责任》，载《中国法学》2003年第6期。

④ “所谓非真正连带责任，是指当多数行为人对一个受害人实施加害行为，或者当基于不同行为人的不同行为而致使受害人的权利受到损害，则各个行为人产生的同一内容的侵权责任，各负全部赔偿责任，并因行为人之一的履行而使全体责任人的责任归于消灭的侵权责任形态。”杨立新：《侵权法论》，人民法院出版社2004年版，第564页。

担二者的责任。比较可行的策略是行政机关承担补充性责任，即由危险制造者（直接侵害者）首先承担赔偿责任，当其无力赔偿或者只有部分赔偿能力时由行政机关全部赔偿或者针对不足部分给予赔偿；如果行政机关承担了全部赔偿责任，则其保留对危险制造者的追偿权。按补充原则承担赔偿责任的最高宗旨就在于确保受害者能够及时获得足额赔偿，实现赔偿法“损失填补”的基本理念；从节约国库支出、震慑违法犯罪、提升危险制造者的责任意识上看，肯定行政机关全额赔偿之后的追偿权是非常必要的。当然，混合侵权下行政赔偿与民事赔偿的顺位安排、程序设计、责任承担、制度衔接等问题的最终解决还有赖《国家赔偿法》《侵权责任法》的进一步完善。

四、小结

与流行的法教义学分析范式所不同的是，本节的研究角度是司法的、实证的和面向基层的。通过对 80 个鲜活的典型行政不作为案件的条分缕析，大致可以管窥原生态的行政不作为现实图景。在行政不作为是否构成的判断基准上，在不作为侵权的有效救济上，法院展现了难得的能动主义姿态，实实在在地推动了行政不作为理论在司法实践中的进一步发展，为行政不作为的理论研究和制度设计提供了难得的素材。作为本节实证分析的结论，可简要归纳为如下三点：

第一，身处社会急速转型、社会纠纷频发的时代，中国的行政法官在“积极回应行政争议”“力求案结事了”精神的指引下，在有限的制度空间内能动地扩大了行政不作为案件的受案范围，有效克服了现行法律规范滞后的负面影响。大量新类型不作为案件的受理、作为义务来源多元化的发展、司法建议等灵活处理方式的采纳即是明证。

第二，在行政不作为的判断基准上，中国的行政法官并没有完全受制于法律规范和理论学说的双重束缚，基于实质主义立场创造性地演绎了“作为义务源自何处—有无现实作为可能—究竟是否已经作为”的三重判断基准。尤其是通过个案特殊情境中危险预见可能性、避免损害发生可能性和公权发动期待可能性的权衡，初步构建了危险防止型行政不作为的分析框架，为行政不作为理论模型的重塑提供了弥足珍贵的本土司法经验。

第三，在行政不作为裁判方式的选择上，中国的行政法官大体上塑造了履行判决、确认判决和驳回诉讼请求判决三足鼎立的格局。在保持司法相对独立判断的前提下，对行政机关的裁量自由表现出充分的理解与尊重，显示了比较娴熟的司法审查技术。同时，在事关当事人合法权益遭受不作为侵犯，能否获得有效司法保护的问题上，受制于最高人民法院批复的影响，基层行政法官明显流露出瞻前顾后的复杂心态，预示着相关领域制度变迁的急迫需求。

第二节　工伤认定案件批量式分析

一、研究缘起与样本说明

法律的生命在于实施。面对复杂多样的社会现实生活，法律实施绝非简单机械地操作“自动售货机”的活动。作为一种以语言为载体的行为规范，法律文字的精确含义往往令人生疑。正如拉伦茨所言：“法律经常利用的日常用语与数理逻辑及科学性语言不同，它并不是外延明确的概念，毋宁是多少具有弹性的表达方式，后者的可能意义在一定的波段宽度之间摇摆不定，端视该当的情况、指涉的事物、言说的脉络，在句中的位置以及用语的强调，而可能有不同的意涵。即使是较为明确的概念，仍然经常包含一些本身欠缺明确界限的要素。”[①]从这个意义上来说，法律无疑是“一种阐释性的概念”[②]，法律适用的过程自然就是一个适用者解释法律并将正义运送到个案具体情境的过程。

无论是行政机关还是法院，其执法和司法都属于法律适用活动，都需要

---

① 〔德〕卡尔·拉伦茨：《法学方法论》，陈爱娥译，商务印书馆2003年版，第193页。

② 〔美〕德沃金：《法律帝国》，李常青译，中国大百科全书出版社1996年版，第364页。

对法律进行说明和解释。在西方的法律传统中，法官被视为法律问题专家，在法律解释上拥有不可质疑的最终决定权。无论在英美法系的司法审查还是大陆法系的行政审判活动中，法院对行政机关的解释大多保持独立的审查权。行政机关与法院在法律解释问题上的这种关系，恰如英国学者维尔所指出的那样："警察、检察官和文职官员在他们工作的每个阶段也都在进行解释。他们每个人都在解释法律，然后按照他的理解适用法律，尽管这两步并不总是被有意识地相互区分。然而，在这些解释和法官解释之间的差别在于，司法解释具有权威性质量，而其他官员的解释，尽管通常被接受为有效解释，原则上要服从司法审查。在合宪政府体制中不能忽视这种区别的重要性，因为如果我们还不准备让行政者最后决定法律之含义的话，那么就必须保持一些对行政者的法律解释的独立制约。如果我们忽略了这一事实，我们就确实生活在一个最后由官僚说话算数的社会，而不论这些官僚有多仁慈。"[①]当然，对司法解释权威地位的认同并非简单地否认行政解释存在的必要性与合理性。事实上，专业化的优势使行政机关更能担当现代规制国家中法律解释的重任。与之相适应的是，各国法院在保留法律解释主导权的同时也对行政解释给予了必要的尊重。

在我国，如何确定法院和行政机关在法律解释中的地位一直都是行政诉讼中的难题。按照《行政诉讼法》第 54 条的规定，法院可以行政机关"适用法律、法规错误"为由，判决撤销被诉具体行政行为。从字面上看，这一规定赋予法院在行政诉讼过程中对具体行政行为所涉法律问题的审查权。学理上一般认为，法院的这项审查权体现在以下几个方面：一是审查具体行政行为是否存在应适用此法而适用了彼法；二是审查具体行政行为是否适用了无效的法律、法规；三是审查具体行政行为是否援引了错误的条文；四是审查具体行政行为是否违反了法律冲突适用规则；五是审查行政机关在适用法律时是否存在仅考虑一般情况而忽视特殊情况的情形；等等。[②] 不过，受

---

① 〔英〕维尔：《宪政与分权》，苏力译，生活·读书·新知三联书店 1997 年版，第 313 页。

② 参见应松年主编：《行政诉讼法学》，中国政法大学出版社 1994 年版，第 262 页。

我国现行法律解释体制的限制，高级别行政机关针对行政法规范所作出的解释相对于受案法院而言往往具备事实上的拘束作用。尽管《最高人民法院关于审理行政案件适用法律规范问题的座谈会纪要》（以下简称《纪要》）将这些具体应用解释定位为“非正式的法律渊源”“对法院不具有法律规范意义上的约束力”，且规定人民法院可以“在裁判理由中对具体应用解释是否合法、有效、合理或适当进行评述”，但事实上法官在审理具体行政案件时大多只是简单地援引法律条文而回避具体理由的阐述，导致司法审查功能的严重萎缩。有的学者甚至断言：“某种程度上，中国行政诉讼的困境实质最终归结为法院在法律问题上权力的有限性。”①

笔者认为，真正意义上的法律解释应当蕴涵于法律适用活动的过程之中，“解释是任何规则适用的一个不可缺少的步骤。”②也就是说，法律解释必须依附于具体个案的处理中。无论什么级别的行政机关和法院，只要是寻求具体行政个案的解决，就都有必要对所适用的法律规范进行说明和阐释。鉴于行政诉讼法律适用具有明显的“二次适用”特点，法院在对被诉行政行为进行审查时，必然要对行政机关的法律适用及解释进行审查。无论这种行政解释是以抽象形式出现，还是蕴涵于行政机关的个案决定文书中，或是体现在行政机关的应诉答辩意见中，都应当成为司法审查的对象。我国以往的立法规定和学术研究大多聚焦于抽象形式的行政法规范解释（有无约束力、是否需要引用），而对行政机关适用法律处理个案时所作的具体阐释则疏于关注（一般认为没有约束力，可以直接进行独立审查）。其实，就单个案件而言，抽象形式的行政法规范解释并不一定都会出现，而具体的行政解释则断然不可或缺。近年来，不断有学者从比较法角度对行政法规范解释的司法审查进行理论学说的整理，为我国未来相关制度的建构提供了很好

---

① 杨伟东：《行政行为司法审查强度研究——行政审判权纵向范围分析》，中国人民大学出版社2003年版，第209页。

② 〔英〕维尔：《宪政与分权》，苏力译，生活·读书·新知三联书店1997年版，第313页。

的借鉴。[1] 不过，立足本土法律实践、总结提炼中国式司法审查经验的研究还相当匮乏。其实，如果研究者将目光投向我国的司法实务，就不难看出“处江湖之远”的基层法院行政法官既没有拘泥于现行法律解释体制的规定，也没有完全受制于行政法理论学说的束缚，而是在有限的制度空间内通过个案累积不断地丰富着“适用法律法规错误”的审查标准，艰难且执着地推动着人民法院在法律适用和解释中权威地位的形成。

为此，本节将以工伤认定为观察对象，通过对《最高人民法院公报》和《人民法院案例选》所刊载的典型工伤认定行政案件的阅读整理，勾勒出人民法院和行政机关在法律解释问题上既合作尊重又秉持独立判断的真实图景，进而提炼行政法规范解释司法审查的本土司法经验。众所周知，工伤保险是世界上历史最悠久、实施范围最广的社会保障制度，自德国1884年颁布《工伤保险法》首创工伤保险制度以来，已有一百多年的历史。我国的工伤保险制度始于1996年8月劳动部《企业职工工伤保险试行办法》（以下简称《办法》）的颁布。随着形势的发展，国务院于2003年4月颁布了《工伤保险条例》（以下简称《条例》），使工伤保险法律制度得以不断完善。鉴于工伤保险是一项保障劳动者劳动权的社会保障制度，近年来一直是社会关注的热点。为了响应实践的需求，国务院还于2010年12月对《条例》进行了较大幅度的修改。

工伤保险行政法律规范的完善固然能够在一定程度上满足现实生活的需求，但正如学者所指出的那样：“无论立法者多么高明，规章条文也不能网罗一切行为准则，不能覆盖一切具体案件。因此，在某种意义上可以认为：法律本身的天然局限性就是法律解释学的根源。”[2]就工伤保险这一专业色彩较为浓厚的行政领域而言，“劳动关系”“工作原因”“工作场所”“工作时

---

① 代表性研究成果可参见杨伟东：《行政行为司法审查强度研究——行政审判权纵向范围分析》，中国人民大学出版社2003年版，尤其第三章“法院对法律问题的审查强度”；李洪雷：《规制国家中对行政解释的司法审查——以谢弗林判例为中心的考察》，载傅蔚冈、宋华琳主编：《规制研究》（第1辑），格致出版社、上海人民出版社2008年版，第79—129页。

② 季卫东：《法治秩序的建构》，中国政法大学出版社1999年版，第87—88页。

间”“上下班途中”“职业病”等大量不确定概念充斥于工伤保险法律规范之中，行政法规范的抽象性与社会生活的复杂性之间的矛盾尤为突出。特别是身处社会急速转型时期的当下中国，伴随着城乡二元对立结构的断裂，人口流动加快、阶层分化显著，经济发展和社会稳定之间的张力促使劳动用工方式日趋多样灵活，新型劳动关系大量涌现，这些客观形势的变化都对现有的成文工伤保险行政法律规范的适用提出了诸多挑战。与此同时，工伤事故的频发也对专业行政机关的工伤认定和人民法院的行政审判造成了巨大压力。如果不能作出及时、准确的处理，劳资之间的冲突将会加剧，甚至还会引发极端恶性事件而威胁社会稳定与和谐。上述工伤保险法律规范的变动实则反映出国家层面社会保险政策的变迁，地方政府层面工伤保险政策的变动同样频繁，如南京市劳动与社会保障部门对“见义勇为者享受工伤待遇”、天津市劳动与社会保障部门对“高温中暑者视同工伤”的规定等。毫无疑问，法律问题与政策问题的交织、职工劳动权与企业经营权之间的利益衡量也增加了工伤保险法律规范解释的必要性和复杂性。近年来，工伤认定引发的行政案件大量涌现，已经成为当前人民法院最重要的几类新型行政案件之一。[①]

笔者通过检读发现，截止到2009年年底，在《最高人民法院公报》和《人民法院案例选》上公布的典型工伤认定行政案件共有44个，除去主要涉及事实认定问题的10个案件外，共有34个案件涉及法律适用和解释问题。在构成本节基础性分析样本的34个案件中，人民法院与行政机关在法律解释上意见一致、行政机关最终胜诉的案件有20个（含2个二审胜诉的案件），占所有案件的58.8％；人民法院与行政机关在法律解释上意见相左、行政机关最终败诉的案件有14个（含2个二审败诉的案件），占所有案件的41.2％。这些工伤认定行政案件具体的判决形式及比例如下表所示：

① 以本节所考察的34件典型工伤认定行政案件为例，发生在2004年之后的有27件，几乎占全部案件的80％，而发生在2000年之前的仅有1件。

表 8　工伤认定行政案件结案形式和比例表

结案形式	维持判决	驳回诉讼请求判决	撤销判决	合计
数量	17(16＋1)	3(2＋1)	14(12＋2)	34
比例	58.8%		41.2%	100%

耐人寻味的是，在这 34 个典型案件中，行政机关最终胜诉的 20 个案件全部是由用人单位提起的，而行政机关最终败诉的 14 个案件则全部是由工伤职工及其亲属提起的。这一结果显示出职工的合法权益在典型案件中得到了充分维护，不仅与当下行政审判整体上难以有效保障公民权益的现状不符，而且也与学者有关法院在法律问题上审查权力不足的批判不相吻合。较高的胜诉率或许在一定程度上降低了这些案件的代表性，但也从一个侧面反映了人民法院在行政法规范解释司法审查上的能动主义立场，展现了司法与行政在法律解释问题上另一番鲜为人知的现实图景，契合了本文提炼行政法规范解释司法审查本土经验的旨趣。为此，在下文的研究中，笔者将通过对这 34 起典型工伤认定行政案件法院裁判过程的条分缕析，试图捕捉以下富有价值的信息：在工伤保险行政法律规范的适用过程中，哪些事项需要进行解释？人民法院在审理工伤认定行政案件中是如何对待这些行政法规范解释的？人民法院在作出肯定或否定决断的背后，究竟动用了哪些智识资源？人民法院的行动逻辑能否上升为具有普适性的司法审查原则？这项研究的展开有望通过司法经验元素的引入，对行政法规范解释的司法审查这一世界性难题初步作出具有中国特色的学术贡献。

二、工伤认定行政法规范解释司法审查的对象

就本节所考察的 34 个典型工伤认定行政案件而言，人民法院对工伤保险行政法规范解释司法审查的对象大致涉及如下十个方面（如下表所示）：

表 9 工伤认定行政法规范解释司法审查的对象

序号	涉及事项	解释内容
1	工伤主体范围的解释	挂靠关系;事实劳动关系;兼职人员;退休后被聘用;农村务工人员
2	“工作时间”要素的解释	出差途中被杀害;护理人员待工状态
3	“工作场所”要素的解释	多个工作场所;厕所;野外作业
4	“工作原因”要素的解释	陪同客户吃饭洗浴;串岗;参加体育比赛;小区保安调处纠纷;工作期间睡觉;替班;管教职工被伤害
5	“上下班途中受到机动车事故伤害”的解释	离岗就餐途中;请假回家途中;被火车撞伤;上下班途中伤害事故非因职工违法犯罪行为所致
6	“因犯罪或者违反治安管理伤亡”的解释	因公驾车外出交通违章而死亡;因公外出酒后驾车发生事故受伤
7	工伤认定申请人范围的解释	旁系亲属
8	工伤认定申请时效的解释	事故伤害结果实际发生之日;延长工伤认定申请期限的请求获批
9	工伤认定举证责任的解释	用人单位否定工伤认定主张须承担举证责任
10	工伤认定法律法规适用的解释	《办法》与《条例》之间的冲突;《条例》实施前已申请、在实施后被告知申请有误需要重新申请

1. 工伤主体范围。伤者与用工单位存在劳动关系(包括事实劳动关系)是认定工伤的前提。为此,《条例》第 61 条将享受工伤保险待遇的各类企业职工定义为“与用人单位存在劳动关系(包括事实劳动关系)的各种用工形式、各种用工期限的劳动者”。现实生活中用工形式日益多样灵活,且双方往往没有签订劳动合同,故对工伤主体资格的认定往往需要结合个案进行解释。例如,在“马鞍山市电影发行放映公司诉马鞍山市劳动和社会保障局工伤认定案”中,作为第三人的影华园临时放映员戴华平与电影公司之间究竟是事实劳动关系还是雇佣关系是该案审理的关键;[①]而在“江阴市金山运

① 参见最高人民法院中国应用法学研究所编:《人民法院案例选》2007 年第 1 辑,人民法院出版社 2007 年版,第 502 页。

输有限公司诉江阴市劳动和社会保障局工伤行政确认案”中，作为第三人的驾驶员李世富所驾驶的车辆登记在挂靠单位金山公司的名下，这种挂靠关系能否构成事实劳动关系是该案工伤认定的前提条件。[①] 此外，企事业单位聘用退休人员、兼职人员、在校实习生工作的情况很常见，对于这些人员是否也具有工伤主体资格往往存在争议，有的地方劳动保障部门甚至还以文件形式明确规定退休职工在受聘期间因工受伤不能享受工伤保险待遇。[②] 在“东莞裕元医院诉东莞市劳动和社会保障局工伤行政确认案”中，作为第三人的退休职工肖固威与原告之间是否构成劳动关系、在受聘期间受伤能否享受工伤保险待遇是该案处理中的两个焦点。[③]

2. “工作时间”。伤害发生在“工作时间”是工伤认定“三工”条件的首要内容。与国家机关工作人员固定八小时上班制相比，企业职工的工作时间更加灵活，往往因工种不同而表现出明显差异。因此，在工伤认定实践中，对工作时间的具体情形进行解释就很有必要。例如，在“罗寿芬等诉泸州市劳动和社会保障局行政确认案”中，原告之夫牟成宣受用人单位指派到医院一人24小时负责护理受伤同事，在被护理对象临时回家办事的间隙，牟成宣在病床休息时突发疾病死亡。为此，牟成宣在工作区域内因护理对象一时不在而处于“待工”状态是否属于工作时间就成为本案的争议焦点之一。[④]

3. “工作场所”。伤害发生在“工作场所”也是工伤认定条件的必备要素之一。在现实生活中，某些劳动者(如推销员、投递员、维修工等)并无固定工作场所，有的劳动者(如司机等)则可能有多个工作场所；有的劳动者伤害发生在其直接工作的岗位，有的则发生在单位食堂甚至洗手间内。因此，如何正确理解工作场所的含义往往就成为工伤认定中必须解决的问题。例

---

① 参见最高人民法院中国应用法学研究所编：《人民法院案例选》2008年第3辑，人民法院出版社2009年版，第419页。

② 参见《关于工伤保险若干问题的解决意见》(津劳局[2004]361号)，2004年11月18日颁布。

③ 参见最高人民法院中国应用法学研究所编：《人民法院案例选》2008年第3辑，人民法院出版社2009年版，第433页。

④ 参见最高人民法院中国应用法学研究所编：《人民法院案例选》2005年第2辑，人民法院出版社2005年版，第441页。

如，在“何文良诉成都市武侯区劳动局工伤认定行政行为案”中，原告之子是在所在工厂厂区内的厕所摔伤致死的；[①]而在“泸州建新标准件工业有限公司诉泸州市劳动和社会保障局工伤认定案”中，作为第三人的兼职职工陈述贤是在单位领导临时指派其从事工作的场所内因上厕所发生人身伤害的。[②]为此，日常工作或临时指派工作所在的洗手间能否解释为工作场所成为该案是否构成工伤的关键。而在“孙立兴诉天津园区劳动局工伤认定行政纠纷案”中，作为单位司机的孙立兴是在从公司办公室去取车接人的门口台阶处摔伤的，来往于多个工作场所的必经区域是否属于工作场所是此类案件最大的争点。[③]

4. “工作原因”。伤害是否工作原因所致、伤害与本职工作之间是否存在因果关系是目前工伤认定“三工”条件中最为复杂的要素。特别是在企业内部分工日益细密、市场竞争日渐激烈的背景下，“工作”的外延是否仅及于个人的岗位、是否容纳交际应酬等公关活动都成为很多案件的争议焦点。例如，在“陈秀霞诉珲春市劳动和社会保障局不予认定工伤案”中，原告之夫利瓦伊一是在出差期间陪同客户吃饭洗浴时发病死亡的，吃饭洗浴行为能否视为工作的一部分成为该案工伤认定的关键。[④] 在“林国雄诉深圳市劳动和社会保障局工伤认定案”中，作为原告的林国雄本职工作是司机，但却在参加本单位组织的与客户公司足球友谊比赛时受伤，体育比赛活动是否也属于工作内容成为该案认定工伤的争议焦点。[⑤] 实践中，一些用人单位制定了严格的管理制度，有的职工出于各种因素出现串岗情形并发生伤害，这种违纪行为是否排除在工作原因之外时常也会发生争议。例如，在“祥兴木业

---

① 参见《最高人民法院公报》2004 年第 9 期。

② 参见最高人民法院中国应用法学研究所编：《人民法院案例选》2006 年第 4 辑，人民法院出版社 2007 年版，第 457 页。

③ 参见《最高人民法院公报》2006 年第 5 期。

④ 参见最高人民法院中国应用法学研究所编：《人民法院案例选》2008 年第 3 辑，人民法院出版社 2009 年版，第 442 页。

⑤ 参见最高人民法院中国应用法学研究所编：《人民法院案例选》2007 年第 4 辑，人民法院出版社 2008 年版，第 389 页。

板材厂诉巢湖市劳动和社会保障局工伤行政确认案”和“三明市金马木业有限公司不服三明市三元区劳动和社会保障局工伤事故决定案”中，作为第三人的周存胜和肖春妹都是在串岗时而非自己的工作岗位上发生的伤害，其行为一方面违反了单位的劳动纪律，另一方面又并非为自己谋取私利，是否将其也视为工作原因成为该案争议的焦点。①

5. “上下班途中受到机动车事故伤害”。根据《条例》第 14 条第 6 项的规定，在上下班途中，受到机动车事故伤害的应认定为工伤。② 不过，现实生活中的“上下班途中”情形却颇为复杂，究竟是按照时间标准、目的标准还是其他标准去判断存在很大争议。例如，在“吴金莲不服厦门市同安区人事劳动局工伤认定处理案”中，原告所在单位对员工实行包吃包住式管理，而原告则自行居住在公司外，其在下班回住处途中发生的交通事故能否认定为“上下班途中”就成为该案争议的焦点。③ 在“聂仁礼诉东营市劳动和社会保障局工伤行政确认案”中，原告上班后向单位领导请假并经其批准后提前下班，途中受到机动车事故伤害。该案中，争议各方在请假下班是否应当等同于工作完成后的正常下班上存在分歧。④ 至于“机动车”的范围，究竟是按照机械力、非机械力标准还是时速标准加以界定一直也无定论。在“张萍诉南京市劳动和社会保障局工伤行政确认案”中，原告下班途中被火车撞伤，围

---

① 参见最高人民法院中国应用法学研究所编：《人民法院案例选》2008 年第 4 辑，人民法院出版社 2009 年版，第 420 页；最高人民法院中国应用法学研究所编：《人民法院案例选》2003 年第 4 辑，人民法院出版社 2009 年版，第 420 页。

② 在我国工伤保险立法的进程中，有关职工上下班途中事故伤害的认定几经变迁。《办法》第 8 条第 9 项的规定是“在上下班的规定时间和必经路线上，发生无本人责任或者非本人主要责任的道路交通机动车事故的”应认定为工伤。相比之下，《条例》第 14 条第 6 项的规定则减少了一些不必要的限制。不过，该项规定新近又被修改为“在上下班途中，受到非本人主要责任的交通事故或者城市轨道交通、客运轮渡、火车事故伤害的”应认定为工伤。面对复杂多变的社会现实，这些扑朔迷离的规定究竟能否适用值得怀疑。

③ 参见最高人民法院中国应用法学研究所编：《人民法院案例选》2000 年第 2 辑，人民法院出版社 2000 年版，第 388 页。

④ 参见最高人民法院中国应用法学研究所编：《人民法院案例选》2008 年第 4 辑，人民法院出版社 2009 年版，第 415 页。

绕火车是不是机动车就出现了争议。[①]

6. “因构成犯罪或者违反治安管理伤亡”。在《条例》第16条所排除的认定工伤情形中,“因犯罪或者违反治安管理伤亡的”是最易发生认识分歧的条款,常见的疑难问题包括:犯罪应由什么机关按照什么程序予以认定,违反治安管理的范围如何界定,伤害发生与伤者的犯罪或治安违法行为之间是否应具有因果联系,等等。在“昆明丽源春酒业有限公司诉昆明市官渡区劳动和社会保障局工伤行政确认案”中,作为原告单位职工的第三人之子廖艳文因公驾车外出,因发生重大交通事故而死亡。根据事发地交警部门的认定,死者负事故全部责任。围绕这种情形究竟应否排除在工伤之外,不仅案件当事人之间产生分歧,即便一、二审法院也作出不同判决。[②] 在“王静诉镇江市丹徒区劳动和社会保障局不认定工伤案”中,原告在下班途中受到机动车事故伤害,肇事司法承担全部责任,但原告也存在无证驾驶无牌车辆的治安违法行为,如何理解《条例》的相关规定就成为该案处理的关键。[③]

7. 工伤认定申请人范围。按照《条例》第17条第2款的规定,如果用人单位未提出工伤认定申请,只有工伤职工本人或者其直系亲属、工会组织才能直接提出工伤认定申请。在“李绍兰诉聊城市劳动和社会保障局工伤行政复议决定案”中,原告胞兄李绍干在其所在厂区内发病死亡,李绍干无直系亲属,且用人单位和工会组织都未提出工伤认定申请,作为死亡职工唯一旁系亲属的原告究竟能否申请工伤认定成为该案最大的争点。[④]

8. 工伤认定申请时效。按照《条例》第17条第2款的规定,申请工伤认定的时效为“事故伤害发生之日起1年内”。如果申请超过规定时效,则劳动

---

① 参见最高人民法院中国应用法学研究所编:《人民法院案例选》2007年第4辑,人民法院出版社2008年版,第420页。

② 参见最高人民法院中国应用法学研究所编:《人民法院案例选》2008年第3辑,人民法院出版社2009年版,第425—427页。

③ 参见最高人民法院中国应用法学研究所编:《人民法院案例选》2005年第4辑,人民法院出版社2006年版,第478—479页。

④ 参见最高人民法院中国应用法学研究所编:《人民法院案例选》2007年第4辑,人民法院出版社2008年版,第455页。

保障部门不予受理。在一般情况下,事故与伤害会同时发生,但有些事故发生时伤害尚未被发现,需要在相当长一段时间后才确诊。这时,申请工伤认定是否超过时效就成为重要的前提问题。在“杨庆峰诉无锡市劳动和社会保障局工伤认定行政纠纷案”中,涉案事故发生于 2004 年 6 月,就治确诊时间为 2006 年 10 月,原告申请工伤认定是 2007 年 4 月,如何计算申请工伤认定的时效就成为本案的争议焦点。① 与单位申请工伤认定时限可以适当延长所不同的是,受伤职工申请的时限不能延长。但在“福建省南安市益发造纸有限公司诉泉州市劳动和社会保障局工伤认定案”中,受伤职工在法定时效内直接申请延长工伤认定申请期限获劳动保障部门批准,并在超过法定 1 年申请期限、仍属批准延长期限内正式提出工伤认定申请,此时究竟应当如何处理受伤职工的申请就成为争执焦点。②

9. 工伤认定举证责任。根据《条例》第 19 条第 2 款的规定,职工或者其直系亲属认为是工伤而用人单位不认为是工伤的,由用人单位承担举证责任。在实践中,出于自身利益的考虑,一些用人单位在职工发生工伤事故之后总是习惯性地否定职工受伤的工伤性质,但又提不出充足的证据予以证明,此时能否直接作出工伤认定往往成为案件争议的焦点。“北京龙霸润滑油有限公司诉北京市大兴劳动和社会保障局工伤认定案”③及“宁波太中电声器材有限公司诉宁波市江北区劳动和社会保障局工伤认定案”④都属于这类典型案件。

10. 法律法规适用。由于国务院 2003 年 4 月颁布《条例》时并未明确规定废止《办法》,因而新旧法之间的适用冲突不可避免。特别是在《条例》已经颁布但尚未施行的一段时间内,如何选择适用更成为某些案件的焦点。

---

① 参见《最高人民法院公报》2008 年第 1 期。

② 参见最高人民法院中国应用法学研究所编:《人民法院案例选》2008 年第 2 辑,人民法院出版社 2008 年版,第 452 页。

③ 参见最高人民法院中国应用法学研究所编:《人民法院案例选》2007 年第 4 辑,人民法院出版社 2008 年版,第 466 页。

④ 参见最高人民法院中国应用法学研究所编:《人民法院案例选》2009 年第 3 辑,人民法院出版社 2010 年版,第 394 页。

加上《条例》施行之后,《治安管理处罚法》《道路交通安全法》相继颁布实施,其间的条款如何衔接适用也经常发生争议。例如,在前述“罗寿芬等诉泸州市劳动和社会保障局行政确认案”中,编写人就认为:“被告作出的工伤认定通知是在2003年6月25日,此时国务院新的条例已经颁布,虽然未生效不能直接适用,但具有参考价值。”[①]在前述“陈秀霞诉珲春市劳动和社会保障局不予认定工伤案”中,一审法院即认为:“在适用和理解《条例》第14、15条规定时,仍可参考《办法》的具体规定。”[②]除了这些实体法上的内容适用外,程序法上的适用问题也出现在新旧法衔接之际。在“北京世纪金源大饭店有限责任公司诉北京市海淀区劳动和社会保障局工伤认定案”中,受伤职工在《条例》实施前已经提出工伤认定申请,但《条例》实施后被告知申请有误、需要重新申请,其重新申请工伤认定的时间应当如何计算、是否超过申请时效成为该案当事人争议的焦点问题。[③]

三、工伤认定行政法规范解释司法审查的原则

面对专业机关就工伤认定诸多事项所作出的形式各异的行政法规范解释,法院在行政审判过程中究竟应当秉持何种立场?是一味尊重还是全盘审查抑或区别对待?阅读典型案例之后,不难发现法院的处理有时是相当具有策略的。例如,在“刘世英诉宜宾市劳动和社会保障局不受理工伤认定申请案”中,被告认为按照四川省劳动和社会保障厅《关于超过法定退休年龄人员工伤认定问题的复函》(川劳社函[2003]261号)的规定,超过法定劳动年龄的人员在务工中发生伤害事故的,其劳动关系不成立,不属于《劳动法》及相关法规的调整范围,其伤亡性质认定申请劳动保障部门不应受理。

---

① 参见最高人民法院中国应用法学研究所编:《人民法院案例选》2005年第2辑,人民法院出版社2005年版,第442页。

② 参见最高人民法院中国应用法学研究所编:《人民法院案例选》2008年第3辑,人民法院出版社2009年版,第440页。

③ 参见最高人民法院中国应用法学研究所编:《人民法院案例选》2007年第4辑,人民法院出版社2008年版,第480页。

受案法院则认为，我国《劳动法》和《条例》都没有禁止用人单位招用男 60 周岁、女 50 周岁以上的人工作的规定。用人单位只要与这些人建立了劳动关系，劳动者在职务工作中受伤，用人单位就应当承担责任。在这里，受案法院并没有直接对地方行政机关的行政解释作出是否适法的评价，而是通过对高位阶法律法规的阐释认定被告所作出的不予受理工伤认定申请的决定"于法无据"。该案编写人在"评析"部分则对根据国务院有关退休、退职规定作出的川劳社函[2003]261 号文的缺陷进行了深入分析："规定带有浓厚的计划经济色彩，与市场经济的要求已不相协调，其规定退休、退职的范围限定在全民所有制企业、事业单位和党政机关、群众团体的工人，并未包括私营企业的工人及进城务工的农民，很显然用 1978 年计划经济的行政法规来调整市场经济下的劳动关系是不正确的，应当以《劳动法》和《工伤保险条例》等法律法规来规范和调整劳动关系。"①当然，在前文所提及的"江阴市金山运输有限公司诉江阴市劳动和社会保障局工伤行政确认案"及"东莞裕元医院诉东莞市劳动和社会保障局工伤行政确认案"等一些典型案例中，法院主动引用了包括江苏省劳动厅《关于实施〈工伤保险条例〉若干问题的处理意见》、劳动部《关于实行劳动合同制度若干问题的通知》在内的多项规范性文件，显示出司法对行政解释的尊重。结合表 8 所示的典型工伤认定行政案例各种结案形式的比例，能够进一步看出司法与行政在法律解释问题上既相互对立又彼此合作的格局。

那么，人民法院究竟动用了哪些智识资源对行政解释作出肯定或否定的判断呢？换言之，人民法院在审理工伤认定行政案件中，面对行政法规范解释究竟采用了哪些基本的审查原则？仔细研读这 34 起典型案例，在有限的"审判"主文和相对详尽的"评析"及"编后补评"的字里行间，大体上能够

---

① 最高人民法院中国应用法学研究所编：《人民法院案例选》2007 年第 4 辑，人民法院出版社 2008 年版，第 445 页。需要指出的是，《人民法院案例选》所刊典型案例的"评析"大多是由案件的审理法官直接撰写的，其内容多为案件争点的理论阐释，甚至还间接反映了法官判案的心路历程，与"审判"可谓相得益彰，同样属于极其珍贵的案例研究素材。在本部分有关行政法规范解释审查基准的梳理中，这些"评析"乃至"编后补评"同"审判"一起共同构成了原生态的司法素材。

管窥司法审查的智慧。总体而言，法院的审查原则可以概括为“恪守立法意图”“合乎生活情理”“适应社会需要”等三项。通过对这些原则的阐释与适用，人民法院实现了办案法律效果、政治效果与社会效果的统一。[①] 这三重审查原则的出现频率及所占比例如表10所示(有些案件中行政法规范解释的司法审查可能同时采用了两种或三种原则)，有关这三项审查原则的分析将分散在对若干具体案件的描述之中。

表10　工伤认定行政法规范解释的司法审查原则

司法审查原则	出现次数	比例
恪守立法意图原则	27	79.4%
合乎生活情理原则	18	52.9%
适应社会需要原则	8	23.5%

1. 恪守立法意图原则

当行政法律规范的含义模糊不清，存在多种理解可能甚至出现明显的立法漏洞时，面对行政机关法律适用过程中的解释，人民法院究竟应当采取何种原则予以审查呢？在本节所考察的典型案例中，法院大多将工伤认定活动纳入劳动法乃至整个社会法的范畴之内去探求《条例》的立法意图，通过对立法意图的诠释来决定行政解释的取舍。正如丹宁勋爵在其作出的一个判决中所言：“如果国会的法律是用神明的预见和理想的清晰语言草拟的，它当然会省去法官们的麻烦。但是在没有这样的法律时，如果现有的法律暴露了缺点，法官们不能叉起手来责备起草人，他必须开始完成找出国会意图的建设性的任务。他不仅必须从成文法的语言方面去做这项工作，而且要从考虑产生它的社会条件和通过它要去除的危害方面去做这项工作。然后，他必须对法律的文字进行补充，以便给立法机构的意图以‘力量和生

① 最高人民法院在《纪要》中指出：“人民法院在解释和适用法律时，应当妥善处理法律效果与社会效果的关系，既要严格适用法律规定和维护法律规定的严肃性，确保法律适用的确定性、统一性和连续性，又要注意与时俱进，注意办案的社会效果，避免刻板僵化地理解和适用法律条文，在法律适用中维护国家利益和社会公共利益。”不难看出，基层法院行政法官在个案中积累起来的有关行政法规范解释司法审查的原则和技术与最高人民法院的基本立场十分接近。

命'。"[①]对典型案例的阅读整理显示,法院对恪守立法意图原则的把握是通过以下三种进路达致的:

一是解读《条例》立法精神。与《办法》相比,《条例》条文数量几无增加,但在工伤认定的条件等关键问题上却有明显变化,折射出工伤保险立法理念的变迁。因此,在行政审判过程中,人民法院就必须通过准确捕捉和遵循立法原意对某些法律法规没有明确规定的事项进行合理解释。在前文提及的"杨庆峰诉无锡市劳动和社会保障局工伤认定行政纠纷案"中,一审法院以被告对"事故伤害发生之日"的解释"不利于保护受伤害职工弱势群体的合法权益"为由判决被告败诉;二审法院在其判决中更是作了条分缕析式的表述:"法律的基本原则即法律的根本原理或准则。法律的基本原则有利于解决面对普遍规则时例外情形的法律适用问题。公平正义是社会主义法治的基本价值取向,是构建社会主义和谐社会的重要任务。在现行法中寻求公平正义,应当成为司法的原则。保障工伤职工的合法权益是《工伤保险条例》第一条开宗明义阐明的立法宗旨,同时,倾斜于受害人原则是工伤保险法的基本原则。工伤保险法属于社会法,社会法以保护弱势群体利益为其法律精神,工伤保险倾斜于受害人原则正是社会法基本原则的集中体现。为此,如果工伤职工在发生事故后只是因为客观原因而其自身并无过错的情况下,未能及时发现伤害,就丧失工伤认定申请的权利是不公平的,也是不符合工伤保险法的立法宗旨和社会普遍认同的价值标准的。"[②]在同样提及的"昆明丽源春酒业有限公司诉昆明市官渡区劳动和社会保障局工伤行政确认案"中,二审法院认为:"《条例》第16条第(一)项条文的含义,应从该行政法规'保障因工遭受事故伤害的职工获得经济补偿'的立法目的性解释和对该条文可作限制性解释两个方面考虑。"[③]从这些典型案件的判决中可以看出,人民法院通过对立法目的、立法宗旨和基本原则的三维阐释,准确

---

① 〔英〕丹宁勋爵:《法律的训诫》,杨百揆等译,法律出版社1999年版,第13页。

② 江苏省无锡市中级人民法院行政判决书(2007)锡行终字第0132号。

③ 最高人民法院中国应用法学研究所编:《人民法院案例选》2008年第3辑,人民法院出版社2009年版,第426页。

地解读出了《条例》的立法精神，进而完满地处理了行政解释的司法审查。

二是贯彻劳动法原则。与《办法》所不同的是，《条例》第 1 条并未明确宣示其立法依据是《劳动法》，但这并不表明对《条例》的理解可以脱离劳动法的基本原则。事实上，在很多典型案例中，人民法院都自觉地将劳动法的基本原则贯穿于对行政解释的审查之中。在“何文良诉成都市武侯区劳动局工伤认定行政行为案”中，一、二审法院都强调指出：“劳动者享有获得劳动安全卫生保护的权利，是劳动法规定的基本原则，任何用工单位或个人都应当为劳动者提供必要的劳动卫生条件，维护劳动者的基本权利。被告作出的行政决定未体现劳动法中保护劳动者合法权益的基本原则，属适用法律、法规错误。”[①]在“陈秀霞诉珲春市劳动和社会保障局不予认定工伤案”中，受案法院除了在判决中表明“工伤认定依法应坚持无过错原则和保护劳动者合法权益原则”外，更在“评析”部分直截了当地指出：“职工工伤认定属于劳动法调整范畴，劳动法把保护劳动者的合法权益作为最基本的价值取向，在这种价值取向支配下，当某一法律规范出现两种以上理解时，应当采取有利于劳动者的理解。”[②]可见，将工伤认定置于劳动法的框架体系之内，适用劳动法基本原则是人民法院准确把握工伤保险立法意图的又一重要方式。

三是重申社会法理念。自德国《魏玛宪法》以降，“社会国原则”业已成为现代宪法上的基本原则。社会国原则的目标在于实现人的发展，建立一个“使个人资质和能力尽情地开花，并能自由地享受其丰硕之果”“精神与物质都均衡地获得解放”[③]的理想社会。我国现行《宪法》第 14 条第 4 款规定：“国家建立健全同经济发展水平相适应的社会保障制度。”作为社会法重要分支的工伤保险法，同样担负着落实社会国原则的任务。在一些典型的工伤认定行政案件的审理过程中，人民法院也通过对社会法基本理念的重申践行对行政解释的审查使命。例如，在“宁波太中电声器材有限公司诉宁波

---

① 《最高人民法院公报》2004 年第 9 期。

② 最高人民法院中国应用法学研究所编：《人民法院案例选》2008 年第 3 辑，人民法院出版社 2009 年版，第 441 页。

③ 〔日〕大须贺明：《生存权论》，林浩译，法律出版社 2001 年版，“原版序言”Ⅲ。

市江北区劳动和社会保障局工伤认定案”的“评析”部分，该案主审法官就认为：“工伤保险法规属于社会法，社会法以保护弱势群体利益为宗旨，工伤保险补偿倾斜于受害人原则正是社会法基本原则的集中体现。”[①]在“林国雄诉深圳市劳动和社会保障局工伤认定案”中，该案主审法官同样在“评析”部分指出：“我国工伤保护的立法依据是宪法和劳动法。我国宪法明确规定，国家通过各种途径，加强劳动保护。我国劳动法将‘保护劳动者合法权益’摆在立法宗旨的第一位。”[②]这种依托、重申社会法理念的司法审查策略，不仅使人民法院牢牢把握了工伤保险的立法意图，而且还大大增强了人民法院在法律解释问题上的权威性，无疑体现了中国的行政法官在处理行政法规范解释司法审查中的智慧。

2. 合乎生活情理原则

一般来说，民事活动除了要遵守法律规定之外，还必须遵从民间习俗、生活习惯等自然法则。由于工作、劳动涉及每一个劳动者的日常生活，因而也必须照顾到一般的生活情理。就劳动保障部门及人民法院的工伤认定而言，虽然都是公权力活动，但在依法认定的同时也必须慎重考虑普通民众的生活习俗，对很多事故伤害作出合乎情理的判断，真正实现法律效果与社会效果的统一。尤其是对于工伤认定的三个基本要素“工作时间、工作场所、工作原因”以及“上下班途中”等关键用语的解释，必须充分照顾到我国普通劳动者的日常生活习俗。通过研读典型案例，不难发现人民法院在审查行政法规范解释的合理性时也融入了对生活情理元素的考虑。大体上来说，合乎生活情理的审查原则是在以下两个方面展开的：

一是满足个人生理需要。工伤事故都是发生在每一个鲜活的劳动者身上的，这些劳动者都有诸如定时吃饭、上厕所等个人最基本的生理需要。因此，凡是事故发生在解决个人合理的生理需要期间就不能简单地以纯属“私

① 最高人民法院中国应用法学研究所编：《人民法院案例选》2009年第3辑，人民法院出版社2010年版，第398页。

② 最高人民法院中国应用法学研究所编：《人民法院案例选》2007年第4辑，人民法院出版社2008年版，第390页。

事”为由拒绝认定为工伤。在本文所考察的典型案例中,“何文良诉成都市武侯区劳动局工伤认定行政行为案”和“泸州建新标准件工业有限公司诉泸州市劳动和社会保障局工伤认定案”所涉及的伤亡事故都是发生在劳动者如厕之时的。在前案判决中,一、二审法院都认为,劳动者在日常工作中“上厕所”是其必要的、合理的生理需求,与劳动者的正常工作密不可分,应当受到法律的保护。被告片面地将“上厕所”理解为与劳动者本职工作无关的个人私事,与劳动法保护劳动者合法权利的基本原则相悖,也有悖于“社会常理”。[①] 在后案“评析”部分,受案法院在论述“上厕所受伤是否属工伤”时几乎一字不差地引用了前案判决内容,充分反映出《公报》案例所具有的指导作用。而且,在“编后补评”部分,编写者进一步指出:“在工作时间上厕所是劳动者作为一个人(而不是机器)的最基本的生理需要,是其不可剥夺的人的基本权利,在法律对此没有明确规定的情况下,执法者应从以人为本的原则出发作出合理判断。”[②]同样的,在“无锡市雪羽印染有限公司诉无锡市惠山区劳动和社会保障局工伤认定案”中,当班锅炉工是在公司无法按照常规提供早餐的情况下离厂回家用餐的,因而法院支持了行政机关将其解释为“上下班途中”而认定为工伤的做法。在案件“评析”部分,受案法院特别指出:“离厂回家用餐乃是为了解决人体正常的生理需要,是在情理之中。”[③]对劳动者个体生理需要的关怀彰显了司法机关对“人的尊严”价值的高度认同,大大提升了行政法规范解释司法审查的正当性。

二是符合社会生活经验。作为自然人的劳动者有着与生俱来的个人生理需要,而作为社会人的劳动者在参与社会交往时同样有着公认的社会生活习俗。在实践中,某些工伤事故的发生往往就与这种社会生活习惯有关,无论是行政机关还是人民法院在处理工伤认定纠纷时显然不能忽略这些社

① 参见《最高人民法院公报》2004 年第 9 期。

② 最高人民法院中国应用法学研究所编:《人民法院案例选》2006 年第 4 辑,人民法院出版社 2007 年版,第 461—463 页。

③ 最高人民法院中国应用法学研究所编:《人民法院案例选》2008 年第 3 辑,人民法院出版社 2009 年版,第 481 页。

会生活经验。例如，在“吴金莲不服厦门市同安区人事劳动局工伤认定处理案”中，被告以原告违反所在单位管理制度擅自到公司外居住为由，对其交通事故认定为非上下班途中发生。法院在审理过程中并未采纳行政机关的解释，认为公司的管理规定目的是提高效率、约束公司职工工作行为，至于公司职工在工作外的行为则须遵守国家的法律法规。因此，被告有关“公司规定对规范职工工作外行为有效”的解释是不合法、不现实的。[①] 其实，该案不能忽略的一个重要事实是，原告是与其夫一起暂居在距离上班地点约五公里的农村出租屋的。这是当下中国数以千万计的夫妻打工者真实生活的写照。如果纵容诸多冷酷的公司规定对抗夫妻迫于无奈在外合租的行为，那么法律适用的过程就不是一个人性张扬的过程，更不是一个合乎社会生活基本伦理的过程。在“孙立兴诉天津园区劳动局工伤认定行政纠纷案”中，法院认为：“园区劳动局认为摔伤地点不属于孙立兴的工作场所，是将完成工作任务的必经之路排除在工作场所外，既不符合立法本意，也有悖于生活常识”“如果将职工主观上的过失作为工伤认定的排除条件，既不符合《工伤保险条例》保障劳动者合法权益的本意，也有悖于日常生活经验。”[②]对社会生活经验元素的考虑无疑增强了行政法规范解释司法审查的说服力，也彰显出工伤认定行政案件审理的政治效果。

3. 适应社会需要原则

任何行政法律规范的制定都只是对特定历史阶段社会关系的记载。当现实的社会关系伴随社会转型而发生深刻变化时，行政法律规范的适用与解释就必须顺应时代发展的潮流。诚如亚里士多德所言：“当国事演变的时候，法律不会发布适应各种事故的号令。任何技术，要是完全照成文的通则办事，当是愚昧的。”[③]《条例》颁行的几年，正值我国经济体制改革逐步深化的时期。城市化步伐的加快和招商引资的推动吸引着大量农村剩余劳动

---

① 参见最高人民法院中国应用法学研究所编：《人民法院案例选》2000 年第 2 辑，人民法院出版社 2000 年版，第 388 页。

② 《最高人民法院公报》2006 年第 5 期。

③ 〔古希腊〕亚里士多德：《政治学》，吴寿彭译，商务印书馆 1965 年版，第 162—163 页。

力，国有企业改革则使得大量下岗工人必须寻求再次就业，我国企业用工形式呈现多元化的全新格局。突如其来的国际金融危机更是对国内企业经营及劳动者就业产生了巨大冲击。面对具体社会情境的变化，行政机关和人民法院对工伤保险法律规范的适用与解释也必须顺时而变。通过阅读典型案例，可以看出人民法院在解释工伤保险法律规范时也遵循了适应社会需要原则，并将其作为判断行政解释是否合理的重要标准。总体而言，法院对适应社会需要原则的把握体现在如下两个方面：

一是适应用工方式多样化需要。"职工"是工伤保险待遇的享受者，同时也是工伤认定重要的申请者。伴随着激烈的社会转型，企业用工方式日益呈现多样化的发展态势。在工伤认定的实践中，往往会因新型用工方式是否构成劳动关系而发生分歧。面对这种情况，人民法院在工伤认定行政案件的审理过程中，通过对《条例》中"各种用工形式、各种用工期限"规定的扩张性解释，发挥着或尊重或否定行政解释的实际功效。在案件审判和评析的字里行间，浸润了法院对社会用工方式多样化的深刻体察。例如，在"东莞裕元医院诉东莞市劳动和社会保障局工伤行政确认案"的评析部分，受案法院专门指出，在东莞这样一个经济高速发展的制造业城市，职工数量极其庞大，企事业单位聘用退休人员工作的情况很常见。职工退休后虽然享受了养老保险待遇，但仍然可以在受聘后单独购买工伤保险。[①] 在"泸州建新标准件工业有限公司诉泸州市劳动和社会保障局工伤认定案"的评析部分，受案法院认为，以小时工为主要形式的非全日制用工发展较快，这一用工形式突破了传统的全日制用工模式，适应了用人单位灵活用工和劳动者自主择业的需要，已成为促进就业的重要途径。作为一种比较特殊的劳动关系，兼职劳动关系只要不违反法律法规的禁止性规定，都应予以认可。[②] 将包括兼职、退休返聘等各种新型用工方式在内的劳动关系纳入工伤保险

---

① 参见最高人民法院中国应用法学研究所编：《人民法院案例选》2008 年第 3 辑，人民法院出版社 2009 年版，第 435 页。

② 参见最高人民法院中国应用法学研究所编：《人民法院案例选》2006 年第 4 辑，人民法院出版社 2007 年版，第 461 页。

的范围,有助于切实加强对劳动者的平等法律保护,使工伤行政法规范的解释能够顺应时代发展的需要。

二是适应工作内容灵活性需要。随着市场竞争和就业压力的不断增大,企业用工内容也呈现灵活多样的发展态势。除了大量在生产一线从事简单手工操作的职工以外,企业为了生存和发展还会经常安排一些必要性的公关活动,甚至还成立专门内部机构招募专门人员从事公关、接待事务,借此拓展自身的人脉资源进而取得市场竞争优势。在中国这样一个人情社会,"接待陪同"几乎成为一切单位谋求生存的普遍现象。因此,在工伤认定实践中,就必须立足当下中国的现实国情,避免简单地将某些从事特定公关活动过程中发生的伤害事故一味排除在工伤之外。就本书所研究的典型案例而言,人民法院就在两起案件的判决中直接否定了行政机关对工伤认定"三工"要素的解释。在"陈秀霞诉珲春市劳动和社会保障局不予认定工伤案"中,法院除了在判决中表明"因公出差工作的特点决定了工作场所的流动性、不确定性,其工作状态的不确定和延伸要相对宽泛"外,还在评析中明确指出:"正常的洗浴行为并非法律法规所禁止的行为。利瓦伊一随队与业务单位接待人员共同就餐并洗浴,是双方业务往来活动的连续行为,在正常业务往来中应视为礼仪、公关活动,是出差工作任务的延续。"[①]在"林国雄诉深圳市劳动和社会保障局工伤认定案"中,二审法院主审法官在评析中对其撤销一审判决、撤销原审被告不予认定工伤行为的理由进行了充分阐述。法院认为:"这次体育活动是建材塑料制品公司与其客户单位举办的友谊比赛,也反映出该公司的利益所在。该公司通过这样的活动,既可以加强职工之间的团结和睦,增强员工凝聚力,调动员工积极性,提高工作效率,同时,也是和客户公司加强联系,增进友谊,促进业务共同发展的途径。这次体育活动实际上是公司的一次'公务活动',虽然林国雄的本职工作是驾驶汽车,但其临时受到公司指派,代表公司参加这次体育活动,其目的也是为了公司

① 最高人民法院中国应用法学研究所编:《人民法院案例选》2008年第3辑,人民法院出版社2009年版,第442页。

的利益。从公司整体工作的角度看，林国雄参加体育活动的行为与工作密切相关，应当受到工伤保护。”①在这两个典型案例中，人民法院没有固守对工伤认定条件的狭隘理解，相反的，人民法院积极响应社会生活的变迁，果断作出了与行政解释完全迥异的独立判断，体现了难得的能动司法立场。

四、小结

就本节所考察的工伤行政认定典型案件而言，不仅交织着劳动者利益和企业利益之间的权衡取舍，同时还承载着民生保障、社会稳定和经济发展之间的价值决断，因而是一个司法、行政实力与智能集中比拼的领域。通过对这34个典型工伤认定行政案件的条分缕析，大致可以管窥原生态的行政法规范解释司法审查的现实图景。在专业领域行政法规范解释的司法审查上，人民法院显示出难得的能动主义姿态，实实在在地推动了司法在法律适用与法律解释问题上主导地位的生成，为行政法规范解释司法审查的理论研究和制度设计提供了十分珍贵的鲜活素材。作为本节的分析结论，尚可简要归纳为如下三点：

第一，社会转型所引发的劳动关系巨变和社会保险政策变迁共同构成了工伤保险行政法律规范解释的背景。面对专业行政机关就工伤主体、认定条件、申请时效及法律适用等诸多事项所作出的行政解释，人民法院通过恪守立法意图、合乎生活情理和适应社会需要三重原则的阐释运用，较好地处理了司法独立审查、尊重行政判断和有效保障私权的三重关系，促进了法院审理行政案件的法律效果、社会效果与政治效果的统一，为行政法规范解释司法审查理论的重塑提供了弥足珍贵的本土司法经验。

第二，司法在对工伤行政法律规范坚持独立解释的同时，并没有因此而引发司法对立法的篡权。相反，一幅司法与立法之间的互动图却依稀呈现

---

① 最高人民法院中国应用法学研究所编：《人民法院案例选》2007年第4辑，人民法院出版社2008年版，第391页。

在世人的面前。一方面，“处江湖之远”的中国基层行政法官宛如丹宁勋爵笔下的“绝不可以改变法律织物的编织材料，但可以也应该把皱褶熨平”的进退自如的法律改革家角色。如“李绍兰诉聊城市劳动和社会保障局工伤行政复议决定案”中，二审法院及时纠正了一审法院将旁系亲属直接解释为直系亲属的不当做法即是明证。[①] 另一方面，立法者面对社会生活的变迁和司法经验的累积，也会适时地对行政法律规范文本作出修改，进而避免了不必要的争执和司法资源的浪费。国务院新近在《条例》修改决定中将“火车事故伤害”一并纳入工伤认定范围之内，这一做法很难说不与类似“张萍诉南京市劳动和社会保障局工伤行政确认案”[②]等司法个案的推动有关。司法与立法之间这种难得的默契反映出在现代规制国家时代，面对复杂多变的规制环境，立法机关不得不寻求新的智识渊源完成法律修缮的重任，而人民法院通过判决也实际参与了公共政策的形成，进而实实在在地拓展了司法的服务功能。

第三，司法在对工伤行政法规范解释秉承独立审查立场的同时，并没有因此陷入傲慢与偏见的泥潭。相反的，在本节所考察的34起典型案例中，法院对近六成案件中的行政法规范解释都给予了应有的尊重，显示出司法游走于行政法规范解释审查与尊重之间的拿捏自如。近几年来，面对行政审判尴尬的现实处境，最高人民法院相继下发了一系列重要司法文件，频频使用“善于利用现行体制提供的各种资源”“建立司法与行政良性互动机制”“积极争取当地党委和政府的支持”等措辞，暗含着行政审判领域司法政策的悄然转型，一种崭新的开放合作型行政审判模式呼之欲出。作为行政审判中司法权与行政权“对峙”最前沿的阵地，法律问题审查中司法与行政关系的真实图景至为重要。本节的研究素材虽仅限于工伤认定领域，但司法与行政之间在行政法规范解释审查问题上既相互对立又彼此合作的关系却

---

① 参见最高人民法院中国应用法学研究所编：《人民法院案例选》2007年第4辑，人民法院出版社2008年版，第453页。

② 同上注，第419—420页。

清晰可见。

【拓展阅读】

1.《最高人民法院公布的行政不作为十大案例》，人民出版社 2015 年版。

2. 周佑勇：《行政不作为判解》，武汉大学出版社 2000 年版。

3. 王和雄：《论行政不作为之权利保护》，台湾三民书局 1994 年版。

4. 胡敏洁：《专业领域中行政解释的司法审查——以工伤行政为例》，载《法学家》2009 年第 6 期。

5. 李洪雷：《规制国家对行政解释的司法审查》，载傅蔚冈、宋华琳主编：《规制研究》（第 1 辑），上海人民出版社 2008 年版。

6. 高秦伟：《政策形成与司法审查——美国谢弗林案之启示》，载《浙江学刊》2006 年第 6 期。

第四章

行政实例个别式分析

受制于多种因素的影响，我国行政执法中的大量案件并未进入诉讼环节，很多行政实例的社会关注度甚至大大超过了诉讼案件。为此，行政执法实例也应当被纳入行政法学教学和研究之中。鉴于裁量是现代行政活动的精髓，对行政裁量中的典型实例加以分析，不仅有助于把握行政裁量过程中考虑的诸多规范元素，而且还有助于在社会变迁中体察行政裁量的现实运作。为此，本章选取曾经引发媒体热议的“烟民被拘事件”和“钓鱼执法事件”为例，深入解读行政执法中的典型实例。

第一节 “烟民被拘事件”分析

一、“烟民被拘案”折射行政裁量基准认识误区

据2009年8月29日的《重庆晚报》报道，来自湖北省孝感市的56岁男子赵某，在重庆市朝天门金海洋批发市场内吸烟被行政拘留5天，成为重庆市公共场所吸烟被拘第一人。吸烟被拘这一“乱世用重典”的非常举措引发公众的强烈质疑。新浪网相关调查显示，1.6万多名接受调查的网友中，约53%的网友对重庆方面的做法提出质疑，认为被拘留者只是吸烟，并未造成严重后果，处罚过重；约44%的网友对重庆警方的做法表示支持，因为吸烟

若导致火灾会造成严重经济损失，处罚重些有利于防灾。面对质疑，重庆消防部门迅速给出了重罚依据——公安部 8 月 20 日发布的一则通知。该通知要求，为确保 60 周年国庆安全，严令全国公安机关在非常时期采取非常手段，对消防违法行为实施“六个一律”，其中第四个“一律”明确规定：违反规定使用明火作业者，或者在具备火灾爆炸危险场所吸烟者，一律行政拘留 5 日。无独有偶，截至 8 月 31 日，在湖南省消防部门开展的国庆期间消防安全专项整治行动中，已有 30 多人因为在加油站等具有火灾、爆炸危险的场所吸烟被依法治安拘留。[①] 在辽宁省鞍山市，仅从 8 月 24 日到 31 日的短短一周时间内，就有 80 人因违规吸烟、违规操作电焊、在危险场所动明火等原因被拘留 5 日。[②] 在深圳市，虽然暂时没有处罚案例，但在公安部文件下发之后，该市公安局消防局即召开动员大会，制定专项活动方案，将严格按照“六个一律”新规进行，“一旦发现违规吸烟者，坚决按 5 日行政拘留处罚”。[③]

事实上，在特殊时期、敏感时期来临之前出台严令进行社会治理已经成为转型中国行政执法和社会控制的“常态”举措。例如，为保证 2008 年北京奥运会、残奥会期间交通正常运行和空气质量良好，履行申办奥运会时的承诺，北京市政府制定了机动车“单双号限行”政策，一直沿用至今。“烟民被拘案”之所以引起社会的强烈反响，不仅在于“吸烟者拘留 5 日”的重罚超出了多数公众尤其广大烟民的心理承受度，还在于公众长期以来对这种“运动式执法”“选择性执法”的厌倦。笔者在此无意对类似“吸烟拘留 5 日”的运动式执法模式进行评价，所关心的仅是该案折射出的实践中对行政处罚裁量基准的诸多认识误区。从形式上看，公安部的通知只是内部规范性文件，属于行政规则，但就文件的内容来说，则蕴涵着相应的裁量基准。这是因为，

① 参见《湖南 30 多人加油站等危险场所吸烟被拘留》，http://news.rednet.cn/c/2009/09/01/1817459.htm，2015 年 3 月 2 日访问。

② 参见《违规吸烟动火 拘留 80 人》，http://www.qianhuaweb.com/content/2009-09/01/content_121398.htm，2015 年 3 月 2 日访问。

③ 参见《深圳违章抽烟也将被拘“按 5 日拘留处罚”》，http://law.southcn.com/c/2009-09/01/content_5675504_2.htm，2015 年 3 月 2 日访问。

新《消防法》第 21 条明确规定“禁止在具有火灾、爆炸危险的场所吸烟”；第 63 条则规定：“违反规定在具有火灾、爆炸危险的场所吸烟的，处警告或者五百元以下罚款；情节严重的，处五日以下拘留。”公安部通知有关“非常时期采取非常手段”“在有火灾危险场所吸烟者一律拘留 5 日”的新规，实际上就是对“情节严重”的一种间接性解释和“违规吸烟处罚”的缩限性解释。很明显，这与裁量基准细化、量化处罚幅度范围的旨趣暗合。

至此，“烟民被拘案”所折射出的问题便逐渐清晰起来。首先，作为裁量基准制定者的公安部能否以“一律式”的基准取消《消防法》的“阶梯式”处罚规定乃至直接剥夺一线执法机关在个案中的裁量余地？能否将“情节严重”简单地化约为“非常时期”？其次，作为身处执法一线的渝中区公安消防支队和渝中区公安分局，是否必须完全遵照公安部的裁量基准进行处罚？能否放弃对不同个案之中复杂情节的个别考量？从媒体的有关报道来看，“烟民被拘案”与时下众多行政管理领域中普遍存在的“上级发文部署、下级闻风而动”的现象如出一辙。这种运作模式从根本上违背了裁量基准制度存在的目的，反映出实践部门在裁量基准问题上的诸多认识误区。鉴于当下行政裁量基准的制定同样呈现出“运动化”的趋势，笔者拟透过“烟民被拘案”就行政裁量基准的制度功能加以论述，并就理性裁量基准的运作模式进行研究，希冀对纠正实践中的认识偏差和裁量滥用的遏制有所助益。

二、正确理解行政裁量基准的制度功能

从时间上看，我国行政法学对裁量基准的理论关注要晚于裁量基准的制度实践。目前，这种源于行政处罚领域的改革举措，正在向行政许可等其他领域扩展。按照一般的理解，裁量基准“是行政执法主体对法律规定的行政处罚自由裁量空间，根据过罚相当等原则并结合本地区经济社会发展状况以及执法范围等情况，细化为若干裁量格次，每个格次规定一定的量罚标准，并依据违法行为的性质、情节、社会危害程度和悔过态度，处以相对固定的处罚种类和量罚幅度，同时明确从轻或从重处罚的必要条件的一种执法

制度。”[①]可见，裁量基准本质上是关于裁量权行使的一种细化规则，是抽象法律规定与具体社会事实之间的媒介。具言之，裁量基准的制度功能表现出以下三个方面的偏好：

（一）偏重个案而非普遍正义

对正义的不懈追求是人类生活的永恒理想。尽管“正义有着一张普洛透斯似的脸，变幻无常、随时可呈不同形状并具有极不相同的面貌”[②]，但自古以来西方不同的法学派别始终都未停止过对正义真谛的揭示，普遍正义与个案正义的区分便是其中的重要学说。由于法律规范始终是以“抽象的一般的人、社会生活中典型的场合、事件和关系”作为调整对象的，在一般情况下法律的适用都能导致公平，因而“一般正义是使多数人或一切人都能各得其所的分配结果”[③]。就此意义而言，通过立法明确行政权力行使的边界与幅度便有助于实现普遍正义。然而，法律自身的普遍性与社会生活的多样性之间永远都存在难以消解的矛盾，法律适用也因此无法在任何特定场合下都能实现公平与正当。诚如学者所言：“如果法律顾及过多的特殊案件，那么它就不再是一套法律规则了。……如果法律为照顾概括性而过于忽视各种案件之间的差别，也会造成不公平的现象。”[④]可见，在普遍正义与个案正义之间往往存在冲突。“就法律的角度观察正义，有赖于使正义在每一个具体个案中皆能被妥慎地探索及实践，使得‘个案正义’得以实现，方为正当。否则，法律制度必将落入‘具文’之讥。”[⑤]作为现代行政法的“精髓”，行政裁量的存在本身就预示着立法者对个案正义的期待，即通过授权行政

① 《江凌副司长在第六次全国地方推行行政执法责任制重点联系单位工作座谈会上的讲话》，http://www.whfzb.gov.cn/article,2822.html,2015年6月2日访问。

② 〔美〕博登海默：《法理学：法律哲学与法律方法》，邓正来译，中国政法大学出版社1999年版，第252页。

③ 徐国栋：《民法基本原则解释——成文法局限性之克服》，中国政法大学出版社1992年版，第325页。

④ 〔英〕彼得·斯坦等：《西方社会的法律价值》，王献平译，中国法制出版社2004年版，第133—134页。

⑤ 范文清：《试论个案正义原则》，载城仲模主编：《行政法之一般法律原则（二）》，台湾三民书局1997年版，第386页。

机关“自由”裁量最大限度地实现个案正义。在裁量过程中,行政机关可以一方面考虑立法目的,一方面考虑具体情况,针对个案寻求合理的解决方案。作为裁量衍生制度的基准,其目的也正在于通过对裁量幅度的进一步细化,防止行政机关在个案中的随意裁量。在“行政主导型”倾向极为明显的转型中国,这种规则化的努力无疑能够遏制裁量的恣意行使,促进个案正义的实现。

（二）面向典型而非特定个案

从智识源头上看,裁量基准更多的是对基层执法实践经验的提炼,其间融合了地方治理的特殊情况和行政执法的技艺。也就是说,裁量基准的初衷是试图通过对诸多典型个案的经验总结,为行政机关的具体裁量活动提供规则化的“行动指南”;裁量基准不应该也不可能成为“包医百病”的执法法宝。以前文的“烟民被拘案”为例,裁量基准设定的一个重要任务就在于对《消防法》第 63 条中的“具有火灾、爆炸危险的场所”以及“情节严重”等两个不确定法律概念进行解释,进而将法律授予的裁量权予以分格,指导行政机关针对具体个案进行裁量。据悉,该案事发地朝天门交易市场由于历史原因,其防火分区、消防车道、消火栓管网等都存在先天性缺陷,加上人多、易燃商品多,火灾隐患极其严重,已经在 2009 年年初被重庆市政府列入重点整治区域。该案发生后,重庆消防部门也发布了包括大型商场在内的八大重点禁烟场所。当然,“重点整治区域”或“重点禁烟场所”是否就等同于法律所规定的“具有火灾、爆炸危险的场所”,是否应该进一步对公共场所的危险进行分级以体现不同程度的处罚,都需要深入研究。即便制定了相应的裁量基准,随着社会实际情况的变化也经常会发生需要不断修改完善基准的情形。因此,裁量基准的着眼点只能是具有“类”的特征的典型案件,而不可能面向千千万万个特定的案件,将所有法律授予的裁量空间“压缩至零”。[①] 比较法的观察同样显示,裁量基准并非僵化教条,行政机关仍然必须

① 事实上,公安部“8·20”通知“六个一律”的最大误区就在于以“一刀切”的僵化政策断然否决了基层执法机关本应享有的具体裁量空间。加之强大的体制惯性,基层执法机关甚至会变本加厉地简单、粗暴执法。“烟民被拘案”的执法者不经意间流露出的“重罚目的主要是震慑吸烟者”即是明证。

对具体个案进行具体分析。[①]

（三）限制而非消灭裁量空间

英国学者乔威尔曾经将裁量十分形象地描述成决策者拥有广泛选择权（强裁量）或有限选择权（弱裁量）的刻度，他说："裁量是一个度的问题，而且在高低之间的联系范围内波动。当决策者裁量度比较高时，他通常是由诸如'公共利益'和'公正合理'等模糊标准加以指引。当其裁量度比较低时，决策者会受没有留下多少解释空间的规则限制。"[②]按照这一理解，裁量基准的真正使命只是将法律赋予行政机关的"广泛选择权"转化为"有限选择权"，亦即实现由"强裁量"向"弱裁量"的切换。例如，《消防法》第63条赋予公安消防机关对违规吸烟者广泛的处罚选择权，它不仅有权在警告、500元罚款和5日以下拘留等三种处罚之间进行选择，而且还有权针对"情节是否严重""是否具有火灾爆炸危险""具有多大程度危险"等要素进行判断。可见，作为"一次立法"的《消防法》赋予行政机关较强的裁量权。不过，"自由裁量权不应是专断的、含糊不清的、捉摸不定的权力，而应是法定的、有一定之规的权力"[③]。因此，为贯彻《消防法》而制定的有关裁量基准就扮演了"二次立法"的角色，试图使行政机关广泛的选择自由受到必要的限制，防止行政裁量的专横。比如，对"情节严重"进行情形列举、对"5日以下拘留"进行分格等。但是，基准发布之后并不意味着行政机关彻底丧失了选择自由，它仍然能够结合具体个案在诸如5日拘留、3日拘留和1日拘留之间进行权衡选择，只不过这种选择面更窄、选择度更小而已。因此，裁量基准的要义是限制而非消灭裁量空间。遗憾的是，在实践中，包括前述公安部通知在内的

---

① 例如，在法国，具有与裁量基准同样功效的"指示"制度就能够将行政处理的普遍性与特殊性辨证地结合起来。"每个案件必须同时考虑普遍适用的标准和本案的特殊情况，行政机关具有很大的灵活性。"王名扬：《法国行政法》，中国政法大学出版社1988年版，第123页。

② 〔英〕卡罗尔·哈洛、理查德·罗林斯：《法律与行政》（上卷），杨伟东等译，商务印书馆2004年版，第211页。

③ 〔美〕伯纳德·施瓦茨：《行政法》，徐炳译，群众出版社1986年版，第568页。

一些裁量基准都或明或暗地消灭了裁量空间。[①]

三、理性行政裁量基准的运作模式

除了从理论上澄清裁量基准制度功能的认识误区之外，我们同时也应当看到，“烟民被拘案”的发生还集中暴露了我国当下裁量基准运作过程中的诸多误区：“处江湖之远”的基层执法机关最需要裁量基准，却往往坐等“居庙堂之高”的上级行政机关去发布；高高在上的行政机关又往往基于对公共政策的过分偏爱和狭隘理解，以“一律严惩式”的禁令取代细致入微的量化规则设计，直接切断了裁量活动与个案事实之间的联结；官僚体制的魔力驱使一线执法机关唯上级红头文件是瞻，拱手放弃了法律所授予的行政裁量权限，从根本上扭曲了行政裁量以及裁量基准的本义。在裁量基准制定几呈白热化、运动化的当下，尤其应当倡导一种理性裁量基准运作模式的建构。笔者认为，理性行政裁量基准的运作模式应当从主体间权限分工、智识资源之整合、程序面制度设计等三个方面入手。

（一）主体间权限分工

理性裁量基准运作模式的建构首先有赖于基准的不同制定者之间的权限分工。环顾实践中大量存在的裁量基准文本，几乎所有层级的行政机关都在事实上分享了基准制定权力。就一般意义而言，这种情况也符合“裁量基准依附于裁量权之中”的基本法理——只要享有裁量权，就应该也有必要制定裁量基准。但是，在“法制统一”“法律平等对待”等口号的不当影响以及行政执法“十里不同天”的担忧与指责中，一种“回收”裁量基准制定权的思潮悄然兴起。这种回收的具体表现形式有二：一是各级人民政府（主要是省、市两级）纷纷制定本行政区域的规范裁量权行使的文件，要求本级行政执法机关根据其文件精神制定细化、量化的裁量基准，试图缩小同一区域内

① 例如，《大连市行政处罚罚款幅度规定》（大政发[2004]24号）第3条规定：“各级行政机关应依法规范罚款类行政处罚行为，对法律、法规、规章规定的罚款，依照实际情况制定具体的实施细则，明确不应处罚、从轻减轻处罚及各类处罚的具体标准，取消行政执法人员罚款处罚的自由裁量权。”

不同裁量基准之间的误差;二是一些地方政府(主要是省级)以文件(如海南省人民政府办公厅2009年1月4日发布的《关于全面展开规范行政处罚自由裁量权工作的通知》)甚至规章(如湖南省人民政府2008年4月17日发布的《湖南省行政程序规定》)形式规定"凡是上级行政机关已经制定裁量基准的,下级行政机关(原则上)不再制定适用范围相同的裁量权基准"。

将基准制定权回收至高级别行政机关的做法实际上忽略了裁量活动本身所固有的误差——既可能来自千差万别的裁量基准,也可能来自不同执法者的个性判断。此外,这种回收还可能进一步助长下级特别是基层行政执法机关的"懒惰"之风和上级行政机关的"发号施令"之风。这是因为,行政系统特殊的科层管理体制以及这一体制下上下级之间近乎绝对的服从关系,造成下级习惯于听从上级的统一指挥与命令以及上级偏爱通过发号施令来体现自身对下级的威权控制。回收的做法特别是大量"一刀切"式的基准实际上取消了下级行政机关本应享有的裁量权限,从根本上违背了裁量以及裁量基准的本意。"烟民被拘案"所依据的公安部"一律拘留5日"的基准即是这一负面效应的典型表现。

由此可见,裁量基准制定权简单"上移"的做法在可能部分解决基准不统一问题的同时,也会衍生大量新的难题,甚至从根本上违背了基准制度的设计初衷。理性裁量基准的运作模式端赖对基准自身规律的遵循,即凡是享有法律所赋予裁量权的行政机关,都"当然"地享有裁量基准的制定权,既不需要法律的特别授权,更不能被上级行政机关以各种名义而取消。在各级行政机关都实际分享裁量基准制定权的情况下,为了克服裁量基准制定主体过多带来的基准误差过大的问题,上述第一类"回收"之举值得尝试。准确地说,这种做法实际上就是不同主体之间的基准制定权限分工。具言之,上级行政机关可以提出裁量基准制定的一般原则(如合法原则、公开原则、比例原则、遵循惯例原则等)、一般程序(如征求一线执法人员意见、公众参与及专家参与、对外公布等)、一般技术(如格次划分、不确定法律概念解释、考量因素列举等)等,下级行政机关则应该结合地域差异性或部门特殊性，在凝练一线执法经验的基础上制定出更为详细、更具直接操作性的基准。此外，按照现行体制的规定，上级行政机关对下级行政机关所制定的各种行政规则还享有监督、审查权。通过直接或间接启动这一权力，也能够有效纠正下级行政机关非理性的裁量基准。主体间基准制定权限的合理划分，能够从源头上解决裁量基准的正当性、科学性问题，是理性裁量基准运作模式的首要支撑。

（二）智识资源之整合

在合理配置不同主体间基准制定权限之后，制定者所面临的核心问题就是如何有效整合各种智识资源，尽可能形成“具体化”的基准。应当看到，为了纠正以往行政机关过于封闭的基准制定模式，一些地方政府纷纷以文件形式要求行政执法部门在制定裁量基准的过程中，充分调动包括一线执法人员、行政相对人及专家在内的各种有利社会资源，进而形成兼具科学性和可操作性的裁量基准。[①] 这一动态反映了一种新的、融行政主导与外部参与为一炉的裁量基准生成模式正在兴起。

在多方力量渗透进裁量基准的制定过程中，各类智识资源能量的充分释放尤为重要。首先，就上级行政机关而言，因其自身所具有的各种信息资源优势，往往对社会特定时期的公共政策有着清醒的认识和把握，能够将各类公共政策的意旨融入裁量基准之中。例如，公安部的“8・20”通知基本上就是围绕国庆六十周年期间的安全保卫政策所制定的。又如，在应对金融危机、共克时艰的过程中，各地、各部门也根据国家政策导向相继出台了有关规定，对基层行政执法活动产生了重要影响。其次，就下级行政机关而言，因其自身所具有的直接面对个案的优势，往往能够在长期的执法活动实践中形成众多习惯性的经验做法，进而通过行政惯例的形式融入裁量基准之中。例如，根据各地经济发展水平不同所形成的对“数额巨大”“数额较

① 例如，甘肃省人民政府办公厅在2009年5月26日下发的《关于印发甘肃省规范行政处罚自由裁量权工作实施方案的通知》中，要求省级各行政执法部门在细化量化行政处罚自由裁量权过程中，“要充分听取下级行政执法机关和一线执法人员的意见，采取各种方式征求有关专家和行政管理相对人的意见，不断完善规范行政处罚自由裁量权工作。”

大”等情节的具体掌握,根据执法实践经验对“从轻、减轻、从重和加重”格次的提炼,等等。再次,就专家而言,可以利用其对法律原则与立法目的的专业化理解、对特定行政管理领域技术知识的掌握,保障行政机关所制定的裁量基准符合立法精神及管理规律。[①] 最后,就行政相对人而言,因其能够亲身感受到裁量基准适用的具体效果,在裁量基准的评估与修改完善中可以发挥特殊的重要作用。

不过,鉴于裁量基准主要还是行政权以自我拘束的方式限定裁量空间的制度尝试,基准制定者对各类智识资源尤其内部智识资源的整合更加重要。就此意义而言,行政惯例与公共政策的考量即成为裁量基准形成的主要知识来源,这实际上也是“居庙堂之高”的上级行政机关与“处江湖之远”的下级行政机关之间的一种博弈。从基准尽可能“具体化”的内在要求以及政策本身所具有的诸多负面效应来看,更应当发挥蕴涵基层执法经验和地域情况差异的行政惯例的影响作用。当然,官僚系统长期以来形成的“依政策行政”范式远未退场。因此,如何发挥公共政策对裁量基准形成的积极影响、防止以公共政策取代裁量进而陷入运动式执法的恶性循环依旧是一个值得深入研究的现实课题。

（三）程序面制度设计

理性裁量基准运作模式的建构不仅需要主体间权限的合理分工和各类智识资源的充分整合,而且还需要借助程序面的精良设计。裁量蕴涵于一切行政活动的过程之中,对裁量的任何规制自然也必须寓于程序的运作之中。作为一种体现“规则之治”的裁量控制手段,裁量基准的制作与适用同样应当遵循正当法律程序的基本要求。例如,行政机关的裁量基准应当通过各种有效途径及时向社会公布,以便社会成员能够了解和遵循。但是,当下很多裁量基准还停留在行政机关的“文件柜”中,一般公众尚无法通过正

---

① 在“烟民被拘案”中,一些法律专家即对公安部“六个一律”规定是否合乎新《消防法》立法精神、是否合乎比例性原则提出质疑。参见《烟民被拘案:一个裁量,三种疑问》,载《检察日报》2009年9月3日。专家意见如果在裁量基准制定过程中即能够得到充分表达和吸纳,裁量基准的理性程度无疑就获得了有效的事前保障。

常途径获取。这种“秘而不宣”的裁量基准焉能作为具体裁量活动的依据?!从裁量活动本身是一种官与民之间的理性交往渠道来看,“充分说理”无疑应当成为最重要的程序面制度设计。在现代行政权基本上是“自由裁量”性质的情况下,行政活动要想赢得普通公众和行政相对人的接受与认可,不仅需要通过合法性证成解决“以力服人”的问题,而且更要通过说明理由解决“以理服人”的问题。诚如英国学者韦德所言:“有充分的理由认为给予决定理由是行政正义的一个基本要素,因为给予决定的理由是正常人的正义感所要求的,这也是所有对他人行使权力的人一条健康的戒律。”[①]

基于说明理由在程序面制度设计中的核心地位,在裁量基准的制定过程中,无论是对公共政策的贯彻还是对行政惯例的援引,都必须就公共政策及行政惯例自身的正当性进行说明。特别是在公共政策影响执法活动甚巨的当下,裁量基准制定者更应当在事前就有关政策的正当性予以充分的理由说明。在实践中,裁量基准文件下发的同时,往往都会有类似“电视电话会议”“贯彻落实通知意见”等形式的动员,基准制作者完全可以利用这些渠道对有关政策的正当性进行详细说明。以公安部“8·20”通知为例,仅以建国六十周年大庆这一非常时期的安全与稳定为由,就论证“六个一律”非常手段的正当性未免有草率之嫌,不经意间也流露出行政系统一贯的“选择性执法”思维。其实,公共政策是现代社会政治领域中客观存在的现象。政策的确定往往蕴涵了制定者对社会特定时期形势的判断和规制目标的抉择,因而需要以规范的形式对其进行诠释,避免使政策说明沦为简单的政治化口号。

裁量基准制定过程中的理由说明固然能够增进裁量基准自身的理性化程度,但基准的理性运作更有赖于基准的正确适用。从“烟民被拘案”及实践中大量裁量基准的文本规定来看,自觉宣示并践行上级裁量基准的优先

① 〔英〕韦德:《行政法》,徐炳译,中国大百科全书出版社1997年版,第193页。

适用效力已经成为基层行政执法的鲜活图景。[①] 正如前文所言，裁量基准的要义是限制而非消灭裁量，一线执法机关在面对具体个案时依旧应当通过自身的裁量实现个案正义。比较法的观察同样显示，行政机关在特殊个案中脱离基准的裁量并非绝对禁止的，只是需要进行更为充分的说理而已。[②] 因此，无论是依照还是逃逸基准，行政机关在具体的裁量活动中仍然需要进行理由说明，展示其在个案中对各种相关因素的判断与权衡。在“烟民被拘案”中，一线执法机关祭起公安部通知大旗，放弃个案裁量的做法不仅没有认真履行说理理由的义务，而且还是典型的裁量怠惰瑕疵。即便上级行政机关的负责人在案件发生之后通过媒体对“烟民被拘”的时间、地点、情节等因素进行了“补充性”说理，但这种事后说理不仅在形式上不能证成先前处罚的正当性，而且理由本身能否成立也不无疑问。[③] 可见，在特定个案中，行政机关只有根据一般基准并结合个案特殊性而加以裁量才能真正符合实质合理性的要求。很显然，这一过程之中的充分说理成为最基本的程序面制度屏障。

四、通过理性行政裁量基准遏止裁量滥用

美国行政法学者施瓦茨曾发出感叹：“行政法如果不是控制自由裁量权的法，那它是什么呢？”[④]从一定意义上来说，一部行政法的历史也就是行政

① 2015 年 6 月发生在山东泰安的“炸金花案”同样暴露出基层执法机关对上级行政处罚裁量基准的机械适用。6 月 7 日晚，8 名大学生在山东泰安游玩后，在宾馆内玩起了“炸金花”，系一元一把的小筹码。因为吆喝声太大，其他房间的住客报了警。闻讯赶来的民警在房间内收缴赌资 920 元，给予 8 人治安拘留 15 天、罚款 3000 元的“顶格处罚”。参见鲁千国等：《大学生炸金花被拘警方否认执法过当》，载《新京报》2015 年 6 月 11 日。

② 例如，在日本，学说与判例都承认行政机关可以脱离裁量基准而作出决定。“但是，从确保裁量权的公正行使、平等对待原则、相对人的信赖保护等的要求来看，要作出和准则不同的判断，需要有使其合理化的理由。只要不能作出充分的说明，就产生违法的问题。”〔日〕盐野宏：《行政法》，杨建顺译，法律出版社 1999 年版，第 76 页。

③ 参见《重庆男子在商场吸烟被拘 5 天消防总队回应》，http://www.law-star.com/cacnew/200908/285043907.htm，2015 年 6 月 2 日访问。

④ 〔美〕伯纳德・施瓦茨：《行政法》，徐炳译，群众出版社 1986 年版，第 566 页。

裁量日益扩张及对其控制的历史。在行政裁量的控制模式上，虽然“迄今为止尚未出现一个普遍的解决方案——无论是从程序机制角度看还是从权威性的决定规则角度看”[①]，但通过行政机关制定极具可操作性的细化规则来约束行政裁量的行使不失为一种有益的尝试。对于转型中国而言，这种依托行政机关自我革新的“规则之治”尤其值得期待。因此，理论界对当下正在兴起的裁量基准应当给予宽容理解。事实上，这也符合现代行政法学由关注司法向关注行政过程本身转变的趋势。中共中央、国务院新近印发的《法治政府建设实施纲要(2015—2020年)》明确提出：“建立健全行政裁量权基准制度，细化、量化行政裁量标准，规范裁量范围、种类、幅度。”

正是在这一全新的社会背景下，“烟民被拘案”才显得格外引人注目。它的出现，为澄清实践中存在的行政裁量基准认识误区提供了难得的鲜活素材。透过该案，不仅能够看出当下裁量基准制定中存在的诸多违背基准制度功能的问题，而且还能够看出基层执法机关对裁量基准的僵化理解与简单照搬，由此而引发的裁量滥用与裁量怠惰现象都值得警惕。裁量基准制度的初衷在于追求个案尤其是典型个案的正义，其要义是限制而非消灭一线行政执法机关的裁量空间。为此，应当寻求一种理性的裁量基准运作模式，通过主体间权限分工、智识资源之整合、程序面制度设计等具体环节的妥善安排，有效遏制行政裁量的滥用，进而实现现代行政法治的基本使命。

第二节　“钓鱼执法事件”分析

一、隐藏在上海“钓鱼执法事件”背后的行政法议题

伴随着浦东新区人民政府就“孙中界案”的公开道歉和闵行区人民法院

① 〔美〕理查德·B. 斯图尔特：《美国行政法的重构》，沈岿译，商务印书馆2002年版，第189页。

对“张晖案”的审结，上海“钓鱼执法事件”终于尘埃落定。借助于网络媒体的舆论监督，学术精英和社会大众对这一公共事件倾注了广泛而持久的关注，该事件也跻身“2009 年中国十大宪法事例”之一。综观学者对“钓鱼执法事件”的评述，大多限于遏制公权力滥用、遵守正当法律程序、规范有奖举报制度、限制引诱式执法手段运用乃至调整出租车规制政策等行政法议题的讨论。

在行政执法呈现利益化、运动化趋势的当下，从道德、法律层面批判“钓鱼”这一畸形行政执法方式实属必要。但是，我们也应当看到，现行法律在授予行政机关特定执法权的同时，往往并没有赋予行政机关相应的执法手段。在违法情形不断增多、执法任务日益加重的情况下，行政机关只好采取一些游离于法律之外的新手段以达到完成执法任务的目的。就上海钓鱼执法案件的发生而言，一个根本的问题就在于：虽然《道路运输条例》将查处黑车非法营运的权力赋予交通运输执法机关，但对于通过何种手段认定“非法营运”，中央及地方立法都没有作出规定。于是，在打击黑车、整顿交通运输市场秩序的政策驱使下，“钓鱼执法”这一变异的执法方式便应运而生，甚至还得到了《上海市查处车辆非法客运规定》(2006 年 6 月 7 日上海市人民政府令第 60 号公布)的认可。[①] 在实践中，执法机关往往坚持“凡是没有营运证的车辆，司机只要被发现收一次钱”即构成“非法运营”。尽管这种做法备受争议，但却一直延续下来。上海市高级人民法院行政庭还于 2008 年 6 月 16 日会同上海市交通执法局出台了内部文件——《关于审理出租汽车管理行政案件的若干意见》，肯定了行政执法机关对非法营运的习惯性理解，甚至还进一步扩大了非法营运的范围。在“张晖案”中，闵行区建交委负责人即表示，私家车主若与乘客有谈价行为即可认定为从事“非法运营”。在“孙中界案”中，浦东新区城管办负责人透露，实践中一般从三个方面判断是否

① 根据《上海市查处车辆非法客运规定》第 7 条，现场录音、录像可以作为认定“非法运营”的证据，此举被执法部门普遍认为是“为解决困扰黑车检查中存在的取证难、执法难、处罚难提供了法律援助”。

构成非法营运：车主不具备营运资质；举报人是扬招上车；运载中有交易行为。

由此可见，在有关“钓鱼执法事件”的讨论中，人们似乎忽略了一个更具前沿性的“隐藏”课题：如何对待行政机关在长期执法实践中形成的习惯性做法？这种习惯性做法经过反复适用之后是否能够对行政机关产生事实上的拘束力？如果行政相对人因不服行政机关在个案裁量活动中遵循行政惯例作出的决定而起诉，法院又该如何面对行政惯例的法律效力？尽管行政惯例在行政裁量的现实运作中发挥了重要的导引作用，但在我国行政法学理上却是被长期遗忘的角落。直到近几年来，行政惯例才作为行政法的不成文法源或非正式法源之一而进入少数行政法教科书中。“钓鱼执法事件”的发生，恰好为行政惯例的实证研究提供了难得的鲜活素材。透过该案，人们不仅能够真切感受到在法律规范之外行政机关对行政惯例的现实考量，而且还能够意识到过度依赖行政惯例而引发的裁量怠惰以及司法机关对这种裁量瑕疵的漠视。为此，本节将围绕行政惯例对行政裁量的导引及其规范展开研究，希冀在发挥行政惯例积极作用的同时，努力消弭行政惯例可能带来的负面影响，进而实现行政裁量的良性运作。

二、行政惯例对个案裁量活动的导引

在比较法的视野中，作为行政法不成文法源的习惯法指的是在行政领域经过长时期的反复实践，基于人们的内心确信而得到公认的一种社会规则。这种习惯法既有来自民间的，也有来自行政机关的。其中，后者就是本文所指的行政惯例。大体上来说，行政惯例指的是行政机关在处理行政事务的过程中，基于长期实践而形成的得到社会成员广泛认可的习惯性做法。某一做法究竟能否构成行政惯例，主要取决于三个要素：一是在大量具体个案中得到反复适用；二是某种做法在一段时期内逐渐形成；三是某种做法获得了社会成员的普遍认可。至于构成行政惯例的某种习惯性做法本身是否合法、合理、具有明确的存在形式，都不影响对行政惯例本身的认定。例如，在日本，行政法上的习惯法就是由行政先例法和地方性民众性习惯法所构成。其中，行政先例法是指政府机关的做法长期以来形成惯例，在一般国民中被信以法的部分。如关于国家法令的发布方式，在法律上没有特别的规定，但是通过官报公布的方式已经成为长期以来的惯例，在一般国民中被认为是法律规定的必经程序。如此一来，在官报上公布国家法令便成了一种习惯法。[①]

在我国的行政执法实践中，行政惯例对行政裁量的运作同样发挥了重要的规范作用。作为成文法律规范所明确赋予的自主判断与选择权，行政裁量权固然首先需要循法进行，但同时也必须遵循行政机关业已形成的习惯性做法，贯彻行政自我拘束原则。实践观察显示，行政惯例大体上是通过以下三种方式进入个案裁量活动的：

一是行政机关在个案裁量时，参考以前的具体先例或典型案例直接作出处理决定。随着行政案卷制度的不断完善，行政执法机关在处理特定个案时，往往都会关注先前类似案件的处理。例如，在“上海某航道工程承包公司未经批准擅自向海洋倾倒废弃物案”中，中国海监东海总队在综合考虑各种事实情节的基础上，比照以往“上海某公司无证倾倒案，当事人违法倾倒两天，共倾倒两船，被处以 4 万元的罚款”的执法先例，最终对当事人作出处以 6 万元罚款的决定。[②] 在当下兴起的裁量基准制定热潮中，很多地方政府都强调要建立典型案例制度，供行政机关行使行政裁量权时进行参照。如《湖南省规范行政裁量权办法》第 14 条即规定：“实行行政裁量权案例指导制度。行政机关处理相同的行政事务，除法律依据和客观情况变化外，应当参照本级人民政府发布的典型案例。”可以预见的是，随着典型案例发布制度的建立，行政惯例有望通过这一新的载体形式得以表达，进而成为行政机关个案裁量的重要依据。

二是行政管理实践中的某些习惯性做法内化为固定的“行规”或得到了

① 参见杨建顺：《日本行政法通论》，中国法制出版社 1998 年版，第 156 页。

② 参见庄莉：《依法行政和自由裁量》，载《中国海洋报》2001 年 3 月 13 日。

成文规则认可，行政机关在个案裁量时直接予以适用。我国目前尚未建立真正意义上的典型执法案例发布制度，行政惯例在很多时候还是借助于行业规范、行政规则等载体表现出来的。例如，在“杜宝群等诉北京市公安局海淀区分局龙泉寺派出所案”（以下简称“杜宝群案”）中，龙泉寺派出所根据户籍管理中未成年子女随母的惯例，同时将杜玲红的户口也作了非转农的变更。后来，一、二审法院均支持了被告根据行政惯例所作出的决定。[①] 该案发生在20世纪90年代之初，按照当时户籍管理中的实际做法，基于未成年人随母成长更为有利的现实考虑，一般将其没有独立生活之前的户籍关系随母一方。再如，自90年代之后，随着公民个性化的不断张扬，我国公民取名用字日益呈现多样化的倾向，不仅四字格、五字格的姓名不断涌现，而且使用父母双姓甚至不随父母姓的现象也开始出现。鉴于我国法律并未专门对公民取名作出明确的限制性规定，姓名登记机关在实践中大多采取比较宽容的做法。公安部三局在对广东省公安厅户政管理处的请示答复（公治[2001]60号）中，还特别指出：对于过去群众已使用繁体、异体或冷僻字登记姓名的，原则上可以保留；至于人口信息计算机管理系统汉字字库容量的问题，可考虑通过加强系统建设予以解决。考虑到我国民族众多，姓氏较为复杂，有关风俗习惯各异等诸多情形，户口登记机关不应也不便对公民姓名字数加以限制。因此，姓名登记机关在办理姓名登记时不应漠视业已获得明文认可的惯例。

三是行政惯例借助行政自我拘束原则或平等对待原则的适用，彰显对行政裁量活动的导引。行政自我拘束原则是指行政机关作出行政行为时，对于相同或具有同一性的事件，如无正当理由，应依据行政先例或行政惯例进行处理，否则即因违反平等原则而构成违法。[②] 行政惯例是行政机关在长期的执法实践活动中，针对同类问题的解决而逐渐形成的习惯性做法，凝聚

---

① 参见北京市海淀区人民法院：《审判案例选析》，中国政法大学出版社1997年版，第344—351页。

② 参见林国彬：《论行政自我拘束原则》，载城仲模主编：《行政法之一般法律原则（二）》，台湾三民书局1997年版，第249页。

着一线行政机关的执法智慧与治理经验。赋予行政惯例以法律效力，也就为行政机关设定了遵守惯例作出行政行为的义务。可见，行政惯例的存在既是行政自我拘束原则适用的条件之一，也是其导引个案行政裁量的重要媒介。在我国当下兴起的裁量基准制定热潮中，一些地方政府所制定的裁量基准文本也直接或间接地作出了类似规定。例如，《广州市规范行政执法自由裁量权规定》第6条即规定："行政执法主体应当平等对待行政管理相对人，在事实、性质、情节及社会危害程度等因素基本相同或者相似的情况下，给予基本相同的处理。"而《天津市国土房管系统实施行政处罚自由裁量权办法》第7条则规定："行使自由裁量权时，应当避免以下行为：违背社会常理、道德、习惯；相同情况，给予不同处罚。"

行政惯例为什么能够成为个案裁量的重要依据？在中国的现实语境中，也许可以寻找到很多答案，如成文行政法律规范落后于社会生活的现实，而行政惯例作为一种"法外"资源对此能够有效加以克服，进而维系个案裁量活动的正义性；行政惯例蕴涵着行政机关的技术性判断，契合行政国家时代专家治国的需要；等等。进一步的观察则显示，行政惯例往往都是对基层行政执法实践中鲜活经验的提炼，体现着基层社会治理的技艺。事实上，我国的行政执法任务大多是由基层行政机关所完成的，面对无法一一对号入座的法律规范和形形色色的复杂个案，行政机关必须通过自主判断作出处理决定。这些自主判断既包括对不确定法律概念内涵及外延的理解，也包括对法律规范未作明确规定事项的认定，甚至还包括法律规范本身的具体适用。这些自主判断所形成的做法经过反复检验之后完全可能固定下来，并赢得行政机关和行政相对人的确信与认可，进行发展成为真正意义上的行政惯例。当然，行政惯例形成之后也可能会随着社会的变迁或者因为外力的介入而消失。例如，随着我国户籍政策的松动，前述"杜宝群案"中所适用的"未成年子女户籍关系随母"的惯例已被打破，未成年子女户籍可以自由地随母或随父；"钓鱼执法案"中执法机关认定"非法营运"的惯例，则可能因为司法审查程序的启动而被宣布为违法。不过，在一项行政惯例彻底消失之前，个案中的具体裁量活动还必须对其予以认真考量。鉴于裁量基准主要还是一种行政权以自我拘束的方式限定裁量空间的制度尝试，基准制定者对各类智识资源尤其内部智识资源的整合更加重要。从基准尽可能“具体化”的内在要求来看，更应当发挥蕴涵基层执法经验和地域情况差异的行政惯例的影响作用。特别是在基准制定机关一线化的当下，更应注意发挥行政惯例对裁量的导引作用。

三、行政惯例导入个案裁量过程的消极影响

在当下中国，无论相关理论研究如何滞后，行政惯例在行政裁量过程中的导入已是不争事实。不管是作为行政裁量基准生成的智识源泉，还是个案具体裁量活动的理由说明，行政惯例都真实地嵌入行政裁量的过程之中。从积极影响来看，行政机关在个案裁量中对行政惯例的遵从能够保持行政活动的前后延续性，而且这些做法还以地方司法机关和行政机关联合发文的形式得到了认可。但是，这种成文化的惯例不仅与人们对“营运”的一般理解相去甚远，而且其固定下来的查处方式本身还与有关司法解释直接冲突。很难想象行政机关依据这样存在明显瑕疵的行政惯例所进行的裁量能够在多大程度上实现个案的正义。根据初步观察，这种消极影响主要表现在如下三个方面：

第一，架空法律规定，阻碍公权力机关守法意识的生成。法治国家的要义即在于公权力机关的一切活动都必须在法律之下运行。如果说我国的行政法治建设依旧步履艰难的话，那么公权力机关守法意识的薄弱即是其中的一大症结。由于法律授予的执法裁量空间普遍较大，加之行政系统近年来大兴制度创新之风的影响，行政机关往往习惯于按照上级指示、按照本机关的执法秘诀进行裁量，进而通过“加大执法力度”完成规定的行政任务。这种执法几乎成为我国当下众多行政机关所普遍奉行的模式。例如，为了严厉打击醉酒驾车行为，一些地方创造了在媒体上曝光醉酒驾车者的做法；为了纠正乱闯红灯的违章行为，一些地方创造了让违章者指挥交通，直至抓

获下一违章者方能脱身的做法;为了治理乱贴小广告的违章行为,一些地方创造了“呼死你”的做法;等等。这些游离于法律规范之外的执法举措大多得到了行政执法机关的认可,久而久之同样可能会形成特定的习惯性做法。这些新手段也许在短时期内能够对行政违法活动产生威慑作用,但其本身大多存在合法性质疑,有的甚至完全架空了法律规定。就“倒钩钓鱼”的执法方式而言,不排除能够查获到某些真正的非法营运行为,但在巨大经济利益的驱使下,这种所谓的执法秘诀早已蜕变为某些执法机关牟取利益的工具。迄今为止,我国仍然没有建立起完备的行政惯例甄别及审查机制,如果行政裁量过分依赖这些游离于法律规范之外的行政惯例,则会造成惯例完全取代法律的恶果。公然违反行政机关调查取证基本原则的“钓鱼执法”方式的大行其道,实际上就已经显示出这种巨大的危害。

第二,助长裁量怠惰,扭曲行政裁量追求个案正义的目标。裁量的存在为行政机关提供了在法律约束之下自主作出决定的机会。裁量的终极意义是为了实现特定个案的正义。无论是否存在规范意义上的公共政策或行政惯例,行政机关仍然必须针对个案的具体情况进行判断选择并作出最终处理决定。但在当下的行政执法实践中,固守惯例、漠视个案特殊情形的裁量怠惰现象却十分突出。以“钓鱼执法事件”为例,纵使行政执法机关内部已经形成了认定“非法营运”的习惯性做法,在个案处理时仍然需要考虑具体情形,如车主好心搭载有紧急需求的求助者、春运期间临时调度车辆组成“学生归乡团”等互助行为等。撇开执法部门利用“倒钩钓鱼”方式谋取经济利益不论,仅就其机械固守惯例、放弃对个案特殊情形的考量而言就已经构成了“不行法定裁量权”的裁量瑕疵。在行政国家时代,裁量怠惰与裁量滥用实则具有同样的危害。正如我国台湾地区学者叶俊荣教授所言:“法规授权行政机关针对具体案情为裁量,该主管机关便应全力以赴,若因其疏忽、误解,乃至有意认为对该事项没有裁量权,死守僵硬的政策、方针或‘上级’

之要求，根本未深入具体案情为裁量，仍属裁量权的滥用。”[①]

第三，诱发行政僵化，致使行政裁量无法应对社会现实需求。王名扬先生在阐述行政自由裁量权存在的必要性时曾精辟地指出：“第一，现代社会变迁迅速，立法机关很难预见未来的发展变化，只能授权行政机关根据各种可能出现的情况作出决定；第二，现代社会极为复杂，行政机关必须根据具体情况作出具体决定，法律不能严格规定强求一致；第三，现代行政技术性高，议会缺乏能力制定专业性的法律，只能规定需要完成的任务或目的，由行政机关采取适当的执行方式；第四，现代行政范围大，国会无力制定行政活动所需要的全部法律，不得不扩大行政机关的决定权力；第五，现代行政开拓众多的新活动领域，无经验可以参考，行政机关必须作出试探性的决定，积累经验，不能受法律严格限制。”[②]事实上，在三种国家权力中，唯有行政权对社会关系的变化最为敏感。正是由于行政裁量的存在，才使得行政权的行使能够不断回应社会的现实需求。虽然行政惯例是在长期的行政管理实践中形成的习惯性做法，但它如同成文法律规范一样都不可能完全预测到未来的社会变化。因此，一旦行政惯例赖以生存的外部条件发生变化，先前所形成的习惯性做法自然就会被淘汰。如果行政机关依旧抱残守缺，则会导致行政僵化，无法使行政活动满足社会新需求。例如，在 20 世纪 90 年代我国水务行业市场化改革的进程中，一些地方政府为了消除投资方的疑虑达到招商引资的目的，逐渐形成了在合资协议中加入“固定投资回报率”条款的习惯做法，借助外资“办水”一时间成为风潮。后来，基于对公私方风险极不对称和消费者利益受损的考虑，国务院办公厅发文紧急叫停了这一做法。[③] 因此，在目前的公用事业特许经营改革中，公私双方都贯彻了“风险共担、利益共享”的基本合作理念，固定投资回报率单方承诺的习惯性做法自然消失。在上海“钓鱼执法事件”中，虽然孙中界、张晖个案已经得到

① 叶俊荣：《裁量瑕疵及其诉讼上的问题》，载《宪政时代》1988 年第 2 期。

② 王名扬：《美国行政法（上）》，中国法制出版社 1995 年版，第 546—547 页。

③ 参见黄河：《外资水务的“中国华尔兹”》，载《南方周末》2010 年 1 月 21 日。

了纠正，但非法营运认定的习惯做法还没有被正式废除，因而还无法有效阻止未来类似事件的再次发生。[①] 可见，行政机关机械固守旧例会加剧行政僵化，使得个案裁量无法保持应有的社会回应性。

四、行政裁量过程中行政惯例的规范路径

上面的分析已经显示，行政惯例导入行政裁量过程具有正反两方面的效应。基于行政活动的延续性和行政裁量对个案正义的追求，必须通过一系列相关法律机制的建立，将行政惯例对行政裁量的导引作用置身于法律可控的范围之内。对行政裁量中行政惯例的规范可从事前发布、事中说理和事后审查三重机制的建构入手：

第一，建立完备的典型案例发布制度，规范行政惯例的生成。作为行政执法中的习惯性做法，行政惯例的生成需要一个相对较长的时期。鉴于"行为有据"是现代行政法对行政活动的基本要求，行政惯例也必须以一种"看得见的方式"为行政机关特别是行政相对人所感知。[②] 换言之，行政执法中的习惯性做法不仅要在反复适用过程中为行政执法人员所熟稔，而且还应当借助一定的形式向社会公开以便行政相对人同样能够知悉惯例的存在。在这方面，我国司法系统目前正在积极推行的"典型案例指导"制度值得借鉴。如今，不仅最高人民法院会定期通过《公报》《人民法院报》《人民法院案

---

① 就在上海孙中界、张晖案件尘埃落定之际，广州市民赖先生诉广州市交管局"钓鱼执法"案却以一审败诉而告终，法院对被告广州市交管局仅以录像和口供为证认定原告属非法营运表示支持。参见林霞虹：《广州"钓鱼执法"案一审司机败诉》，http://law.china.cn/features/2009-11/22/content_3255562.htm，2015 年 3 月 2 日访问。

② 何海波教授在一篇论文中曾经引用了发生在江苏省启东市的一起建房许可纠纷案，该案就涉及对建房许可中"柱高"的习惯性理解问题。原告声称被告以往的惯例都是"柱高"从室内地平面起算，而被告则予以否认，并坚持应以外墙墙基表面起算。一审法院以"原告认为建房柱高从屋内地平面起计算无法律依据"为由，否定了原告的诉讼请求；二审法院则以"被告批准建房时延用当地的习惯用语柱高，原告对之产生误解"为由，同样否定了原告的诉讼请求。事实上，该案所反映出的关键问题就是行政惯例的载体，即怎样才能寻找到行政惯例进而将其作为支持自己（无论是行政机关还是行政相对人）主张的重要理由？有关该案的具体分析，参见何海波：《具体行政行为的解释》，载《行政法学研究》2007 年第 4 期。

例选》等载体形式向社会公开各种典型行政案例及判决文书,而且很多地方法院也开始通过出版典型行政案例汇编或发布行政审判白皮书等形式向社会公布典型行政案例。尽管我国尚未建立起真正意义上的判例制度,但这些公开的典型案例还是对法院的审判工作产生了重要的指导作用。其实,近年来,我国行政系统也开始关注典型案例发布制度的建立。例如,《国务院关于加强市县依法行政的决定》第18条在谈到规范行政执法行为时即指出:"要建立监督检查记录制度,完善行政处罚、行政许可、行政强制、行政征收或者征用等行政执法案卷的评查制度。市县政府及其部门每年要组织一次行政执法案卷评查,促进行政执法机关规范执法。"落实案卷评查制度的前提即在于案卷的整理与公布。值得关注的是,作为我国行政程序法制建设"排头兵"的湖南省已经在这方面率先迈开了步伐。作为我国首部规范行政裁量的地方规章——《湖南省规范行政裁量权办法》,业已将"发布案例"与"控制源头、建立规则、完善程序和制定基准"一起视为对行政裁量权行使进行综合控制的手段之一。根据该办法第14、15条的规定,县级以上人民政府应当选择本行政区域内行政机关行使行政裁量权的典型案例向社会公开发布,指导行政机关行使行政裁量权;行政机关处理相同的行政事务,除依据法律和客观情况外,应当参照本级人民政府发布的典型案例。县级以上人民政府应当每年至少组织一次典型案例发布,典型案例发布应当遵守政府信息公开的有关规定;县级以上人民政府工作部门应当按照要求及时向本级人民政府报送案例。2013年9月,《湖南省行政执法案例指导办法》正式实施,为行政执法案例发布制度的有效实施提供了制度保障。伴随着典型案例发布制度的稳步推行,行政惯例的生成有望获得更加稳定的来源,从而真正发挥对行政裁量活动的导引作用。

第二,健全行政裁量说明理由制度,规范行政惯例的适用。在现代法治社会,行政裁量权的行使要想赢得行政相对人的接受与认可,不仅需要通过合法性证成解决"以力服人"的问题,而且更要通过说明理由解决"以理服人"的问题。当一项行政惯例正式生成并对外公布之后,行政执法机关在处理类似案件时是否因循惯例便成为检验行政惯例实效的标尺。正如前文所言,无论是从行政法源角度还是从行政自我拘束原则角度来说,行政惯例得到适用都具有充分的理论依据。问题在于,作为现代行政法的“精髓”,行政裁量存在本身就预示着立法者对个案正义的期待,即通过授权行政机关“自由”裁量以最大限度地实现个案正义。因此,个案裁量不仅仅是一个依据法律规范、因循行政惯例的机械活动,公共政策的考量、个案特殊情形的把握都将自然融入执法者的裁量之中。于是,说明理由便成为裁量过程中行政惯例适用与否最为重要的程序支撑。大体上来说,包括两类情形的说理:一是适用惯例的理由说明,主要是“比对”本案与先例之间的同一性,为惯例适用奠定基础;二是逃逸惯例的理由说明,主要是“比对”本案与先例之间的差异性,或者“论证”当下客观情势(如法律修改、政策变迁等)与惯例生成时期的差异性。就遏制行政裁量权的滥用而言,后种形式的说明理由更具现实意义。值得关注的是,《湖南省规范行政裁量权办法》第68条特别将“无正当理由不参照本级人民政府发布的典型案例”作为认定行政裁量权“违法”行使的情形之一,并明确规定应予以撤销。从维护行政惯例的实效上看,这一规定无疑是我国行政立法中的一大创举。通过说明理由制度的贯彻落实,行政惯例遏制行政裁量滥用的功能将得到有效发挥,而行政裁量本身追求个案正义的制度目标也不至丧失。

第三,建立行政惯例三重审查制度,消除行政恶例的影响。行政惯例的适用究竟能否实现裁量活动对个案正义的追求,行政惯例在社会的变迁中是否已经滞后甚至蜕变为恶例,乃至一项刚刚生成的行政惯例本身是否缺失正当性,都有赖于司法机关的审慎审查。令人遗憾的是,在本文所分析的“钓鱼执法事件”中,法院不仅没有认真履行审查“非法营运”认定惯例合法性、正当性的义务,甚至还与主事行政机关联合发文明确肯定这一不当做法,这不仅纵容了行政执法机关裁量权的滥用,甚至还切断了行政相对人通过诉讼寻求权利保护的正途。当然,司法机关对行政惯例的审查是建立在行政相对人已对具体行政行为提起行政诉讼的基础之上的,这时审查的就是作为具体行政行为依据的行政惯例是否得到适用。笔者认为，理想的行政惯例司法审查模式应坚持三重标准，即行政惯例的合目的性审查、合法性审查及合理性审查。其中，合目的性审查指的是法院对某项行政惯例是否有助于行政任务的实现、是否合乎相关立法的目的所进行的审查；合法性审查指的是法院对某项行政惯例是否符合相关法律规范所进行的审查；合理性审查指的是法院对某项行政惯例是否符合当下社会情理所进行的审查。以“钓鱼执法”惯例的审查为例，这种习惯性做法不仅已经异化为行政机关谋求经济利益的工具，而且手段本身也直接违反了有关行政程序证据制度的法律规定，因而此项恶例无疑应当通过合目的性审查和合法性审查予以彻底废除。再如，在当前很多工伤认定行政案件的审理中，一些用人单位对劳动与社会保障部门所执行的上下班绕路接送孩子或买菜途中发生的事故伤害属工伤认定的惯例颇为不满。法院则往往立足于《工伤保险条例》对劳动者权益倾斜性保护的立法目的，并结合一般的生活情理，支持行政机关对工伤认定条件从宽操作的惯例。[①] 很明显，法院对此项惯例的审查坚持了合目的性及合理性双重标准。正如有的学者所言：“一个具有正当性的行政惯例不能违背国家宪法确定的基本原则，不能违背公序良俗，不能损害国家正常的法律秩序。”[②]通过行政惯例三重司法审查基准的建立，行政惯例的正当性能够获得客观而公正的评判，进而实现行政惯例对个案裁量的正确导引，并消除行政恶例对个案裁量的负面影响。

【拓展阅读】

1. 周佑勇：《行政裁量基准研究》，中国人民大学出版社 2015 年版。

2. 郑雅方：《行政裁量基准研究》，中国政法大学出版社 2013 年版。

3. 章志远：《行政裁量基准的理论悖论及其消解》，载《法制与社会发展》

① 参见章志远：《工伤认定条件的解释基准》，载《人民法院报》2009 年 7 月 31 日第 6 版。

② 章剑生：《行政行为说明理由判解》，武汉大学出版社 2000 年版，第 132 页。

2011年第2期。

4. 吴亮:《黑车取证的执法困境及其出路》,载《清华法学》2016年第1期。

5. 章剑生:《论“行政惯例”在现代行政法中的法源地位》,载《政治与法律》2010年第6期。

6. 周佑勇:《论作为行政法之法源的行政惯例》,载《政治与法律》2010年第6期。

第五章

行政实例批量式分析

对行政实例进行批量式分析，有助于全面把握特定类型事件的社会成因和发展机理，进而寻求可能的解决之道。在我国当下的社会治理实践中，具有普遍性和典型性的行政实例很多，本章择取“群体性抗争事件”和公用事业特许经营为例加以分析。

第一节 “群体性抗争事件”批量式分析

一、研究缘起与样本选择

自20世纪80年代以来，伴随着改革开放的不断深入，中国社会经历了几千年未有的变革局面：一方面，人民群众生活水平不断提高，城乡面貌发生巨变；另一方面，社会阶层逐步分化乃至固化，社会矛盾明显激增。目前我国社会已进入国际公认的敏感发展阶段，正处于“黄金发展”与“矛盾凸显”相并存的特殊时期。社会贫富差距的拉大和国家纠纷解决机制的迟钝，导致社会矛盾纠纷难以获得公正及时的有效化解，各种非理性甚至畸形的维权方式纷纷登场。其中，群体性事件频发就是当下中国社会艰难转型的真实写照。近几年来，“数量急剧增加、规模不断扩大、处理难度不断增大”已经成为当前群体性事件发展的基本态势。中国社会科学院发布的《2005

年社会蓝皮书》显示,从1993年到2003年,中国群体性事件已由1万起增加到6万起,年平均增长17%,参与人数也由约73万增加到约307万,年平均增长12%。其中百人以上的由1400起增加到7000多起,增长4倍。该院发布的《2009年社会蓝皮书》则显示,2005年全国发生的各类群体性事件一度下降,但2006年起又开始上升,当年全国发生各类群体性事件6万余起,2007年上升到8万余起。[①] 可以说,群体性事件不仅已经成为观察我国社会转型的重要窗口,而且也是社会转型不得不长期面临的复杂课题。

我国社会转型时期发生的大量群体性事件引起了官方与学界的广泛关注。自20世纪90年代开始,中央高层就对群体性事件的发展给予高度关注。中办与国办先后联合或单独发布了《关于预防和制止群众性械斗事件的通知》《关于处置紧急治安事件有关事项的通知》《关于积极预防和妥善处置群体性事件的工作意见》等重要文件,对基层政府妥善化解群体性事件给予了有力指导。与此同时,政治学界、社会学界以及法学界也开始关注群体性事件的研究。综观既有的学术研究成果,可以发现法学界的研究远逊于政治学界和社会学界,有关群体性事件的概念、特征、分类及治理等其他学科的研究结论被大量移植到法学研究之中。鉴于群体性事件大多发生在城镇化进程之中,诸多事件或起因于政府决策行为的不当,或起因于政府处理行为的失当,因而行政法学尤其需要给予此类事件特殊的学术关怀。所幸的是,少数较为敏感的行政法学者已经开始关注群体性事件的化解机制研究。[②]

为了深入探究我国当前群体性事件化解机制的成败得失,笔者通过阅读文献、网络搜索、实地调研等多种渠道收集了大量实证素材,较为全面地掌握了我国群体性事件化解机制的运作现状。为科学分析与展望我国群体性事件的化解机制,本节择取了2003—2012年间所发生的50起典型群体性

① 参见汝信等:《2009年社会蓝皮书》,社会科学文献出版社2010年版,第10页。

② 代表性研究成果包括王学辉:《群发性事件防范机制研究》,科学出版社2010年版;章志远、高中红:《团体诉讼:群体性事件有效化解的一种途径》,载《法治研究》2010年第10期;杨海坤:《我国群体性事件之公法防治对策研究》,载《法商研究》2012年第2期。

事件展开研究。从区域分布来看，这些群体性事件涵盖了东部、中部和西部地区；从所属类型来看，这些群体性事件涵盖了维权型、泄愤型和骚乱型三大类；从事件诱因来看，这些群体性事件涵盖了劳资关系、环境污染、征地补偿、城市拆迁、治安管理等多个领域的纠纷。透过这些典型事例，我国群体性事件化解机制的运行现状大体上能够得到充分展现，其间的经验教训也同样能够得到有效体察。（见表11）

表11　50起典型事例总览

发生年份	事件名称
2003	湖南嘉禾事件
2004	重庆万州事件、四川汉源事件
2005	浙江东阳画水事件、安徽池州事件、河北定州绳油村事件、广东汕尾红海湾事件、浙江新昌事件、浙江长兴事件
2006	浙江瑞安戴海静事件、四川广安事件
2007	四川大竹事件、广西博白计生事件、厦门PX项目事件、湖南永州事件、广西岑溪事件、四川仁寿事件、广东河源事件
2008	贵州瓮安事件、陕西府谷事件、云南孟连事件、深圳宝安事件、甘肃陇南事件、广东惠州事件、河北廊坊事件、湖南吉首事件、川渝教师罢课事件、重庆出租车罢运事件、广东东莞中堂镇事件、浙江仙居新农化工事件
2009	湖北石首事件、海南东方感城事件、吉林通钢事件、江西南康事件
2010	安徽马鞍山事件、云南昭通事件、苏州通安事件
2011	广东乌坎事件、湖北利川事件、浙江湖州织里事件、浙江苍南龙港镇事件、广东潮州事件、大连PX项目事件
2012	汕头出租车罢运事件、宁波PX项目事件、四川什邡事件、汕头海门事件、江苏启东事件、重庆万盛事件、贵州怀仁事件

二、我国群体性事件化解机制的实证分析

按照马克斯·韦伯的理想类型理论，我国当下群体性事件的化解大致呈现出三种不同的类型，即压制型化解机制、疏导型化解机制和回应型化解机制。其中，压制型化解机制是党政机关通过封锁消息、强力压制等手段堵塞矛盾，致使纠纷难以得到及时化解的处理机制；疏导型化解机制是党政机

关局限个案、通过协商对话等手段化解矛盾,致使纠纷难以得到实质性化解的处理机制;回应型化解机制是党政机关通过广泛发动社会力量、采取协商对话、制度改进等手段化解矛盾,力促纠纷得以实质性化解的处理机制。在本节所选择的 50 个案例中,压制型化解机制有 38 个,占 76%;疏导型化解机制有 11 个,占 22%;回应型化解机制有 1 个,占 2%。(见表 12)

表 12 群体性事件化解机制总览

化解机制	群体性事件
压制型	浙江东阳画水事件、浙江瑞安戴海静事件、湖北石首事件、云南孟连事件、湖南嘉禾事件、四川汉源事件、河北定州绳油村事件、安徽池州事件、浙江新昌事件、浙江长兴事件、湖南永州事件、广西岑溪事件、四川仁寿事件、贵州瓮安事件、广东红海湾事件、深圳宝安事件、甘肃陇南事件、吉林通钢事件、海南东方感城事件、四川广安事件、四川大竹事件、重庆万州事件、陕西府谷事件、四川什邡事件、湖南吉首事件、安徽马鞍山事件、广西博白计生事件、广东惠州事件、河北廊坊事件、广东东莞中堂镇事件、江西南康事件、广东河源事件、苏州通安事件、湖北利川事件、浙江湖州织里事件、浙江苍南龙港镇事件、重庆万盛事件、广东潮州事件
疏导型	川渝教师罢课事件、厦门 PX 事件、大连 PX 事件、宁波 PX 事件、汕头海门事件、云南昭通事件、贵州怀仁事件、汕头出租车罢运事件、重庆出租车罢运事件、浙江仙居新农化工事件、江苏启东事件
回应型	广东乌坎事件

通过对我国群体性事件化解机制现状的分析,可以发现仅有极少数群体性事件采取的是回应型化解模式,使纠纷得到了实质性化解,并能够从源头上预防新的社会矛盾纠纷的发生。相比之下,绝大多数群体性事件由于缺乏科学合理的化解机制,延长了事件的发酵期,增加了事件的处理难度,最终不得不采取强力手段压制矛盾。从一定意义上来说,压制型化解机制“初期滞后性—中期压制性—后期草率性”的恶性循环模式几乎成为我国群体性事件周而复始的“罪魁祸首”。在本节所考察的 50 起典型个案中,采用压制型化解机制的事例仍占多数,疏导型化解机制虽不断增加,但对群体性事件的实质性化解收效甚微。

(一)压制型化解机制之述评

作为我国当下最常见的群体性事件处理模式,压制型化解机制具有如下三个方面的典型特征：

第一，被动性。群体性事件的发生是社会转型过程中利益分化之后所不可避免的现象。正如美国社会学家刘易斯·科塞在分析西方社会冲突行为时所指出的那样："通过它，社会能在面对新环境时进行调整。一个灵活的社会通过冲突行为而受益，因为这种冲突行为通过规范的改进和创造，保证了它们在变化了的条件下延续下去"[①]。可见，政府需要更新观念，正确看待群体性事件的发生，采取积极主动的态度化解群体性事件，而不能以"维稳"为借口堵塞矛盾、被动应付。遗憾的是，当下压制型的群体性事件首先就呈现出这种被动性的特征，具体表现有三：一是缺乏纠纷排查机制。纠纷化解的最佳效果是将矛盾化解在萌芽状态，而压制型化解机制则是一种"亡羊补牢"式的化解机制，在纠纷排查上缺乏主动性，最终导致矛盾总爆发，直至酿成严重的群体性事件。例如，2009 年发生在海南省东方市的"感城事件"就是由两名中学生打架的治安纠纷最终引发了震惊全国的群体性事件。究其原因，除了当地村民法制观念淡薄、群众对当地治安秩序普遍不满以外，更主要的还是政府在纠纷排查上缺乏主动性，甚至对村民多次反映的问题置之不理。当地一村民曾告诉记者，宝上村和感城村多年来一直和睦相处，宝上村的村民喝茶、买菜都去感城镇所在地感城村，如果镇政府和派出所能够主动、积极地排查纠纷、化解矛盾，就不会发生最终的械斗。[②] 二是缺乏快速反应机制。压制型化解机制被动性的又一表现是政府缺乏快速反应机制，易陷入一种"体制性迟钝"的危险状态。群体性事件发生后，政府往往缺乏快速反应机制，错过纠纷化解的最佳时机，导致群体性事件不断升级恶化，最终使群体性事件的处理陷入"起因很小—基层反应迟钝—事态升级爆发—基层无法控制—动用警力—迅速处理—纠纷再起"的恶性循环之中。2008 年发生的贵州"瓮安事件"就是典型例证。在事件发生的整个过程中，当地政府反应迟钝、处置失机，错过了避免事件升级扩大的关键时段。6 月

---

① 〔美〕L. 科塞：《社会冲突的功能》，孙立平等译，华夏出版社 1989 年版，第 114 页。

② 参见《瞭望》新闻周刊感城报道组：《感城事件：小患成大祸》，载《瞭望》2009 年第 13 期。

28日下午4点，游行队伍就打着白布横幅穿城而过，当喊冤队伍途经县委县政府、折回县公安局大楼时，尾随围观的民众越来越多，但是，瓮安县政府并没有快速进行化解劝导，也没有采取相关的应急措施，只有40名警员在办公大楼内组成人墙，防止游行队伍冲入大楼。到了下午4点半的时候，民众的情绪非但没有得到缓解反而被进一步激怒，最终导致火烧办公楼的恶劣后果。[①] 三是缺乏信息发布机制。压制型化解机制的被动性还表现为政府缺乏完善的信息发布机制，信息发布的滞后导致不实传闻蔓延，致使群体性事件升级扩大。2005年发生的安徽“池州6·26事件”就是典型例证。原本就是一起普通的汽车撞人纠纷，结果却发展成为一起完全失控的群体性事件。根据记者的深入调查，事态的发展是由很多因素促成的：不实的传闻、不法分子的煽动、处置的不当等，其中不实的传闻起了关键性作用。[②]

第二，压制性。由于压制型化解机制具有事前被动性的特征，政府疏于应急机制建设，一旦猝不及防地遭遇群体性事件，就会惊慌失措地采取暴力、金钱压制等手段以求快速平息事端，尽可能在上级机关察觉之前将事情摆平。还有一些党政官员漠视群众利益，一旦出现群体性事件就习惯于胡乱定性，甚至出动警力压制，进而使人民内部矛盾不断激化。通过对38个典型事件的分析，可以发现压制型化解机制具有事中压制性的特征。这种压制性主要体现在化解纠纷的手段上，具体包括暴力打压和花钱消灾两种压制手段。2008年发生的云南“孟连事件”就是政府采取暴力打压手段压制群体性事件的典型事例。原本只是胶农与橡胶公司之间因利益分配而形成的矛盾，通过协商对话方式就能够和平解决，但孟连县政府却漠视群众利益，对纠纷胡乱定性，多次动用警力介入，认为这些纠纷都是农村黑恶势力作怪，只有通过强制手段形成高压威慑态势才能有效维护当地的生产生活秩序。[③] 孟连县政府这种暴力打压的方式非但没能有效化解纠纷，反而激化了

---

① 参见吴伟：《贵州瓮安事件始末》，载《新世纪周刊》2008年第20期。

② 参见王吉陆：《安徽池州群体性事件调查：普通车祸变打砸抢烧》，载《南方都市报》2005年7月1日。

③ 参见殷红：《孟连“7·19”事件最新报告》，载《中国青年报》2008年9月17日。

胶农的不满情绪，觉得政府完全是在偏袒橡胶公司。最终的结果是温和善良的傣族群众拿起了刀斧棍棒与警察对抗，被迫以暴力方式维护自己的权益，进而引发了震惊全国的大规模流血事件。2008 年发生的陕西“府谷事件”则是政府“花钱买平安”压制群体性事件的典型事例。[①] 从表面上看，这种“花钱买平安”的“绥靖”模式快速化解了纠纷，但实质上根本不可能彻底化解矛盾，只是追求暂时的风平浪静而已。这种化解方式不但容易造成“不闹不解决，小闹小解决，大闹大解决”的社会投机心态，陷地方政府治理于恶性循环之中，而且也会使地方官员怀着“击鼓传花”的心态来处理群体性事件，陷社会运行于巨大风险之中。

第三，随意性。除了事前被动性、事中压制性之外，压制型群体性事件化解机制还表现出事后随意性的特征。通过对典型个案的实证分析，可以发现压制型化解机制往往缺少事后回应措施，纠纷一旦平息就匆忙收尾，既不落实官员问责、兑现承诺，也不进行相应的制度改进和解纠机制重构。这种事后随意性的特征致使社会矛盾纠纷得不到有效化解，类似的群体性事件还可能会频繁发生。例如，“瓮安事件”发生后一年，湖北石首又再度“失守”，发生了又一起极其类似的群体性事件。当年各地也都纷纷加强了对政府官员群体性事件化解技巧的培训，但为什么在“石首事件”的化解上不进反退呢？究其原因，就是压制型化解机制事后随意性所导致的恶果。在“瓮安事件”的处理过程中，由于政府缺乏快速反应机制，处置失机导致谣言四起，进而引发了严重后果。同样的，在“石首事件”的处理过程中，当地政府仍然反应迟钝，错过了信息发布和纠纷化解的最佳时机，导致谣言四起、事态恶化。瓮安教训犹在，石首却重蹈覆辙；瓮安有经验，但石首却无用场。

（二）疏导型化解机制之述评

面对接踵而来的群体性事件，各级政府已逐渐开始探寻新的化解机制，积极寻求治理新策略。“厦门 PX 项目事件”的和平解决、“重庆出租车罢运

① 参见宋金波：《贺立旗死亡赔偿标准应公之于众》，载《中国青年报》2008 年 7 月 15 日。

事件”的及时化解，都体现了群体性事件化解机制上的重大进步。疏导型化解机制具有及时性、协商性等优点，但也存在单一性、暂时性等不足。通过对 11 起群体性事件的实证分析，可以看出疏导型化解机制具有如下四个方面的典型特征：

第一，及时性。与压制型化解机制相比，疏导型化解机制的首要进步之处在于群体性事件发生后，政府往往能够积极应对，及时公布事件真相及处理过程，而不是隐瞒事件、消极应付。这种及时的处理方式有利于群体性事件的有效化解，避免造成更为严重的后果。“重庆出租车罢运事件”的化解过程就充分体现了疏导型化解机制及时性的特征。罢运事件发生的当天下午，重庆市政府便主动邀请媒体召开新闻发布会，及时向社会公布罢运事件发生的原因以及政府即将采取的处置措施，充分满足社会公众的知情权。与此同时，重庆市政府也及时启动应急预案，针对出租车司机提出的问题及时处理，并增派车辆、恢复营运，保障市民的出行。[①] 这种及时处理的积极方式不仅能够有效防止不实传闻蔓延、避免事态扩大，而且还能掌握事件处理的主导权，进而为群体性事件的妥善化解奠定基础。

第二，协商性。现代文明社会是理性社会，公民应理性地表达意愿，政府更应理性地进行治理。在疏导型化解机制中，政府往往采取协商对话的方式寻求群体性事件的化解，体现出政府“由权钱压制向协商对话”“由刚性维稳向柔性促稳”“由野蛮压制向理性治理”的重大转变。2008 年发生的浙江“仙居新农化工事件”就全方位地展现了协商对话的处理方式。新农化工气体泄漏事件发生后，当地政府官员第一时间赶到现场，一方面迅速将身体不适的村民送往医院，另一方面则连夜挨家挨户耐心细致地进行协商对话，解决村民的诉求，稳定村民的情绪。[②] 这种协商对话的方式不仅能够缓和官民关系，而且还为群体性事件的化解营造了良好的氛围。

---

① 参见王渝风：《主城出租车全面恢复正常营运》，载《重庆晚报》2008 年 11 月 6 日。

② 参见陆元：《仙居妥善处理“12·18”新农化工气体泄漏事故》，http://www.zj.xinhuanet.com/newscenter/2008-12/20/content_15237846.htm，2015 年 3 月 5 日访问。

第三，单一性。群体性事件本身往往具有复杂性、多样性特点，一起群体性事件的发生不仅有表面的显性纠纷，而且还常常有暗藏的隐性纠纷。如果这些隐性纠纷处理不好，就很有可能会转化成显性纠纷，甚至再度引发群体性事件。总体而言，疏导型化解机制是一种“就事论事”的化解机制。在纠纷的化解上仅限于“头痛医头、脚痛医脚”，无法做到“标本兼治、综合治理”，呈现出明显的单一性特征。这种机制无法寻求纠纷的实质性化解，因而也难以从根本上阻却群体性事件的频繁发生。近几年来，我国环境群体性事件频繁发生。很多环境群体性事件的背后不仅存在环境纠纷，实际上还存在很多其他相关纠纷。例如，在2012年发生的四川“什邡事件”中，由于宏达钼铜项目是灾后重建项目，环保部要求排污总量不能增加，因此该项目进驻后当地原有的几十家小化工企业就必须关闭。同样的，在2012年发生的江苏“启东事件”中，排海工程不仅会给当地造成环境污染，还会影响到当地房地产的销售。有论者将环境群体性事件称为“最近的宣泄口”，即遭到反对的建设项目实质上牵扯到征地拆迁、渔业受损等诸多复杂利益，而环保最终以正当性充当了各种利益诉求的集中爆发点。[①]

第四，暂时性。疏导型化解机制缺乏有效的事后回应措施，不能针对群体性事件发生的根源进行有效的制度改进，仅仅是将同一个纠纷转换至另一个地方而已，具有明显的暂时性特征。近年来连续发生的一系列环境群体性事件印证了疏导型化解机制的暂时性特征。从2007年的“厦门PX项目事件”到2011年“大连PX项目事件”再到2012年的“宁波PX项目事件”，每次事件的发生都是对疏导型化解机制的猛烈撞击。虽然这些事件最终都得到了化解，但这种“群众集体抗议—政府妥协退让—项目被迫迁移”的处理模式不但不能实质性地化解纠纷，同时也破坏了正常的行政决策程序，甚至可能因此影响了当地经济的发展。有论者将这样的结果称为“三输”，即地方经济失去合法、合规的项目，审批机构的公信力遭遇挑战，公众的抗争

① 参见冯洁等：《“开窗”求解环境群体性事件》，载《南方周末》2012年11月29日。

也并未争得更优的环保效果。可见，采取疏导型化解机制并不能实质性化解环境纠纷，仍需通过建构有效的善后回应措施、完善民主决策中信息公开和公众参与制度、健全项目选址机制和环境评估机制以及重大决策社会稳定风险评估机制，消除行政决策中存在的随意性现象，真正做到“决策于未知之中”，最大限度地预防类似群体性事件的再次发生。

（三）回应型化解机制之述评

美国政治学家塞缪尔·P. 亨廷顿曾言：“现代性孕育着稳定，而现代化过程滋生着动乱。”①随着我国现代化进程的不断推进，各种社会矛盾在一定时期内仍会呈现出增长趋势。因此，妥善处理群体性事件是各级政府不得不面临的长期课题。鉴于压制型和疏导型化解机制都不能实质性化解纠纷，一些地方已经开始积极探寻更为稳健的群体性事件化解机制。笔者通过对 50 个典型事件化解过程的深入分析，发现广东“乌坎事件”的处理表现出回应型化解机制的意蕴，其经验值得总结推广。通过对这一事件的深入分析，可以看出回应型化解机制具有如下两个方面的典型特征：

第一，法治性。“乌坎事件”发生之后，广东省政府派出工作组进驻乌坎村进行实地调查。工作组首先依法肯定了村民的诉求以及村民自己选出的“临时理事会”的合法性，这一举措对“乌坎事件”的有效化解起到了关键性作用，体现出政府依法化解“乌坎事件”的信心。当工作组经过调查发现乌坎村第五届村委会选举过程存在舞弊行径后，遂宣布这次换届选举无效，同时按照《村民委员会组织法》和《广东省村民委员会选举办法》的相关规定重新进行乌坎村的民主选举，并依法处置相关违法人员。② 这一决定奠定了“乌坎事件”成功化解的基础，展现了广东省政府依法化解“乌坎事件”的决心。时任中共中央政治局委员、广东省委书记汪洋在接受中外记者采访时也表示，乌坎的民主选举是按照《村民委员会组织法》和《广东省村民委员会

① 〔美〕塞缪尔·P. 亨廷顿：《变化社会中的政治秩序》，王冠华等译，上海人民出版社 2008 年版，第 31 页。

② 参见马立诚：《广东“乌坎转机”的范本意义不可低估》，载《学习时报》2012 年 4 月 16 日。

选举办法》进行的,没有任何创新,只不过把选举法和组织法的落实过程做得非常扎实,让这个村子在过去选举中走过场的形式得到了纠正。[1] 可见,回应型化解机制的核心就在于严格依法化解群体性事件,将社会矛盾纠纷纳入法治的轨道予以化解。

第二,实质性。通过对“乌坎事件”处理过程的深入观察,可以发现回应型化解机制与压制型、疏导型化解机制最明显的不同之处就在于具有完备的善后回应机制,能够实质性地化解纠纷,真正实现“事了人和”的善治状态。在“乌坎事件”的处理过程中,广东省政府一改“秋后算账”的处理方式,大胆起用抗议者,将乌坎短暂自治期间的领头人林祖銮任命为该村新的党总支书记;参加示威的洪睿超,是被警方拘捕的五人之一,现在被选为选委会成员;曾带领乌坎村民进行土地维权,被警方抓捕后去世的薛锦波之女高票则当选为村民代表。[2] 这些举措真正实现了基层自治组织的民主选举,实质性地化解了“乌坎事件”,进而恢复了政府与人民群众之间的和谐关系。

为了更直观地把握群体性事件压制型、疏导型和回应型化解机制的区别,笔者将这三种处理模式的基本特征通过表13直观地显示出来。

表13　三种群体性事件化解机制区别总览

比较点＼类型	压制型化解机制	疏导型化解机制	回应型化解机制
纠纷化解目标	回避矛盾	化解个案	积极预防
纠纷化解主体	党政主导	党政主导	社会参与
纠纷化解手段	权钱压制	协商对话	协商对话
纠纷化解信息	封锁消息	及时发布	及时发布
纠纷化解效果	表面化解	暂时化解	实质化解
纠纷化解理念	刚性维稳	就事论事	法治思维

① 参见《把乌坎的经验教训用于指导全省村级组织建设》,http://politics.people.com.cn/GB/70731/17299525.html,2015年4月2日访问。

② 参见孙立平:《这一次,变化真的发生了》,载《经济观察报》2012年2月20日。

三、我国群体性事件化解机制的展望

实践表明,对群体性事件持有不同的态度、使用不同的处理方式,往往就会有完全不同的结果。总的来说,回应型化解机制不仅能够及时有效地化解群体性事件,而且还能够实质性地化解纠纷,从源头上积极预防新的社会矛盾纠纷的发生。从2006年最高人民法院发布的《关于妥善处理群体性行政案件的通知》到近年来其他一些官方文件,都明确了实质性化解纠纷的治理思路。诚如江必新大法官所言:“纠纷的实质性解决,包含三层意思:一是案件已经裁决终结;二是当事人之间的矛盾真正地得以解决,没有留下后遗症;三是通过案件的审理,明晰了此类案件的处理界限,行政机关和社会成员能够自动根据法院的判决调整自身行为。”①可见,回应型化解机制与当前实质性化解纠纷的理念完全吻合。党的十八大报告明确指出:“全面推进依法治国,提高领导干部运用法治思维和法治方式深化改革、推动发展、化解矛盾、维护稳定能力。”为此,努力实现群体性事件化解机制由压制型、疏导型向回应型的转变就成为今后一段时期地方党委和政府的中心工作之一。笔者认为,群体性事件回应型化解机制的健全需要从以下六个方面进行努力:

第一,建立矛盾排查机制。当前我国正处于激烈的社会转型时期,各种社会矛盾相互交织且日益凸显。只有建立充分的事前矛盾排查机制,从注重“事后控制”的静态“维稳”向注重“源头治理”的动态“创稳”转变,才能有效减少群体性事件的发生,降低社会运行的风险。矛盾排查机制不仅能够将纠纷化解在萌芽状态,避免“小事拖大,大事拖闹”的恶性发展,还能够准确预警,使政府“防患于未然”,进而真正从源头上减少群体性事件的发生。建立完善的矛盾排查机制需要做好三个方面的结合:一是定期排查和重点排查相结合。各级政府每年要定期对各地的不安定因素进行集中排查,同

① 江必新:《论实质主义法治背景下的司法审查》,载《法律科学》2011年第6期。

时要组织专门力量对重点行业、重点区域、重点问题开展重点调查。二是日常排查和特殊排查相结合。各级政府要严格落实日常的矛盾收集工作,及时反馈信息、化解纠纷;在重大活动、重要时期之前,还需要集中力量进行特殊的排查活动。三是政府排查与社会排查相结合。各级政府既要组织专门的矛盾排查力量有序进行排查工作,又要充分发动社会力量广泛参与,努力拓宽情报信息渠道,做到"早发现—早报告—早控制—早疏导—早化解"。例如,北京地区近年来高度重视基层安全稳定信息员对治安工作和社会稳定工作的参与,其经验值得推广。①

第二,建立快速反应机制。群体性事件具有突发性特征,尤其是泄愤型群体性事件的发生往往出人意料。目前,群体性事件的化解普遍缺少快速反应机制,大多因为处理不及时而错失最佳化解时机,进而导致事态不断扩大。因此,为了有效化解突发性群体性事件,必须建立完整的快速反应机制。具体来说,完整的快速反应机制包括以下三个方面:一是迅速启动应急预案。群体性事件发生后应该快速启动各项应急预案并及时上报相关信息。二是领导干部要迅速赶往现场。当下很多群体性事件的发生都因行政决策失当引起,为了消弭民众怨气,地方党政领导必须直面事态,以自己的诚意赢得事件解决的时间。三是快速进入处理状态。群体性事件发生后,群众往往处于激动、紧张和不安的状态,情绪很容易被误导或激发。因此,地方政府必须快速进入事件处理状态,通过积极疏导平息民怨,防止事态进一步恶化。

第三,建立信息发布机制。信息在群体性事件的处理过程中往往扮演着十分重要的角色。如果政府信息发布及时,就有可能掌握舆论主导权,安抚民众情绪;反之,如果政府信息发布迟钝,甚至刻意封锁信息,就会加剧民众猜疑、社会恐慌,直致谣言蔓延、事态恶化。因此,有效化解群体性事件就必须充分尊重民众的知情权,及时、全面发布相关信息,而不能采取"堵"

---

① 参见陈鸣:《退休女教师的红袖箍生活》,载《南方周末》2013年1月3日。

"捂"等方式掩盖真相。具体来说,建立完善的信息发布机制需要从以下三个方面进行努力:一是建立广泛的信息发布渠道。为了能够更好地保护公众的知情权,需要依托多种新闻媒体广泛发布信息。一方面,要坚持传统的信息发布方式,如在公告栏公告、新闻电视播报等;另一方面,要善于利用互联网,采取官方微博等新兴信息发布机制,从而在第一时间公布事件真相、遏止谣言传播。二是平等对待媒体的新闻报道权。在群体性事件的处理过程中,政府不能凭主观偏好差别对待媒体的新闻报道权,如只允许官方媒体或"听话"媒体报道,对民间媒体或"不听话"媒体则进行封杀。只有充分尊重和保障媒体的新闻报道权,才能最大限度地释放诚意,为群体性事件的妥善化解奠定社会共识。三是建立科学的信息发布机制。在群体性事件的处理过程中,不仅要准确把握信息发布的时机,还要把握信息发布的科学性,注意信息发布的用语,不能采取过激用语激怒公众,以免造成适得其反的后果。

第四,建立协商对话机制。所谓协商对话就是围绕公众关心的重大问题,由政府有关机构的负责人,与有关的公众群体或团体进行平等的、直接的、公开的对话,面对面地听取公众的意见,回答公众的问题,从而解决群众的实际问题。[①] 协商对话机制不仅能够起到"灭火器"的作用,而且还能够打破政府与民众之间的信息壁垒,促使群体性事件获得有效化解。政府与民众展开平等对话具有多方面的"正能量":可以平息民怨,消除民众的对立情绪,重新树立为民服务的形象,减少化解群体性事件的阻力;可以使民众充分表达诉求,让政府了解原生态的民情民意。可见,协商对话机制的建立为群体性事件的理性化解提供了缓冲带,是运用法治思维和法治方式化解群体性事件的关键环节。

第五,建立多元主体参与机制。在社会转型的浪潮中,各种利益群体不断分化重组。如果不建立多元主体参与机制,不充分发挥各类社会组织和

---

① 参见姚亮等:《预防与处置群体性事件党政干部读本》,人民日报出版社 2009 年版,第 168 页。

行业协会的力量，有效化解群体性事件的目标就很难实现。值得关注的是，我国当下群体性事件的化解主体主要还是各级党委和政府，这种党政主导型的处理模式在短期内确实能够发挥一定的积极作用，但从长远来看，这种孤立的方式终难奏效。地方党政最高官员也许并不缺乏政治智慧和执政经验，但群体性事件的发生往往交织着异常复杂的利益纠葛，有的甚至还因多年积累下来的民怨所引发，岂是区区一口承诺所能解决？为此，应当建立一种多元社会主体共同参与的机制，促使群体性事件的化解过程转变为一种社会共识的重建过程。多元主体参与机制应自始至终贯穿于群体性事件化解的全过程之中。首先，在事前矛盾排查中应该广泛建立信息员，发动社会组织积极自查，还应充分发挥各类社会组织的优势，建立涉及重大公众利益的公共政策的风险评估与预警机制。其次，在事中纠纷化解过程中要坚持党政领导和社会力量参与相结合的原则，充分发挥社会自治组织、行业协会、新闻媒体的影响作用，在政府与民众之间架起协商对话的桥梁。最后，在事后回应过程中也要发挥社会组织的积极作用，通过事后沟通、信息反馈和安抚实现社会的长治久安。

第六，建立善后回应机制。一起群体性事件的平息，并不代表整个事件的终结。一旦善后处置工作没有做好，就可能引发新的问题、新的矛盾，从而再次诱发群体性事件。为此，必须建立积极的善后回应机制，由“扬汤止沸”的运动式“维稳”向“釜底抽薪”的制度性“创稳”转变，从源头上减少群体性事件的发生。积极的善后回应机制是成功处理群体性事件的标志，具体可从如下三个方面进行努力：一是积极兑现协商对话中所作的各项承诺，落实官员问责制，树立诚信政府的良好形象；二是举一反三，对引发群体性事件的制度性、体制性根源进行反思与整改，并在现行法律框架之内予以完善；三是通过定期回访评估，了解群体性事件善后阶段的信息，努力预防类似事件的再度发生。

第二节　公用事业特许经营批量式分析

一、研究缘起与样本选择

自20世纪80年代以来，基于对国家垄断经营造成的质量低劣、绩效不佳等严重问题的深刻反思，一场声势浩大的“更多依靠民间机构，更少依赖政府来满足公众需求”的公用事业市场化改革运动在全球范围内迅速掀起。其中，内涵为“政府授予某一私人组织直接向公众出售其产品或服务权利”[①]的特许经营制度更成为各国公用事业市场化改革进程中所广泛运用的方式。在我国，公用事业特许经营改革兴起于20世纪90年代初期。进入21世纪之后，在建设部等主管部门的强力推动和《行政许可法》的立法引导下，特许经营一度成为各地争相仿效的公用事业运营模式。然而，公用事业领域的特许经营改革一直伴随着巨大的社会争议，特别是一些特许项目运行的受挫以及近年服务型政府理念的倡行，使得公用事业领域呈现“国进民退”之势。与此同时，2008年席卷全球的金融危机也深刻影响到我国经济的发展。为了实施扩大内需、帮扶民间资本的经济政策，国务院于2010年5月颁布了《关于鼓励和引导民间投资健康发展的若干意见》(简称新“三十六条”)，为民间资本进入公用事业领域提供了强有力的政策支撑。在谋求转变经济增长方式、化解地方政府债务的时代背景下，近年来国务院及相关部委再次密集出台系列性政策文件，大力推广政府与社会资本合作(PPP)模式，地方政府也积极跟进纷纷推介各类基础设施和公共服务项目，2015年因之被称为“PPP元年”。党的十八届五中全会进一步明确提出“创新公共基础设施投融资体制，推广政府和社会资本合作模式”“创新公共服务提供方式，能由政府购买服务提供的，政府不再直接承办，能由政府和社会资本合

① 〔美〕E. S. 萨瓦斯：《民营化与公私部门的伙伴关系》，周志忍等译，中国人民大学出版社2002年版，第129页。

作提供的，广泛吸引社会资本参与”。可以预见的是，在未来相当长一段时间内，包括特许经营在内的政府和社会资本合作将成为我国基础设施和公共服务供给的主导模式。为此，系统梳理特许经营实践个案、管窥其间的经验教训便成为摆在国内行政法学者面前的重要研究任务。

为了深入探究公用事业特许经营制度运作的成败得失，笔者通过阅读文献、网络搜索、实地调研等多种渠道收集了大量实证素材，比较全面地掌握了特许经营制度的运作现状。为科学评估及展望我国公用事业特许经营的制度运作，笔者择取了近二十年来的40个典型案例展开研究，主要以城市公交、城市供水、城市污水处理、城市供暖供气、垃圾处理五大领域内的特许经营项目为研究对象，地域范围涵盖全国二十多个城市。其中，城市供水领域有13个案例，污水处理领域有11个案例，城市公交领域有12个案例，城市供气供暖领域有2个案例，城市垃圾处理领域有2个案例；发生在东部城市的案例有20个，中部城市的有15个，西部城市的有5个。透过这些典型个案，我国公用事业特许经营制度的运行现状大体上能够得到充分展现，其间的经验教训也同样能够得到有效体察。（见表14）

表14　公用事业特许经营样本事例及运行状况总览

序号	特许项目	涉及行业	实施时间	运行结果
1	成都自来水六厂B厂BOT项目	城市供水	1998	西南地区首个供水BOT，项目问题较多
2	上海水务大场水厂特许项目	城市供水	1996	项目运行受挫，2004年4月“收归国有”
3	上海浦东水厂特许项目	城市供水	2002	项目运行较为成功，具有一定推广价值
4	兰州自来水威立雅特许项目	城市供水	2007	高溢价转让完全产权，水价频繁上涨
5	马鞍山城市供水整体合资项目	城市供水	2002	项目进展较为顺利，效果良好
6	厦门水务的水厂产权交易项目	城市供水	2004	项目进展顺利，取得了良好的实践效果

（续表）

序号	特许项目	涉及行业	实施时间	运行结果
7	湖南南漳自来水民营化项目	城市供水	2002	政府疏于监管，2009年酿成“浊水事件”
8	沈阳水务水源八厂合资项目	城市供水	1996	项目运行伊始即陷入困境，政府亏损严重
9	沈阳水务水源九厂BOT项目	城市供水	1996	1999年政府回购，政府损失巨大
10	天津凌庄水处理厂BOT项目	城市供水	1997	项目运行较为成功，具有一定借鉴意义
11	深圳水务集团股权转让项目	城市供水	2003	政府具体操作规范，取得了良好的效果
12	重庆江北片区自来水公司整合	城市供水	2002	项目运行较为成功，取得了良好的效果
13	澳门自来水特许经营成功续约	城市供水	2009	效益良好，特许经营的成功典范
14	北京东坝、垡头污水处理BOT	污水处理	2004	融资环节即遇到挫折，项目总体较为成功
15	徐州三八河污水处理BOT项目	污水处理	2002	项目取得了成功，具有一定推广价值
16	福建漳州东区污水处理厂特许	污水处理	2006	项目进展较为顺利，效益良好
17	常州市城北污水处理厂TOT	污水处理	2005	项目运行较为成功，具有一定借鉴意义
18	合肥王小郢污水处理厂TOT	污水处理	2004	项目转让规范，但运行过程中问题较多
19	上海竹园污水处理BOT项目	污水处理	2005	内资取得特许经营权，项目运作较为成功
20	深圳横岗污水处理TOT项目	污水处理	2003	项目运作较为规范，取得了良好的效
21	武汉汤逊湖污水处理项目BOT	污水处理	2001	项目宣告夭折，2004整体移交至国有
22	哈尔滨太平污水处理项目BOT	污水处理	2004	项目监管到位，取得了成功，有借鉴意义

（续表）

序号	特许项目	涉及行业	实施时间	运行结果
23	广州西朗污水处理系统 BOT	污水处理	2007	项目运行较为成功，有待观察
24	长春汇津污水处理项目 BOT	污水处理	2000	项目运行过程中纠纷不断，项目归于失败
25	浙江兰溪城市公交民营化改制	城市公交	2001	运营中纠纷不断，2004 年政府“回购”
26	广东广州城市公交民营化改制	城市公交	1994	引入企业多达 17 家，弊端凸显，再国有化
27	湖南长沙城市公交民营化改制	城市公交	2005	民营化后即陷入困境，改制归于失败
28	安徽合肥城市公交民营化改制	城市公交	2003	公交车成为“马路杀手”，改制明显失败
29	湖北黄冈城市公交民营化改制	城市公交	2002	监管乏力，频繁停运，改制明显失败
30	湖北十堰城市公交民营化改制	城市公交	2003	监管乏力，频繁罢运，改制明显失败
31	江苏南京城市公交民营化改制	城市公交	1998	引入企业“挑肥拣瘦”，政府不得不再整合
32	重庆城市公交民营化改制	城市公交	2006	民营化之后即陷入混乱，纠纷不断，失败
33	江苏无锡公交民营化改制	城市公交	2004	公众不满公交服务质量，项目困难重重
34	广东珠海公交民营化改制	城市公交	2008	收取 1 元特许经营费，有待观察之
35	深圳城市公交集团改制	城市公交	2005	2005 年引入港资，2007 年回收公交资源
36	河南许昌城市公交民营化	城市公交	2009	项目实施不久，运行效果有待观察
37	广东番禺垃圾焚烧发电项目	垃圾处理	2009	项目未实施就遭遇居民反对，项目搁浅
38	四川成都垃圾焚烧发电 BOT	垃圾处理	1999	进展较为顺利，效益良好，有推广价值
39	湖南郴州供气特许经营项目	城市供气	2002	政府疏于监管，特许经营权被屡次转让
40	黑龙江方正县供热特许经营	城市供热	2004	纠纷引发供热中断，政府临时接管

二、我国公用事业特许经营制度运作之评估

从现有资料来看，我国公用事业特许经营的实践效果并不理想。有的企业改制之后扩大了企业规模，甚至参与了其他城市的公用事业项目，取得了良好的经济效益和社会效益。但大多数特许项目往往都是在欠缺科学规划的情况下盲目上马的，运行过程中政府后续监管不到位，从而在公共利益难以保全的情况下草草收归国有。从某种意义上来说，“仓促决策—监管不力—纠纷频发—政府回收”几乎成为我国公用事业特许经营改革实践无法走出的周期律。在本节所考察的40起典型个案中，基本成功的有16起，占总数的40%；明显失败的有22起，占总数的55%；目前成效尚待进一步观察的有2起，占总数的5%。

（一）成功经验之总结

通过对16起典型成功个案的观察，可以发现公用事业特许经营改革中的有益经验大致包括如下五个方面：

1．规划科学合理、操作规范有序。澳门自来水特许经营项目的成功被奉为典范与之不无关系。澳门市政部门在特许项目启动之前做足了“功课”，对特许项目的必要性与可行性进行反复论证，在众多竞争者中慎重选择了一个具有丰富经验的经营者，并与之建立了长期的合作伙伴关系。

2．政府部门树立诚信品牌。例如，在上海大场水厂BOT项目的运作过程中，政府部门能够恪守诚信，在特许项目遇挫时担起责任保护特许权人的信赖利益，为以后的上海成功招商引资，促进市政公用事业的健康发展树立了良好的口碑。

3．特许经营后有效的政府监管。哈尔滨太平污水处理BOT项目与深圳水务集团股权转让项目的成功运作即为典型事例。两市政府都对特许项目采取了有力的监管措施，保障了公用事业市场化改革的顺利推行。

4．利益衡量全面合理。特许经营涉及政府、特许经营者以及消费者等多方利益关系，任何一方利益衡量的不周都有可能影响到特许项目的顺利

进行。河南许昌公交民营化的顺利推行即得益于公交员工的支持与配合，政府部门在特许项目启动伊始即与各方参与主体达成共识，特许经营者负有改善员工福利待遇的义务，政府亦作出了相应承诺。显然，处理好各方利益的特许项目往往更容易取得成功。

5. 配套规范体系健全。例如，河南许昌市在公交民营化之后不久即由许昌市交通局根据《城市公共汽电车客运管理办法》(建设部 138 号令)、《市政公用事业特许经营管理办法》(建设部 126 号令)等规章制定了更为详细的公交服务标准和监管意见，为特许项目的运行及监管提供了充分的规范依据。

（二）失败原因之探究

通过对 22 起典型失败个案的观察，可以发现公用事业特许经营改革中的受挫原因大致包括如下四个方面：

1. 特许改革定位失当

公用事业特许经营改革的根本目标在于公共福利的最大化。然而，当下的现实却是特许经营改革的推动者和参与者往往随意加塞私货，导致特许经营改革陷入误区。首先，有的政府决策者在巨大利益驱动下盲目改制，以“甩包袱”的方式将公用事业一卖了之，甚至对市场竞争这一本来可以提高效率、优化资源分配进而提高公共福祉的机制缺乏理性认识，随意降低门槛引入一些不适格的经营者，致使公益蒙受重大损失。例如，湖南南漳自来水民营化引入的经营者竟然不是一家专业的自来水企业，政府在整个市场化改革过程中缺乏必要的规划，最终引发震惊全国的“浊水事件”。[①] 其次，有的政府决策者“短视情结”严重，认为特许制度仅仅是为了盘活冗员低能的公用事业，缺乏与投资者长期合作的精神，视特许经营权为一种“恩赐”。例如，在沈阳第八水厂特许经营项目和威立雅成都第六水厂 BOT 项目的运行过程中，两地政府引入外资就是为了资产贴现，一甩了之的做法导致政府

① 参见郑燕峰：《湖北南漳浊水事件凸显供水改革中政府责任缺位》，http://news.xinhuanet.com/politics/2009-06/09/content_11510608.htm，2015 年 5 月 4 日访问。

对市场预测盲目乐观，既没有深入考虑消费者和现有企业的相关利益，也没有对特许项目进行科学规划，使特许经营项目一开始就埋下了祸根。[①] 最后，有的参与企业角逐公用事业是意图获得巨大的利润回报。一旦获得特许经营权，逐利的市场本性就使其不惜以牺牲公共利益的方式获取更大的利润空间，最终还是转嫁到消费者身上。安徽合肥公交民营化项目及湖南长沙公交民营化项目的败局即与此有关。两地特许经营主体为了降低成本不择手段，民营化不仅没有为市民带来安全舒适的公交服务，反而成为人人自危的“马路杀手”。[②]

2. 政府诚信意识缺乏

公用事业特许经营制度要求公共部门与私人部门建立一种公私合作伙伴关系，而这种公私合作伙伴关系是建立在平等协商、诚实信用的基础上的。[③] 公私合作制存在的前提就是双方存在真实的意思表示，特许权人在选定适格的投资者之后，应与之签订特许协议。在特许经营协议中，政府的虚假承诺往往使特许项目运行潜伏着危机。首先，当事人双方在特许协议中对潜在风险的评估明显不足，缺乏有效的保障措施。市政公用事业特许经营项目往往面临诸多风险，如政治风险、商业风险、法律风险，如果没有科学、合理的风险分配与防范机制，私人企业在面对风险时出于自保往往置公益于不顾。政府在此时若不守信用而推卸责任，往往会使特许项目中途夭折。轰动全国的“湖北十堰公交民营化”的最终命运显然与各方当事人面对油价上涨这一潜在风险无法达成一致不无关联，之后出现的频繁罢运事件更是严重损害了公共利益。[④] 威立雅成都自来水六厂 BOT 项目在特许协议中风险分配不够合理，政府前期市场预期过于乐观，在合同中盲目承诺固定

---

① 参见余晖、秦虹：《公私合作制的中国试验》，世纪出版集团、上海人民出版社 2005 年版，第 27 页。

② 参见禹志明：《长沙 9 家公交公司竟成交通违法大户》，http://unn.people.com.cn/GB/14748/7395360.html，2015 年 10 月 2 日访问。

③ 参见余晖、秦虹：《公私合作制的中国试验》，世纪出版集团、上海人民出版社 2005 年版，第 231 页。

④ 参见丁补之：《十堰公交民营化改制，“多赢”变“多输”》，载《南方周末》2008 年 2 月 28 日。

回报，然而经济形势变化导致的产能过剩，最终只能由政府及成都自来水公司买单。其次，政府补贴承诺不到位引发争议。补贴承诺是政府为特许经营者利益受损时提供的一种财政保障，如果补贴承诺不及时兑现则往往会导致特许经营者面对财政困境而难以自我解脱，甚至引发“弃管”的现象，湖北十堰公交民营化就暴露了这一问题。有的地方改制后则出现千方百计索取补贴的现象，如福建福州公交民营化之后，特许经营者并未积极改良设备、加强管理和优化服务，反而屡次索取政府补贴。[①] 公用事业的公益属性使得特许经营者的收入不能随行就市，在运营成本增加的情况下，无疑需要政府建立完善的公共财政补贴机制。再次，固定回报率引发纠纷。在特许经营改革的初期，固定回报率往往是政府与企业合作的基础。私人资本正是因为政府提供的固定回报率等优惠政策才涉足公用事业，而这一问题在特许合约中往往争议最大。在长春汇津污水处理项目和上海大场水厂项目中，两地政府均因作出固定投资回报承诺而最终导致合同解除。而在沈阳市特许经营项目中，政府一方同样约定了高额固定回报率，最终导致沈阳市政府财政负担过于沉重。最后，特许协议中普遍服务条款的缺失导致特许项目误入歧途。政府信用不仅表现在对特许经营者要恪守特许协议，而且还要求政府积极履行公共服务职能，对消费者负责。在湖北黄冈公交民营化项目实施过程中，特许协议对私人经营公交市场只有“保证服务品质”而无“保证正常运营”的条款，普遍的服务不到位及后来频繁发生的停运即与此有着重要关联。[②]

3. 政府监管能力低下

尽管公用事业的民营化改革是在政府放松规制的背景下得以推行的，但民营化绝不意味着政府的彻底归隐，毋宁说是政府从前台走向幕后，不如说是从行政事务的直接执行者转变为决策者和监督者，即“掌舵”而非“划

① 参见林海峰：《福建公交生存状况调查报告 剖析深层次问题》，http://www.66163.com/Fujian_w/bdxw/20070430/fj156190.html，2015 年 4 月 2 日访问。

② 参见刘春燕：《公交承运商闹矛盾 湖北黄冈 40 万市民无车可乘》，载《长江商报》2006 年 11 月 12 日。

桨”。诚如德国联邦议院法律委员会主席鲁佩特·朔尔茨教授所言：“这一切（指公共行政的民营化——引者注）都不意味着国家和行政机构必须全面从这些职能方面撤退。通过国家监督规定的机制，特别是国家保证有关私人在职业和专业上的可靠性和素质，公共利益完全可以得到充分的保障。我们可以这样说，行政机构从自己执行的责任中撤出越远，就越可通过监督和检查私人和保证专业与职业素质来承担更多的保障责任。”①在本文所考察的特许经营典型个案中，由于政府监管的缺失而导致改革失败的事例比比皆是。总体来说，特许经营中政府监管能力的低下集中体现在如下三个环节：

一是市场准入与市场退出监管。市场准入与市场退出监管的目的是让那些资质优良的企业通过公正有序的准入程序进入公用事业领域，同时让那些怠于维护公益的企业退出市场。在本文所考察的典型失败个案中，市场准入与市场退出监管的缺失往往是其间的重要原因。例如，湖北南漳自来水浊水事件发生的原因就是政府将特许项目授予不适格的甚至是非专业的企业运营，当地政府监管的严重缺位致使公益遭受重大损失。有的地方政府在市场准入监管过程中唯利是图，高溢价抛售公用企业，在盘活了国有资产的同时丢掉了公用事业的公益属性。例如，在兰州威立雅水务特许项目中，兰州市政府以 17.1 亿的高溢价授予威立雅公司以 18 年的特许经营权，之后，水价的频繁上涨引发市民的强烈不满，政府监管部门的作为却乏善可陈。② 当特许期限届满或发生有损公益的非常状态情形时，政府就需要进行退出监管，以防现有企业退出市场时造成公共服务的非连续性和服务质量的下降。方正县供暖领域发生的政府临时接管③以及十堰公交民营化

---

① 〔德〕鲁佩特·朔尔茨：《法治国家和行政法：连续性和活力》，载“法制国家现代化：德国国家行政管理经验及中国的前瞻”研讨会交流论文，2000 年 3 月 27—28 日，北京。

② 参见包锐等：《兰州水价 9 年 5 次上调 水企亏损遭质疑》，http://news.sina.com.cn/c/sd/2009-08-17/002018446677.shtml，2015 年 4 月 3 日访问。

③ 参见郭毅：《供热企业纠纷危及近 4 万人取暖 当地政府临时接管供热——首例政府临时接管特许经营权案背后深意》，载《法制日报》2009 年 8 月 4 日。

罢运后政府临时接管等事件凸显出政府在面对现有企业非正常退出时仍缺乏有效的规制策略。

二是价格监管。价格监管的目的是要将公用事业的产品或服务价格控制在一个“公平合理”的范围之内。但在当下的公用事业特许经营过程中,价格一路上涨似乎已成为社会常态,背后折射出政府价格监管的失灵。例如,2007 年兰州城市供水实行特许经营改革时,法国威立雅水务以 17.1 亿元的高溢价获得特许权,其事后频繁涨价时出现了三种声音:特许经营者以企业亏损严重为名执意涨价;消费者认为涨价幅度过大,成本信息不透明;学者则认为:高溢价不是免费的午餐,每一笔资金后面都蕴藏着相应的代价,需要在其他的方面或者今后的时间里逐步拿回。[①] 目前我国普遍采取的是成本加成的价格计算方法,但在信息严重不对称的情况下,政府的成本监管往往难以有效进行,易造成价格失真。如何处理好特许经营者的“合理成本”与“合法成本”之间的关系,如何减少随机价格的形成进而促使价格形成机制的合理化等,显然都需要政府监管者审慎考虑。

三是质量与安全监管。对质量、安全等社会性规制的忽略是当下特许经营改革陷入困境的又一重要原因。例如,长沙市公交民营化之后企业片面追求利润最大化,漠视公用事业的公益属性,出现拒载老人等服务低劣现象;公交车员工的奖金福利与公交收入挂钩,员工疲于奔命,致使公交车成为交通违章大户,直接对公共安全构成威胁。南京城市公交民营化之后热门线路过于集中,偏僻线路则无人问津,对部分市民的正常出行造成极大不便。[②] 重庆、合肥等城市公交民营化之后安全监管不到位导致事故频发,成为市民望而生畏的“街头老虎”。政府对公交企业运行安全与服务质量的监

---

① 参见傅涛:《水业资产溢价的背后》,http://paper.h2o-china.com/7287_1.shtml,2015 年 5 月 3 日访问。

② 参见顾巍钟:《公交改制遇难题 南京酝酿政府补贴推动公交优先》,http://www.longhoo.net/gb/longhoo/news/nanjing/chengjian/userobject1ai895217.html,2015 年 5 月 3 日访问。

管严重缺位,民营化之后政府撤手不管是主因。[①]

4. 政府利益衡量不当

诚如我国台湾地区行政法学者詹镇荣先生所言:"国家与私人共同协力执行行政任务为现今民营化浪潮下最广为实行之部分民营化模式,其优点在于国家借助私人部门之人力、专业知识、技术,以及资金等参与,可减轻其人事、财政等各方面行政资源之负担;同时,参与之私人亦可从中获取经济上之利益或其他方面之优惠,基本上可谓为一种创造国家与社会双赢之机制,值得肯认。"[②]也就是说,公私合作制的本质体现了政府与私营机构之间的长期伙伴关系,政府利用私营机构的高效率实现公共利益的最大化,而私营机构则力图降低投资风险,追求自身利润的最大化,二者在长期的博弈中形成利益均衡。但在特许经营的现实运行过程中,情形往往发生变异。例如,在长春汇津污水处理项目的实施过程中,长春市政府为减少企业风险单方面提供了付款保证、法律变化补偿保证、优先获得新项目特许经营权等超越法律授权的承诺,致使双方权利义务一开始就处于不对等的状态,为特许受挫埋下祸根。同时,公众利益在特许实施过程中也常常被虚置。在很多失败事例中,普通市民不仅无从了解特许经营的运作过程,更无法直接参与其中。政府与企业相互勾结导致公众利益遭到巨大损失的现象屡见不鲜。尤其是在对现有资产进行估价时,地方政府要么急切地低价贱卖致使国有资产白白流失,要么想当然地选择报价最高者从事特许经营,表面上通过溢价出售使国有资产保值增值,实则为特许经营者日后假借虚增成本而任意加价提供了堂而皇之的借口,消费者由此而成为最终的"埋单者"。在广东番禺垃圾焚烧发电项目的选址过程中,由于信息的不对称和公众有序参与机制的匮乏,导致当地居民只能通过非正常的方式表达抗议并致使项目遭遇搁浅。[③] 政府利益衡量的不当还表现在对被改制企业职工利益的忽略上。

---

① 参见高学军:《失控的公交车 合肥反省公交民营化》,http://www.cs.com.cn/cqzk/05/200705/t20070524_1108961.htm,2015 年 5 月 3 日访问。

② 詹镇荣:《民营化法与管制革新》,台湾元照出版社 2005 年版,第 39—40 页。

③ 参见马李灵珊:《番禺的力量》,载《南方周末》2010 年 1 月 7 日。

例如,在湖北十堰公交民营化、黄冈公交民营化及浙江兰溪公交民营化的进程中,政府都没有妥善处理好原国有企业职工的正当利益,公交司机因不满苛刻管理制度而频频罢运,进而发展为特许经营顺利推行的直接阻力。[①]

三、我国公用事业特许经营制度运作之展望

回顾我国公用事业特许经营改革的历程,虽然失败多于成功、教训大于经验,但这并不意味着特许经营本身不能作为公用事业改革的有益制度尝试,更不意味着公用事业只能回到国有垄断经营的老路。正如世界民营化大师 E. S. 萨瓦斯所言:"民营化不仅是一个管理工具,更是一个社会治理的基本战略。它根植于这样一些最基本的哲学或社会信念,即政府自身和政府在自由健康社会中相对于其他社会组织的适当角色。民营化是一种手段而不是目的;目的是更好的政府,更美好的社会。"[②]面对中国日益增长的公用事业需求,特别是党的十八大之后的政策期许,特许经营在未来仍然有着广阔的发展空间。为了实现公用事业特许经营制度的健康运转,避免第三波改革再度陷入困局,今后应当着重从风险防范意识的加强、法律规范体系的完善和政府监管能力的提升等三个方面进行努力。

(一)强烈的风险防范意识是特许经营制度成功运作的思想基础

特许经营是公私部门合作治理的有益尝试,其本质在于实现以公共部门为代表的消费者利益集团与以私人部门为代表的运营者利益集团之间的结构均衡。尽管大多数公用事业具有需求稳定、现金流量大、收入稳定等投资优势,但与其他行业一样,同样存在各种投资风险。正如学者所言:"风险和财富一样都是分配的对象,它也和财富一样会建构一种危险的或阶级的处境。"[③]特许经营风险除了源自公用事业自身所具有的特性之外,主要还是

---

① 参见朱永红等:《兰溪公交 回归国有》,载《浙江日报》2007 年 1 月 31 日。

② 〔美〕E. S. 萨瓦斯:《民营化与公私部门的伙伴关系》,周志忍等译,中国人民大学出版社 2002 年版,第 350 页。

③ 〔德〕乌尔里希·贝克:《风险社会——通往另一个现代的路上》,汪浩译,台湾巨流出版社 2003 年版,第 14 页。

由政府、私人运营者及消费者三类主体人为制造。在项目的授予期、建设期、运营期和移交期等四个不同阶段，三类主体的相关活动都可能给自身及他方造成不可控制的风险。这些风险大体上涵盖了商业风险、财政风险、政治风险及不可抗力风险等多种类型。面对“现代化的风险”，坚持“利益共享、风险共担”的原则至关重要。风险分担的原理就是将特定的风险交予最适合评估、控制和管理该风险的部门来承担。[①] 对于政府而言，必须建立行政主导、公众参与和专家论证的风险评估机制，尽量在特许项目实施的全过程中防范和化解风险；对于企业而言，必须通过对政府信用、法规体系等投资环境的综合评估审慎作出投资意向；对于公众而言，应当借助多种渠道实现有序和有效参与，避免自身利益遭到侵害。也就是说，风险防范意识应当贯彻于公用事业特许经营的所有参与主体和全部实施过程之中。只有当政府、私人运营者和消费者都秉承浓郁的风险防范意识，且风险防范意识深深地嵌入特许经营的法律规范体系和后续政府监管体系时，公用事业特许经营的成功运作才真正具备了内在的思想动力。

（二）完善的法律规范体系是特许经营制度健康运行的长效机制

我国公用事业特许经营制度在政策主导的规制模式下已运行二十多年。从现代行政法治理念和特许经营持续健康发展上看，都必须在公用事业改革领域尽快完成由政策主导型模式向法律主导型模式的转变。为了加快公用事业特许经营立法步伐，提高立法质量，立法机关需要进行全面规划、合理安排，以形成完整、系统、协调的公用事业特许经营法律规范体系，避免“头痛医头，脚痛医脚”。为此，应当着重解决好三个前提性问题：一是央地立法权限之间的合理配置。中央立法机关亟须制定一部统一的公用事业特许经营法律或行政法规，以解决现行规则体系之间存在的不协调、不配套问题。中央立法主要针对公用事业特许经营基本制度作出原则性规定，保持一定的开放性进而为地方立法留出必要的创新空间。地方立法主要是

① 参见余晖、秦虹：《公私合作制的中国试验》，世纪出版集团、上海人民出版社2005年版，第40页。

对中央立法的具体化,结合地方特色和实践需要制定更具可操作性的细则性规定。二是特许经营统一立法体例。目前流行的试图涵盖特许经营各个方面内容的立法体例存在可操作性缺乏、无法顾及不同行业特点等弊端,可以调整为"统一立法加专章规定"的模式,即将公用事业各行业共性的内容安排在"总则"等章节里面进行规定,各行业不同的制度设计可以列专章加以规定。这种立法体例既能提供一套完整的公用事业特许经营制度,又能兼顾各行业的不同特点,其体系清晰、可操作性强,是较为理想的立法模式。三是特许经营立法进路。2015 年 6 月 1 日,经国务院同意、国家发改委和财政部等六部委联合发布的《基础设施和公用事业特许经营管理办法》开始实施。2016 年 1 月,财政部主导的《政府和社会资本合作法(征求意见稿)》结束征求意见,PPP 立法进入快车道。今后,消除部门壁垒、统一法律实施的任务也将更为艰巨。

(三)健全的政府监管体系是特许经营制度顺利进行的根本保障

诚如学者所言:"真正的民营化政府责任是不能被转移的,所转移的只是透过民间功能所表现出来的绩效;且真正的民营化并不会造成政府角色的消失,而只是减少而已。因为政府仍要承担政策说服、规划、目标设定、监督标准拟订以及执行、评估及修订导正等功能,因此民营化的成功,是建立在一个健全的政府功能基础上的。"①事实上,早在 2005 年 9 月,建设部就专门发布了《关于加强市政公用事业监管的意见》(建城[2005]154 号),明确提出"健全的市政公用事业监管体系是推进市场化的重要保障,市政公用事业监管应贯穿于市政公用事业市场化的全过程",并为政府监管提供了一份详细的"工具清单",可谓吹响了我国公用事业特许经营后续政府监管的号角。遗憾的是,这些良好的制度愿景并没有得到真正的落实。当然,政府监管体系的建构是一个复杂的社会系统工程,包括监管体制的健全、监管权力的合理配置、监管目标的正确选择、监管手段的灵活运用以及有效的争端解决机

① 詹中原:《民营化政策——公共行政理论与实务之分析》,台湾五南图书出版公司 1993 年版,第 10—11 页。

制等。总体来说,“维护并增进公众利益”和“促进有效竞争”应当成为政府后续监管的基本目标;独立性、权威性和专业性应当成为政府监管体制变革的基本标准。不过,就政府监管能力的提升而言,最重要的还是综合运用各种灵活有效的监管手段。鉴于我国行政机关习惯于采用传统的命令控制型规制手段,而特许制度的出现本身就是“契约型安排在行政法中兴起的缩影,是对像命令和控制这样传统规制方法的规制的一种补充甚至是替代”①。因此,在未来特许经营的后续政府监管中,除了继续适度运用行政处罚、行政审批、行政强制等命令控制型手段外,还应当注重绩效评估、信息规制、自我规制等新型监管工具的使用,通过“软硬兼施”确保公用事业特许经营过程中的“公私双赢”。

【拓展阅读】

1. 王赐江:《冲突与治理:中国群体性事件考察分析》,人民出版社 2013 年版。

2. 戚建刚:《论群体性事件的行政法治理模式》,载《当代法学》2013 年第 2 期。

3. 杨海坤:《我国群体性事件公法之公法防治对策研究》,载《法商研究》2012 年第 2 期。

4. 章志远:《行政任务民营化法制研究》,中国政法大学出版社 2014 年版。

5. 周林军、曹远征等:《中国公用事业改革:从理论到实践》,知识产权出版社 2009 年版。

6. 余晖、秦虹:《公私合作制的中国试验——中国城市公用事业绿皮书 NO. 1》,上海人民出版社 2005 年版。

---

① 〔英〕卡罗尔·哈洛、理查德·罗林斯:《法律与行政》(下卷),杨伟东等译,商务印书馆 2004 年版,第 511 页。

第六章

行政法制度个案分析

作为行政法治后发型的国家,我国行政法上的很多制度都移植于西方国家,听证制度就是较为典型的移植实例。同时,面对社会治理的现实难题,又形成了很多极富本土特色的制度,包括车牌拍卖在内的各种交通限制措施就是典型的自生实例。围绕某项行政法制度的实施状况分析其利弊得失,有助于“制度设计型”行政法学的发展。本节将以与民生保障息息相关的价格决策听证和私车牌照拍卖制度为例,深入解读行政法上的制度个案。

第一节　价格决策听证制度分析

一、价格决策听证制度总体实施情况堪忧

自 1998 年 5 月《价格法》正式实施以来,作为公众参与公共政策制定的一种重要机制——价格听证制度在我国的建立已有近二十年之久。在此期间,全国各地举行了数以万计的价格听证会,内容涉及水电气、交通、景点门票、教育、电信等诸多领域。从宏观上看,价格听证会不仅确立了一种崭新的由政府、垄断行业经营者和消费者三方共同参与论证、相互制约的价格形成机制,而且还唤醒了广大消费者和公民的民主参与意识。就微观而言,一些价格听证会还取得了相当丰硕的成果。例如,2002 年 1 月全国铁路部分

旅客列车政府指导价方案听证会经中央电视台现场直播以后，在全国引起了强烈反响，这种“过程正义”对打造阳光政府起到了重要的推动作用。又如，2000 年 6 月青岛市中小学教育收费听证会召开，由于大多数听证会代表的反对，举办者不得不协调申请人调整方案，并于同年 8 月重新召开听证会直至取得各方都满意的效果，这种“结果正义”既体现了政府对民意的充分尊重，也有力地限制了价格决策权的恣意行使。

然而，价格听证制度在实践中也暴露出了各种各样的问题，甚至还出现了诸多异化现象，以至于价格听证几乎成为新一轮形式主义的代名词。价格听证制度实施的实际效果与人们对其美好的价值期望之间形成了巨大落差，一些民众甚至将价格听证讥讽为“涨价听证”。[①] 如果深入观察价格听证制度的实践运作，不难发现价格听证制度几乎完全陷入困境之中。

困境的表现之一在于普通民众甚至听证会代表对价格听证会的热情与日俱减。多年前，一项来自广州社情民意研究中心的调查结果就显示，听证会的价值正在广州市民的心目中滑落，认为听证会对公民参与政府决策“没有作用”“作用不大”“是形式主义”的受访者三项合计竟有 62.5%，其中 15.5%的人认为“是形式主义”或“听令”的摆设。[②] 而根据另一份对北京市 1998—2000 年间四次价格听证会应到代表和实到代表的比例统计显示，随着时间的推移，实到代表的数量和比例呈现逐年递减的趋势，甚至一度下滑到 53.3%。[③] 作为我国政治、文化中心的首都北京和地处我国改革开放前沿的广州，市民的参与热情尚且如此，其他地区就可想而知了。就此而言，我

---

① 例如，在 2013 年 5 月举行的北京市出租汽车租价调整和完善燃油附加费动态调整机制听证会上，北京市发改委所提供的两套听证方案都是“涨价”，导致听证会代表只能在涨幅大小不同的两种方案之间进行选择。事实上，在这次历时四个小时的听证会上，与会的 24 名代表中仅有 1 人对涨价表示明确反对。时隔多年，价格听证制度的推行依旧是步履维艰。参见王乐：《北京出租车调价听证会上涨价成大势所趋》，载《文汇报》2013 年 5 月 8 日第 1 版。又如，在 2015 年 8 月举行的郑州市自来水调价听证会上，19 名代表一致同意涨价，而场外却是一片质疑。参见田园等：《郑州自来水调价听证会结束 19 名代表全赞同涨价》，载《大河报》2015 年 8 月 8 日。

② 参见赵燕华等：《听而不证 流于形式——广州市民直言听证会贬值》，载《报刊文摘》2002 年 10 月 27 日。

③ 参见彭宗超等：《听证制度：透明决策与公共治理》，清华大学出版社 2004 年版，第 67 页。

国的价格听证制度正因为失去民众的信任而日益蜕变为一种法治的陪衬。

困境的表现之二在于大量的"听话"代表、"糊涂"代表和"哑巴"代表充斥于各种价格听证会,致使价格听证会犹如一场精心组织的表演。综观当下的价格听证,很多与会代表都有着明显的"近亲化"倾向,这些与价格主管部门关系亲密的代表往往对定价方案表现出高度一致的"理解"和"支持"。例如,2002 年 9 月举行的兰州市公交车调价听证会的全部 31 名代表都是由市物价局选定的,除 5 位普通的消费者代表以外,其余 26 位都是鲜有以公交车为主要代步工具的专家学者、人大代表、政协委员、公务员、校长及高级工程师等有身份的人士。在大多数代表都不是真正的买方的情况下,出现"各界代表达成共识,公交车票价调整方案顺利通过"的结果就顺理成章了。[1] 更令人惊讶的是,有些价格听证会的代表甚至连"自己是怎样产生的"都不清楚。如此糊涂地参加价格听证会,又怎能指望其积极、有效地传达民意?在很多时候,"糊涂"代表往往就是"哑巴"代表的代名词。例如,在 2002 年 1 月召开的安徽省公路客运旅客春运价格听证会上,有的代表就发出了"自己究竟是如何产生"的疑问。由于是被动地参与听证,因而这些"糊涂"代表就选择了沉默,并表示"说了也白说"。[2] 听证会代表遴选标准的不明确、产生方式的不公开和组成结构的不合理,必然会导致价格听证会"充分听取各方意见"的良好初衷丧失了实现的可能。

困境的表现之三在于听证会代表难以对定价方案提出实质性的抗辩意见,价格听证会几乎成为垄断行业经营者单方面的信息发布会。从实践来看,价格听证过程中的信息不对称问题十分突出,即普通消费者代表往往因处于信息劣势地位而无法与经营者就实质问题展开辩论。从经济学角度来看,价格听证在增进社会总福利的同时往往会触动垄断行业经营者的即期利益,因而是一种典型的"非帕累托改进"性质的制度变革。由此,垄断行业

① 参见农夫:《听证会代表的共识》,载《南方周末》2002 年 10 月 17 日。

② 参见卢尧、王慧慧:《安徽公路价格听证:为何没有民工的声音?》,http://www.china.org.cn/chinese/difang/97398.htm,2015 年 6 月 2 日访问。

经营者就会本能地利用其所固有的技术优势和信息优势干扰价格听证的实际运作。而组织化程度极低的消费者代表天然地处于信息的劣势，加之相关制度安排的缺失，致使他们在听证会上无法就定价方案提出富有说服力的抗辩理由。事实上，面对高度专业化的企业成本核算，即便是相当出色的专家也会出现“失语”现象。正因为听证会代表不能与申请方形成真正的“高手过招”，因而价格听证会就只能沦为垄断行业经营者单方发布信息的“独角戏”。

困境的表现之四在于听证案卷对价格决策机关缺乏明确的拘束作用，价格听证会往往演变为“提价听证会”。听证案卷是价格听证会举行前后所形成的各种记录、证据和文书的集合。其中，作为记载听证会实况及各种意见总结的法律文书——听证笔录和听证纪要是最为重要的听证案卷。听证笔录和听证纪要对价格决策机关的最终定价行为是否具有拘束力往往是衡量一场价格听证会有无用处的“试金石”。在实践中，价格决策机关时常不顾广大消费者的反对照样提价，有时甚至还无视听证笔录、听证纪要径行作出涨价决定。例如，在 2002 年 7 月召开的南京市公交票价改革听证会上，尽管大多数代表都认为票价改革申请方案涨幅过高，但结果是南京的公交月票价格几乎完全按照原方案涨了。[①] 正是由于听证案卷对价格决策机关缺乏拘束力，价格听证会往往被坊间戏称为“涨价听证会”，这反过来又极大地挫伤了听证会代表发表意见的积极性。听证案卷法律效力的不明确进一步弱化了民意对权力的限制功能，使得价格听证严重背离了其制度设计公正、客观的初衷。

总之，价格听证制度实施状况令人担忧已经成为一个不争的事实。究其原因而言，既有任何制度建立之初所固有的不规范因素，也有现行法律规定的不合理、不明确，更与处在行政法治建构过程之中的当下中国的整体社会环境息息相关。价格听证制度可以被视为社会转型时期中国政治民主和

① 参见纪雯、孔祥宏：《听证代表：南京公交票价 0.7 元涨幅太大》，http://www.xhby.net/xhrbw/gb/content/2002-07/27/content_82159.htm，2015 年 6 月 5 日访问。

经济民主的一个微缩舞台，透过这个窗口，人们能够洞悉中国公共管理体制改革和理念重塑的艰难历程和未来动向。有鉴于此，探寻价格听证制度在当下中国摆脱困境的可能出路，进而防止其蜕变为某些利益集团操纵民意的工具，应当成为行政法学者的重要使命。

二、健全听证代表遴选机制是摆脱价格听证困境的前提

与行政处罚听证等“行政处理型”听证所不同的是，作为“公共决策型”听证的价格听证的事项往往涉及多方利益群体。在这里，各方均需参与和不能人人参与的现实矛盾使得听证代表的遴选成为价格听证制度实际运作的首要问题。以行政过程论的观点审视之，造成价格听证制度梗阻的首要原因就出在听证代表的遴选上，因而摆脱价格听证制度困境的首要之道也在于此。

关于价格听证代表的属类问题，作为现行价格听证重要制度依据的《政府制定价格听证办法》(2008 年 12 月 1 日起施行，以下简称为《办法》)第 9 条规定：“听证会参加人由下列人员构成：(一) 消费者；(二) 经营者；(三) 与定价听证项目有关的其他利益相关方；(四) 相关领域的专家、学者；(五) 政府价格主管部门认为有必要参加听证会的政府部门、社会组织和其他人员。听证会参加人的人数和人员的构成比例由政府价格主管部门根据听证项目的实际情况确定，其中消费者人数不得少于听证会参加人总数的五分之二。”关于价格听证代表的产生问题，《办法》第 10 条则规定：“听证会参加人由下列方式产生：(一) 消费者采取自愿报名、随机选取方式，也可以由政府价格主管部门委托消费者组织或者其他群众组织推荐；(二) 经营者、与定价听证项目有关的其他利益相关方采取自愿报名、随机选取方式，也可以由政府价格主管部门委托行业组织、政府主管部门推荐；(三) 专家、学者、政府部门、社会组织和其他人员由政府价格主管部门聘请。政府价格主管部门可以根据听证项目的实际情况规定听证会参加人条件。”这些粗线条的规定既无法保障所有的利益集团都能取得平等的代表权，也无法保证所遴选的代表能够独立自主地表达所代表利益集团的诉求。

价格听证代表问题的解决之道在于两个方面，即通过什么方式让什么样的人参加听证会。其中，前者关涉价格听证代表的遴选方式问题，属于程序正义的范畴；后者则关涉价格听证代表的遴选标准问题，属于实体正义的范畴。关于听证代表的遴选方式，存在着是“自上而下”还是“自下而上”产生、是“单一化”还是“多元化”产生的选择问题；而听证代表的遴选标准则关乎代表的具体资格条件，至少应当考虑到代表的广泛性（结构布局）、代表性（民意基础）、专业性（代表能力）和独立性（立场取向）等四项内容。为此，应当通过以下四个转变来健全价格听证代表的遴选机制：

（一）由“政府化”到“去政府化”

目前，我国价格听证代表的遴选呈现出明显的“政府化”倾向，其具体表现就在于政府掌握着听证代表选择的主导权，代表如何选定、代表人数如何确定、代表比例如何分配都由政府价格主管部门决定。这种自上而下的遴选方式固然能够节约成本、提高效率，但其公正性却大打折扣。我们的政府在骨子里对垄断性国有企业就有一种无法割舍的“父爱”情结，两者之间常常是事实上的利益同盟。因此，由价格主管部门主持价格听证会本就有“自己作为自己案件法官”的嫌疑，如果再由其主宰听证代表的遴选，那么听证会对价格政策的制定就几乎不可能产生实质性影响。道理很简单，由价格主管部门按照自己的意志所“邀请”或“圈定”的代表，既不可能拥有广泛的民意基础和高涨的参与热情，更不可能站在超然的立场上独立发表见解。如此一来，缺乏对峙的听证会就只能流于形式，甚至是故意“作秀”，价格听证所追求的民主、公正与理性就永远只能是镜花水月。

可见，由谁来掌握听证代表遴选的主导权不仅仅是一个纯粹的技术问题，更是一个关系到听证代表独立性维护的根本性问题。因此，改革的必由之路是“去政府化”，即打破政府对听证代表遴选的垄断格局，建立一种由各利益集团、社会中介组织等与政府双向互动、共同协商遴选听证代表的机制，从而实现以社会自治有效制约国家公权恣意行使的目的。这种新的遴选机制主要考虑到了当下中国社会自治组织发育不全但又正在艰难生长的特殊现实。新机制的具体运作有赖于双方角色的正确定位:就政府而言,其职责应当回归到“定规则、当裁判”上来,不应该直接插手具体的遴选事务;就各利益集团而言,其职责就是严格按照事先公布的听证代表遴选规则具体组织实施遴选事务,并及时将自行产生的能够代表本集团利益的合适人选报政府部门进行资格审查。通过这种“各司其职”的遴选机制的实际运作,价格主管部门的超脱性、中立性将更加凸显,而听证代表的广泛性、代表性和独立性也将获得坚实保障。

(二)由“单一化”到“类型化”

价格听证为多元利益群体之间的博弈提供了一个有效的制度平台,为此,出席价格听证会的代表就能够根据其利益的不同被相应地划分为不同的类型。一般来说,价格听证会代表由经营者代表、消费者代表、专家代表和相关部门代表等四部分组成。在当下价格听证制度的实践中,这些代表往往都是按照自愿报名或单位推荐的方式产生的。例如,全国铁路票价听证会的正式代表就是通过推荐和报名相结合的方式产生的。其中,以推荐方式遴选的代表有 21 名,占 63.6%;以推荐加报名方式遴选的代表有 12 名,占 36.4%。在这里,价格听证代表遴选的方式表现出明显的单一化倾向。很显然,这种方式没有考虑到不同类别的代表之间性质、使命的差异,因而难以达到价格听证制度的目的。以出席全国铁路票价听证会的 5 名专家代表为例,经济、法律方面的专家是由听证会组织者国家计委商中消协指定的,而铁路运输技术方面的专家则是由听证会申请人铁道部推荐的。实践证明,这种由政府价格主管部门以及垄断行业经营者的主管部门“请”来的专家代表极有可能被邀请方所“俘虏”,从而严重影响到专家话语权的公正行使。[①]

---

① 统计结果显示,参加铁路票价听证会的 5 名专家代表中就有 4 名同经营者代表一样,赞成政府指导价和票价上浮,占全部专家代表的 80%;而只有 1 名代表反对实行政府指导价和票价上浮,仅占全部专家代表的 20%。这一耐人寻味的比例表明了推荐、指定方式对专家代表公正行使话语权有多么大的负面影响。参见湛中乐、邓姝妹:《价格听证制度的确立及成功实践》,载《价格理论与实践》2003 年第 5 期。

因此，改革的必由之路应当是“类型化”，即针对不同利益集团的代表分别采取不同的遴选方式。具体做法为：(1) 经营者代表和相关部门代表由所在行业或单位负责推荐。这两个利益集团与价格决策息息相关，且其内部不乏专业知识扎实、平时训练有素的经营、管理人员，因而其自身完全能够遴选出一流的代表。(2) 专家代表应当逐步过渡到以从专家库中随机抽取的方式产生。与其他代表所不同的是，专家代表参与价格听证会的主要使命是运用其专业知识对价格方案进行专业性、权威性的解读，因而专家代表的学术水准和人格独立是其赢得社会信赖的两个关键因素。有鉴于此，必须杜绝临时随意指定专家代表的做法。可以模仿我国《仲裁法》关于仲裁委员会委员聘任的做法，分别在经济、法律及相关专业领域建立听证代表专家库，通过随机抽取的方式确保专家代表客观公正地行使话语权。(3) 消费者代表应由中国消费者协会及地方消费者协会负责遴选。具体的操作过程是：首先，在消费者自愿报名的基础上根据既定的标准确定正式的代表候选人；然后，将正式的代表候选人按照阶层进行分类，在保证每一阶层都有代表出席听证会的基础上，适当照顾到社会弱势群体及底层人士所占的比例；最后，在保证代表应有的广泛性和代表性的前提下，尽力遴选有一定专业水准和参政能力的人士作为正式代表出席听证会。

(三) 由结构“失衡”到结构“均衡”

什么样的人可以参加听证会，其实质就是什么样的利益需要什么样程度的保护。正如马克思所言：“人们奋斗所争取的一切，都同他们的利益相关。”[①]因此，所有利益可能受到价格决策影响的群体都应当有自己的代表参加价格听证会。这就要求听证会代表要覆盖与价格决策有利害关系的各方利益集团，尤其是那些与价格决策具有最密切、最直接联系的利益集团更应当享有优先参加权。然而，实践中的情形却往往与此相反，例如，作为与春运关系最为密切的两大群体——外来务工人员和高校学生无疑应当拥有自

① 《马克思恩格斯全集》第1卷，人民出版社1972年版，第82页。

己的代表出席各类春运价格听证会，但在全国铁路票价听证会上就没有高校学生代表，价格听证会代表的整体性均衡仍然有待落实。

除此之外，听证会代表的结构“均衡”还应当体现在各方代表相互之间及其各自内部组成人员之间比例的协调上。原因在于，既然价格决策关系到利益直接对立的集团，那么一旦出现各方听证代表比例的失调，其结果必然会引发某一方的“话语霸权”，从而影响其他利益集团话语权的平等行使。同样的，如果利益集团内部代表的比例也出现失衡，那么代表的代表性就无从谈起。在实践中，这两种比例失衡的现象都十分常见，例如，出席安徽省公路客运票价听证会的消费者代表只有6名，仅占所有代表的25%，根本不能与其他利益集团形成均势。[①] 又如，根据统计，在出席全国铁路票价听证会的代表中，社会上层和中上层的代表有24名，占所有代表的72.7%；中层代表仅有2名，占6.1%；下层代表7名，占21.2%。[②] 事实表明，如此畸形的代表结构直接导致最终的利益天平滑向了价格听证的申请人。因此，价格听证代表的遴选必须尽快实现由结构失衡向均衡的转变。笔者建议，在听证会代表总数确定的前提下，对消费者代表、经营者代表、相关部门代表及专家代表分别按照2∶1∶1∶1的比例进行遴选。只有这样，才能保证各种意见尤其是来自社会底层以及与价格决策关系最为直接的群体的真实声音在听证会上得到表达。

（四）由“身份化”到“专业化”

从经济学意义上来说，缺乏竞争的垄断行为不仅不可能有效地配置社会资源，而且还会损害消费者的利益和社会整体效益，因而需要政府对存在垄断的领域进行适度干预，价格听证正是其中的重要干预方式之一。然而，要想通过听证会的形式真正实现对垄断行业的有效规制进而提高社会的总福利，无论是政府价格主管部门还是听证会代表，都必须直面垄断行业经营

① 参见卢尧、王慧慧：《安徽公路价格听证：为何没有民工的声音？》，http://www.china.org.cn/chinese/difang/97398.htm，2015年6月20日访问。

② 参见湛中乐、邓姝姝：《价格听证制度的确立及成功实践》，载《价格理论与实践》2003年第5期。

成本核算、利润统计、市场需求、定价方案等智识挑战。尤其是对于广大消费者代表来说,如果没有一定的专业知识和技能作为基础,其结果不仅不能针对垄断行业经营者的定价方案提出有力反驳,甚至连能否看懂垄断行业经营者所提供的相关材料都不无疑问。由此可见,听证会代表的专业素质往往对听证会的成功与否起到决定性作用。美国历史上著名的肯尼迪听证会之所以取得巨大成功,并直接启动了美国民航业的放松规制改革,其主要原因就在于听证会参加人上。这些参加人主要来自政府机关和学术界,包括交通部长与助理部长、总统经济顾问委员会成员、总统工资与价格稳定委员会办公厅主任、司法部反垄断局局长、联邦贸易委员会主席以及一些从事管制改革研究的著名学者。这些人参加听证会,不仅能够保证听证会的专业水准和权威性,而且公开听证的压力,会迫使其亮出真实的想法,从而形成真正的"高手过招"格局。①

反观我国当下价格听证会的实际运作,却少有上述针锋相对局面的出现。其中的一个重要原因就在于"身份"往往成为听证会代表遴选的实质性标准。这种"身份化"倾向的典型表现就是人大代表、政协委员、劳动模范、政府高级公务员等社会精英往往成为听证会代表的首选对象。根据对我国11个地方价格听证制度规定的听证参加人员的属类统计,明确规定人大代表出席的有8个,明确规定政协委员出席的也有7个。② 人大代表、政协委员固然具有一定的参政议政能力,劳动模范、政府高级公务员等社会精英也大多是事业成功者,但这些都不能代表他们对价格听证事项的熟悉程度。事实上,一个企业的财务主管对价格听证申请方经营成本核算报表的理解力往往远远超出一个法学教授,过分强调听证会代表的"身份",很容易将出席价格听证会视为一种政治荣誉,这与价格听证主要依赖专业较量的基点严重偏离。可见,在价格听证会代表的遴选中,当务之急是要变"身份"标准为"专业"标准,着力提升听证会代表尤其是消费者代表的专业水准,从而避

① 参见周汉华:《对我国听证会制度发展方向的若干思考》,载《南方周末》2003年5月8日。
② 参见彭宗超等:《听证制度:透明决策与公共治理》,清华大学出版社2004年版,第58页。

免消费者群体在价格听证的力量博弈中处于劣势地位。只有逐步实现消费者代表的专业化,消费者群体才有望在价格决策过程中真正发挥应有的作用。

三、消弭价格信息的不对称是摆脱价格听证困境的关键

如果说听证代表遴选机制的健全主要解决的是“人”的问题的话,那么接下来的问题就是这些代表怎样才能更加有效地参与价格听证会。价格听证会的过程就是各方代表利用其所掌握的信息,围绕定价方案进行充分辩论的过程,因而,信息把握是否全面、真实和对称就成为听证代表能否履行好职责的关键,也成为价格听证会能否取得实际效果的决定性因素。价格听证制度的实践显示,信息的不对称已经成为听证话语权平等行使的极大障碍,因而摆脱价格听证制度困境的另一重要之道即在于消弭这种信息的不对称。

关于价格听证过程中的信息问题,《办法》中有一些零星的规定,如第20条关于“政府价格主管部门应当在听证会举行15日前向听证会参加人送交材料”等。然而,这些粗略的规定远远不能防止价格听证过程中的信息不对称,甚至还在客观上加剧了本已存在的信息鸿沟。尽管从理论上来说,价格听证过程中的信息完全对称是不可能实现的,因为水平再高的普通听证代表也无法成为各个专业领域无所不通的行家,但通过合理的制度设计却能够在很大程度上改变这种信息的不对称,进而提高价格听证会的实际效果。具体的做法就是进一步科学、合理地配置价格听证各方主体的权利和义务,通过加重价格听证申请人的义务和价格主管部门的职责、赋予听证会代表更多的权利等来扭转双方信息不对称的局面。

(一) 听证申请人:信息披露与专业帮助

作为听证申请人的垄断行业经营者或其主管部门,其自身天然地具有强大的市场垄断力量,一旦提价申请最终获得批准,就意味着巨大的利润回报。而对于广大消费者来说,则意味着支出的增加。因此,基于诚实信用的

法理,处于信息劣势一方的消费者可以“合理地期待”处于信息优势一方的垄断行业经营者披露其与提价申请相关的所有信息。这就如同当行政权力的行使者作出对行政相对人任何不利的决定之时,都必须充分说明理由一样。可见,立法上首先必须明确规定听证申请人负有信息披露的义务。信息的披露不仅仅是听证申请人针对听证的组织者所作的,更应当是针对广大消费者所作的。因此,一旦申请人向政府价格主管部门提交价格听证申请报告,就必须同时将申请报告中所有与定价相关的信息尤其是申请方的经营成本核算报表向全社会公布,以便广大消费者尽早了解定价方案,从而运用这些有价值的基础性信息提出有针对性的反驳意见。在这里,信息的真实性和全面性应当成为衡量听证申请人是否认真履行义务的基本标准。

然而,就信息的广大受众——普通消费者而言,几乎都不是懂行的专业人员,因此,提供专业帮助应当成为申请人信息披露的一项附随性义务。在以往的价格听证实践中,常常由于听证申请人所提供的信息不全、不清,又不及时地进行解释、说明,使得听证代表尤其是普通消费者代表很难弄懂这些充斥着浓厚专业色彩的信息。在信息严重不对称的情况下,消费者代表往往比较被动,根本无法提出有说服力的反对意见。有鉴于此,必须改变现行《办法》第 22 条将申请人的解释、说明义务放置于听证会举行当天的做法。笔者认为,为了充分满足听证会代表的知情权,切实改变听证过程中的信息不对称,应当将申请人的解释、说明义务提前到听证会举行之前听证代表名单正式公布之时。也就是说,一旦听证会代表正式产生,申请人就有义务利用其专业上的优势随时解答听证会代表提出的咨询。

（二）听证会代表:充分知情与平等表达

只有利益的实际拥有者才能够真正体会到利益受侵害的切肤之痛,因而利益必须要由利益的拥有者自己主张。我们完全可以假定,所有参加价格听证的人都是为了自己的或者是为自己所代表的切身利益而来的。为了有效维护其所代表的群体的利益,真正地对政府价格决策产生实质性影响,听证会代表必须尽可能多地占有充分的信息,并享有在听证会上充分表达意见的机会。由此可见，立法上对听证会代表权利的配置应当围绕"充分知情"与"平等表达"展开。

听证会代表职能的实现取决于代表的理性化程度和信息占有程度。其中，理性是果，信息是因。因此，充分知情是听证会代表践行职责的前提。在这里，有关各方包括听证会申请人、价格主管部门以及其他相关部门都应当积极协助，使得听证会代表能够对听证事项有全方位的了解。在行使知情权的过程中，听证会代表有权查阅、复制、摘抄相关文件材料，有权要求相关各方对特定问题作出解释、说明，所有的机构都不能随意拒绝。需要指出的是，为了实现对消费者群体利益的特殊保护，立法上还应当赋予消费者代表对评估机构的选择权，从而确保其对定价方案的合理性作出科学判断。原因在于，即便听证会申请人所提供的信息是真实而全面的，普通消费者仍然无法对定价的必要性作出明确判断。解决这一问题的关键在于委托独立的审计部门对申请材料的合理性进行审查。如前所述，由政府价格主管部门指定的做法将影响到评审机构的独立性；而当下中国的消费者协会又不能完全真正地代表其成员——消费者的利益，因而也不宜由消费者协会来选择评审机构。比较可行的做法是，由消费者协会在出席价格听证会的消费者代表中随机挑选，再由被选中的消费者代表委托评估机构。当然，消费者代表获取信息需要很高的成本，如调研费用、评审费用等，这些必要的经常性支出，是否属于《办法》第 34 条"听证经费应当申请纳入同级财政预算"的范畴，实际上并无明确依据，实践中的做法也各不相同，有的由行政机关承担，有的由听证会申请人支付，还有的地方则由听证会代表自付。很显然，理念的弘扬如果没有经济能力的支撑就很难转化为制度现实。笔者建议，为公平起见，这一问题的解决应遵循如下思路：消费者的调研费用由消费者协会承担；消费者委托评审机构的评审费用最终由申请人承担。

当听证会代表获取充分的信息之后，接下来的重要使命就是要在听证会上"畅所欲言"。一个简单的事实是，如果听证代表没有机会发表意见或者不能充分地表达自己的观点，那么他们不仅不能实际地影响价格决策，而且就连先前大量的准备工作也将变得毫无意义可言。在实践中，情况往往是很多消费者代表的言行受到了不同程度的歧视，要么是没有机会发言，要么是时间太短以至不能充分表达意见。以广东省春运公路客运价格听证会为例，由于是中央电视台现场直播，3 个小时的听证会上留给代表发言的时间仅 100 分钟，而出席这次听证会的代表就有 31 位，因而很多代表都没有机会发言，有的虽然做了发言但仍然觉得意犹未尽，还有的消费者代表的发言则被多次打断。[①] 可见，发言时间的安排绝不仅仅是一个纯粹技术性的程序设计问题，而是一个牵涉价格听证制度正义能否实现的大问题。为此，立法上应明确规定听证代表的平等表达权，即对每一位与会听证代表的发言都要给予同等的尊重，即便是有所限制也应当是一视同仁。

（三）听证组织者：惩罚机制与程序安排

作为听证会的组织者，价格主管部门是价格听证程序的指挥者和推动者。可以说，无论是听证申请人信息披露义务的履行，还是听证会代表平等表达权的落实，都离不开听证组织者的督促与保障。因此，应当在《办法》规定的基础之上，围绕听证申请人义务的履行和听证会代表权利的行使增设听证组织者相关职权职责的规定，从而为价格听证过程中信息不对称的消弭提供进一步的制度保障。

正如前文所述，听证申请人所供材料的真实性和合理性是价格听证信息对称的基础。原国家发展计划委员会于 2002 年 11 月 22 日发布的《政府价格决策听证办法》曾经要求“申请人对所供材料的真实性负责”，且在第 21 条规定了申请人违反此项义务所应当承担的责任，即“政府主管部门应当责令改正，并建议有关机关依法追究其相应责任”。[②] 然而，无论证诸《刑法》还是《行政处罚法》的“有关”规定，都无法为“有关”机关追究“相应”责任提供制度依据。可见，从法律规范的角度来讲，这几乎是没有任何后果制裁的道

① 参见赵承、徐清扬：《请大众参与——广东春运公路客运价格听证会透视》，http://news.xinhuanet.com/news/2001-12/08/content_153581.htm，2015 年 6 月 25 日访问。

② 遗憾的是，《办法》删除了这些虽不完美但却多少有些宣示作用的规定，价格听证中的信息不对称问题依旧没有获得根本解决。

德箴言。很显然，在企业造假之风盛行的当下中国，这种缺乏可操作性的弹性责任条款极易纵容听证申请人“理性选择”提供不真实的材料。问题的解决之道在于充分利用现行《行政处罚法》第12条的授权，通过赋予听证组织者——政府价格主管部门必要的行政处罚权（主要是一定数额的罚款权）来“激活”上述处于“休眠”状态的责任追究条款。

综观《办法》的规定，听证组织者在听证程序的具体安排上具有极大的裁量空间。然而，“程序的实质是管理和决定的非人情化，其一切布置都是为了限制恣意、专断和过度的裁量”[①]。可见，对于行政程序的核心制度——听证制度的程序运作而言，行政机关本不该享有过多的裁量余地，否则，行政权的恣意行使就无法得到有效防范。事实上，听证组织者的某些自由裁量正在日益演变为加剧信息不对称的重要诱因。例如，根据《办法》第20条的规定，听证会代表通常只能在听证会举行15日前获得相关材料。对于都有本职工作的听证代表来说，要在如此短暂的时间内阅读、理解数百页的专业资料并进行充分的调研直至准备好会上的发言内容，显然是力不从心的。例如，在具有标杆意义的全国铁路票价听证会和民航国内航空价格听证会上，与会的普通消费者代表在接受新闻媒体采访时无不坦言准备时间不足。如此一来，听证代表的信息劣势就会因时间仓促而进一步加剧，其结果必然会影响到价格听证会的实际效果。笔者认为，为了保障听证会代表权利和使命的实现，必须对听证会程序作出更加合理的安排，进一步限制听证组织者自由裁量的空间。具体做法包括：第一，将向听证会代表送达材料的时间提前到“至少在举行听证会的30日前”，以便代表能够为出席听证会进行充分准备；第二，增设“价格听证会预备会制度”，规定听证组织者应在听证会正式召开的前一天举行由申请人和正式代表参加的听证会预备会，再次确认先前公布的价格听证会发言顺序及注意事项，并由申请人对定价方案及有关说明材料中的专业问题直接向代表进行解释和答疑。

---

① 季卫东：《法治秩序的建构》，中国政法大学出版社1999年版，第57页。

四、提升听证案卷的法律效力是摆脱价格听证困境的核心

让利益真正受到影响的人在充分掌握相关信息的基础上自由地表达其所代表的利益群体的意见——这是当下摆脱价格听证制度困境的基础和关键。然而，听证代表所发表的意见能否为价格决策机关所真正听取、作为记载听证会代表意见陈述的重要法律文件——听证笔录能否作为价格决策机关最终定价行为的重要依据甚至唯一依据，将直接关系到价格听证制度根本目的的实现。从法律角度来说，听证案卷具有多大的法律效力将直接决定着价格听证会的实际效果。价格听证制度的实践显示，听证案卷法律效力的不明确已经成为价格听证流于形式的“罪魁祸首”，不从根本上解决听证案卷对价格决策机关的拘束作用，价格听证制度的困境也许永远都无法彻底摆脱。

（一）现行规定：制度创新抑或悖论

作为我国价格听证制度最高法律依据的《价格法》仅粗略地规定了价格听证的适用范围，对价格听证笔录只字未提。对此，《政府价格决策听证办法》（以下简称《办法》）有了一次尝试性突破，其第25条规定：“价格决策部门定价时应当充分考虑听证会提出的意见。听证会代表多数不同意定价方案或者对定价方案有较大分歧时，价格决策部门应当协调申请人调整方案，必要时由政府价格主管部门再次组织听证。”如果说此处的“应当充分考虑”尚属无实质性约束力的道德说教的话，那么，有关“多数不同意或分歧较大”的规定则隐约地表达出对听证会代表意见的重视，即价格决策机关必须“认真对待”多数人的意见——动员听证申请人“另起炉灶”或者重新组织听证。

不过，关于“多数不同意”的规定也存在争议。因为如果承认其具有约束力的话，那么在价格听证会结束之前就必须核对赞成或反对的代表人数，甚至还要进行最终票决。但是，一旦实行少数服从多数的简单民主制原则，势必又有可能混淆价格听证会程序与现行价格决策程序。正如有的论者所言：“尽管听证会体现了政府决策的民主化，但是，听证会本身并不等同于民

主。民主是建立在一人一票、机会均等、多数决定原则之上的决策程序,而听证会只是政府机关决策前的一种征求意见程序,听证会本身并不决策。正因为如此,听证会的运作过程与民主的运作过程存在着很大的差别。……民主必须根据多数人的意见决策,而听证会完全有可能采纳少数派的意见。"[①]问题在于,如果不计算赞成或反对的代表人数,或者最终不付诸表决的话,如何体现出"多数不同意"?又怎么可能对政府的价格决策权形成强有力的制约?

遗憾的是,《办法》第26条删除了上述"多数不同意"的规定,在保留"定价机关作出定价决定时应当充分考虑听证会的意见"的笼统规定的同时,新增"定价机关根据听证会的意见,对定价听证方案作出修改后,政府价格主管部门认为有必要的,可以再次举行听证会,或者采取其他方式征求社会意见"。相比之下,《办法》的规定使得听证记录的法律效力更趋模糊,弱化了听证会代表意见对定价决定的约束力量。从价格听证笔录规定的演变来看,听证会民主性与价格决策行政性之间的冲突明显。在这一冲突的背后其实还隐藏着一个更为根本的问题,即我们究竟需要一个什么样的价格听证会?

(二)问题症结:正式抑或非正式听证

现行的价格听证会究竟是个什么样的听证会呢?按照《价格法》第23条的规定,价格听证会制度的目的在于"征求消费者、经营者和有关方面的意见,论证定价的必要性和可行性"。也就是说,《价格法》所宣示的听证会制度仅仅是政府在制定价格过程中的一个环节而已,这个环节对政府最终的定价行为并没有多少决定性作用。然而,在我国行政法治观念大步前进背景下所出台的《办法》,似乎在这个问题上又作了另一种不同的选择。从《办法》对价格听证功能定位的调整和听证程序的细致安排上都可以看出,价格听证是一种比较严格的听证,一种"少而精"的听证。

---

① 周汉华:《对我国听证会制度发展方向的若干思考》,载《南方周末》2003年5月8日。

上述推论也可以从当下学界对价格听证属性不同的分析中得出。自王名扬教授在《美国行政法》一书中提出听证可以划分为正式听证和非正式听证以来，这一对范畴业已成为我国行政法学界通用的分析工具。[①] 一般认为，正式听证与非正式听证的划分标准是环节的繁简或者是公众参与的方式和程度。其中，正式听证又称“审判型听证”，意指“行政机关在制定法规和作出行政决定时，举行正式的听证会，使当事人得以提出证据、质证、询问证人，行政机关基于听证笔录作出决定的程序”；非正式听证又称“辨明型听证”，意指“行政机关在制定法规或作出行政裁决时，只需给予当事人口头或书面陈述意见的机会，以供行政机关参考，行政机关无须基于笔录作出决定的程序”。[②] 运用这一分析工具，国内学者对价格听证会的归属作出了两种截然不同的定位：一种观点认为，价格听证具有准立法的性质，是一种立法性听证，在种类上归属于正式听证；[③]另一种观点则认为，正式听证具有司法化特征，价格法中的听证会非严格意义上的正式听证，而是一种听取意见的方法，属咨询型的听证。[④]

按照上述逻辑，如果我们选择的是作为正式听证的价格听证，那么价格决策就必须基于听证笔录作出，多数听证代表的意见将直接决定着最终的定价行为；反之，如果我们选择的是作为非正式听证的价格听证，那么价格决策就不需要按照听证笔录作出，即便多数听证代表表示异议，价格决策机关也照样可以作出定价决定。选择前者，意味着价格决策权享有主体上的分化，即价格听证会的代表能够实际分享价格主管部门所拥有的价格决策权；选择后者，则意味着价格决策权仍然为价格主管部门所垄断，价格听证几乎没有任何存在的必要。那么，我们究竟应该怎样选择呢？

---

① 参见王名扬：《美国行政法》(上)，中国法制出版社 1995 年版，第 418 页。

② 参见应松年主编：《行政程序法立法研究》，中国法制出版社 2001 年版，第 518—519 页。

③ 参见张娟：《透析听证制度——兼对我国价格听证制度的思考》，载《安徽大学法律评论》2002 年第 1 期。

④ 参见程雁雷：《对划分正式听证和非正式听证标准的思考》，载《行政法学研究》2002 年第 4 期。

（三）解决之道：案卷排他规则的引入

解铃还需系铃人。解决上述矛盾的关键就在于澄清正式听证与非正式听证绝对划分的误区。诚然，在西方行政法治发达的国家如美国，在经历了广泛的听证实践之后，按照社会公正与行政效能相平衡的原则对听证进行细致区分无疑是必要的。但是，对于行政法治刚刚起步、听证制度正艰难运行的当下中国而言，谈论正式听证与非正式听证的划分为时尚早。在一个程序意识和法治传统极度匮乏的国度里，大力推行严格而规范的行政听证制度、尽快培育全体社会成员尤其是行政权力行使者的程序法观念才是第一要务。

令人警惕的是，当下流行的正式听证与非正式听证的划分已经给人以“听证笔录排他是正式听证的专有制度”的误导。其实，无论是正式听证还是非正式听证，充其量只有程序繁简方面的差别，在本质上都应当体现出正当程序的基本要求——事前告知、说明理由、听取意见等。诚如季卫东先生所言：“随着程序的展开，人们的操作越来越受到限制。……经过程序认定的事实关系和法律关系，都被一一贴上封条，成为无可动摇的真正的过去。”[①]因此，只要是经过既定行政程序的过滤，行政案卷所记载的各种事实、证据材料都应当具有排他性的法律效力，任何未经行政程序认定的事实及证据都不能作为行政决定作出的依据。

其实，当我们将目光投向域外行政程序法典的规定时，不难看出，无论是英美法系还是大陆法系国家或地区，无不确立了案卷排他性规则。美国《联邦行政程序法》第556条(e)款规定：“证言的记录、证物连同裁决程序中提出的全部文书和申请书，构成按照本编第557节规定作出裁决的唯一案卷。”这便是美国行政程序法中著名的“案卷排他性原则”。正如学者所言：“如果行政机关的裁决不以案卷为根据，则听证程序只是一种欺骗行为，毫无实际意义。”[②]奥地利《普通行政程序法》第15条规定，听证笔录对听证过

① 季卫东：《法治秩序的建构》，中国政法大学出版社1999年版，第19页。
② 王名扬：《美国行政法》(上)，中国法制出版社1995年版，第493页。

程与标的有充分的证据力，除非有相反的证明。德国、日本及我国台湾地区的行政程序法虽然只是规定行政机关“斟酌”听证笔录作出行政决定，但行政机关在听证程序之外获取的事实、证据材料同样必须经过相对人的质证之后才能作为行政决定作出的依据。例如，日本《行政程序法》第25条即规定：“行政机关鉴于听证终结后所发生之情事，认有必要时，得退回主持人再开听证。”我国台湾地区“行政程序法”第66条也规定：“听证终结后，决定作成前，行政机关认为有必要时，得再为听证。”上述规定既是案卷排他规则必然的延伸性要求，也是其自身实现的必要保障。正如学者所言，案卷排他性的精髓恰恰在于“行政机关裁决所依据的事实证据必须是当事人知晓并经过辩论的，行政机关不得以当事人不知晓和未论证的事实作为裁决的依据。”[①]可见，在对待听证案卷法律效力的问题上，各国规定可谓殊途同归。

对于中国这样一个正在积极推进行政程序法治化的国家来说，确立案卷排他性规则无疑具有深远的意义。可以说，案卷排他是以行政相对人程序参与权有效制约行政权的根本性制度保障。其实，从我国《行政许可法》关于许可听证笔录法律效力规定的数度变迁中，我们也可以“读出”立法者试图确立我国行政案卷排他规则所付出的巨大努力。从“征求意见稿”的不作任何规定，到“草案”的“应当充分考虑”，最后到正式法律文本的“应当根据听证笔录作出行政许可决定”，这其中虽蕴涵着权力博弈，但毕竟代表了案卷排他规则在我国局部行政领域的实现。毋庸置疑，这一成功的立法经验值得在价格听证领域推广。为此，可将《办法》第26条中的“应当充分考虑”直接修改为“听证案卷所记载的意见应当作为价格决策部门定价的主要依据”。同时，要恢复并进一步细化“多数不同意”的规定，从而确保案卷排他规则的落实。倘若我国价格听证代表的遴选机制能够真正实现前文所述的四大转变，那么就完全可以通过票决来确定是否属于“多数不同意”。鉴于专家代表与价格事项并无直接利害关系，因而不应参加最终票决，只要其

---

① 蒋勇等：《行政听证程序研究与适用》，警官教育出版社1997年版，第211页。

他与会听证代表有一半以上对申请人的定价方案不同意，价格决策部门就应协调申请人调整方案，或者再次组织听证。

此外，为了切实保障价格听证制度功能的实现，还应当关注与案卷排他规则相匹配的善后制度建设。其中，尤以说明理由和法律救济制度最为重要。一方面，政府价格主管部门在向社会公布定价的最终结果时，必须同时说明其定价的决策过程和考量依据，以便增强价格决策的透明度，进而彰显其决策的正当性。另一方面，当听证代表或其他与价格决策事项有利害关系的人对最终的定价方案不服时，有权提出行政复议或者行政诉讼。只有承载真实民意表达的听证记录对定价者形成有力制约时，价格听证才不至沦为形式主义的代名词。

第二节　私车牌照拍卖制度分析

一、“上海私车牌照拍卖争议”折射交通治理难题

近年来，随着我国经济的快速发展和城市化进程的进一步加快，城市有限公共资源与日益增长的公众需求之间矛盾异常突出。特别是在沿海经济发达地区，城市交通拥堵，房价一路飙升，这些最为基础的民生问题不仅严重影响到城市居民生活质量的提高，而且还直接考验着地方政府的公共治理能力。以“行路难”问题的解决为例，一些大城市的治理者可谓挖空心思，有的地方大力发展地铁等轨道交通，通过向地下要空间缓解地面交通压力；有的地方对私人汽车购买和使用采取各种严格的限制措施，力图减轻主城区道路的负荷；有的地方甚至不惜禁止颇受工薪阶层喜爱的电动自行车、摩托车上路，试图改善日渐混乱的交通秩序。面对城市道路交通治理难题，尽管地方政府新政迭出，但公共交通的发展速度仍然难以赶上人口和机动车辆急增的实际需求，城市道路交通问题依旧是横亘在地方政府面前的首要治理难题。

作为我国最大城市的上海，受制于地域的狭小和人口的稠密，道路交通问题更为突出。除了着力发展地铁、高架等公共交通之外，上海二十多年来实行的另一重要措施就是通过私车牌照的拍卖控制机动车数量的过快增长，进而缓解道路交通所承担的压力。这一肇始于20世纪80年代后期的做法，随着适用范围的扩大和竞拍价格的攀升而备受各界争议，终于在2004年5月之后演化为一场公共政策合法性与正当性的社会大讨论。争论的第一个回合始于商务部与上海市之间的公开辩论。时任商务部部长助理的黄海在媒体上公开表示，上海私车牌照拍卖的做法违反了《道路交通安全法》有关机动车登记制度的规定，要求上海“认真研究”；而上海市政府发言人焦扬则表示，上海的做法是用市场化手段配置短缺资源，体现了公平、公开、公正原则，能够控制机动车数量过快过猛的增长，没有突破国家的相关法律和法规，目前“不会改变”。[①] 此后不久，虽然《汽车产业发展政策》和《行政许可法》相继实施，但在一片有关合法性的质疑声中，上海市并未取消私车牌照拍卖的做法，同时拍卖价格继续攀升。争论的第二个回合始于2007年9月。先是《检察日报》等媒体刊文，从作为拍卖依据的地方性法规直接违反国家上位法、拍卖缓解交通拥堵作用的有限及高额牌价的正当性等方面继续质疑上海私车牌照拍卖制度，并呼吁全国人大及其常委会对之进行审查；[②]继而是上海市政协组织专项视察组展开调查，对私车牌照拍卖资金及其流向、拍卖是否必要、如何规范行政收费等提出意见和建议。[③] 面对新一轮的质疑，上海市有关主管部门除了大幅修改拍卖流程、控制拍卖价格涨势之外，还公开表示，私车牌照拍卖制度是过渡性政策，将随着轨道交通等公共交通

---

① 参见杨中旭：《上海私车牌照拍卖使“内部争议”公开化?》，http://news.sina.com.cn/c/2004-06-03/17043383570.shtml，2015年6月30日访问。

② 参见李曙明：《私车牌照拍卖：良策还是误区》，载《检察日报》2007年9月26日；王洪伟：《私车牌照拍卖：违法三年不能听之任之》，载《检察日报》2007年10月10日。

③ 参见李语实：《上海政协委员三问沪私车额度拍卖》，http://news.xinhuanet.com/fortune/2008-02/27/content_7676629.htm，2015年6月30日访问。

的发展而“最终淡出”。[①] 争论的第三个回合则始于2009年7月。在当月举行的私车牌照拍卖过程中发生了针对拍卖系统的网络攻击行为，导致拍卖活动被迫中途取消，进而引发了新的争议。[②] 2015年1月，上海市交通委主任在十四届人大三次会议期间对人大代表提问的回答，再度使私车牌照的未来走向充满悬念。[③]

不无遗憾的是，在这场消费者、业界人士、媒体、行业专家、经济学家竞相参与的公共政策议论中，法学界却并未积极参与。事实上，上海私车牌照拍卖争议背后所折射的问题主要涉及法律及政策两个层面。就法律层面而言，这一争议涉及不同法律规范之间的冲突与化解以及法律位阶制度的维护。就政策层面而言，这一争议则涉及总量控制的制度安排是否妥当、牌照拍卖的手段选择是否合适。进而言之，一个人口众多、道路拥堵的大城市究竟应当设计什么样的交通政策才能够满足普通市民的出行要求。与法律层面的分析相比，政策层面的分析更具现实价值。面对现代社会所涌现出来的大量“麻烦事”，作为规制主体的政府应当善于在相互冲突的利益之间进行权衡和取舍，进而形成相对较好的规制政策，彰显福利国家时代政府的积极给付功能。与正在流行的“限购令”“限行令”相比，私车牌照拍卖因持续时间之久、拍卖车牌费用之高而始终成为各界争议的焦点。为此，本节将通过对上海私车牌照拍卖规制策略得失的分析，寻求在规制环境已然发生深刻变化的背景之下可能的替代性规制政策。

二、作为过渡性规制手段的牌照拍卖

在当下中国，汽车增长与道路容量之间的矛盾日渐突出，“出行难”已经

---

① 参见张俊才：《上海市交通局表示私车牌照竞拍政策将逐步淡出》，http://www.china.com.cn/city/txt/2008-03/31/content_13912921.htm，2015年6月30日访问。

② 参见《上海拍卖车牌是否合法再起争议》，http://www.mzyfz.com/index.php/cms/item-view-id-34961?verified=1，2015年6月30日访问。

③ 参见《时隔7年再度收“拥堵费”：上海车牌拍卖要终结?》，http://finance.ifeng.com/a/20150203/13477068_0.shtml，2015年6月30日访问。

成为最根本的民生问题。特别是在经济发达、人口稠密的大城市,汽车保有量与道路承载力之间几近失控状态,其结果必然是交通秩序紊乱、民众怨声载道。可见,作为公共利益维护者的地方政府完全负有公平分配道路资源、维护道路交通秩序的责任。[①] 从这个意义上来说,一些城市积极采取各种举措努力缓解道路交通压力无疑是值得称许的。

就实施多年的上海私车牌照拍卖制度而言,其本身也经历了一个规范性程度不断提升的过程。严格说来,在1997年《上海市道路交通管理条例》(以下简称《条例》)公布实施之前,私车牌照拍卖并没有明确的规范性依据。作为一部专门规范道路交通管理事务的地方性法规,《条例》第13条中提出上海对车辆号牌的发放实行"总量调控"的原则,并授权上海市计委会同市公安交通管理部门和其他有关部门提出机动车号牌额度年发放量和发放办法,报市人民政府批准后实施。至此,私车牌照拍卖作为新增机动车辆总量控制策略下的具体规制手段得以广泛运用。在上海这样地域狭窄、人口密度过度集中的特大城市,受制于公共交通发展的难度与速度,采取总量控制的规制策略在一定历史时期之内确属必要。如果对车辆数量不加任何限制,消费者购车需求将得到进一步释放,加之公共交通尚不能担负有效分流的重任,势必导致道路更加拥堵,最终受害的还是所有的出行者。可见,上海市基于特殊的市情所设计的车辆总量控制规制政策具有内在的正当性。事实上,在2002年发布的另一份重要的指导性文件《上海城市交通白皮书》中,上海市仍然坚持在中心城区范围内新增机动车适度总量控制的原则。

如何实现对新增车辆的总量控制?《条例》并无明确规定。很显然,上海选择的是继续采取先前实施数年的拍卖做法。当然,拍卖本身并不是唯一的解决方法,如对申请者采取公开摇号方式决定发放牌照同样能够达到总量控制的效果。事实上,在当下围绕牌照拍卖持续不断的争论中,就有关

---

① 我国《道路交通安全法》第4条即规定:"各级人民政府应当保障道路交通安全管理工作与经济建设和社会发展相适应。县级以上地方各级人民政府应当适应道路交通发展的需要,依据道路交通安全法律、法规和国家有关政策,制定道路交通安全管理规划,并组织实施。"

于改拍卖为摇号的建议。[1] 那么,拍卖与摇号相比是否就一定是一种不合理的手段选择呢?回答是否定的。与纯粹属于偶然的摇号相比,拍卖是一种借助市场手段解决稀缺公共资源利用的规制工具,能够在更大范围内缓解不同利益群体之间的冲突。正如前文所言,城市整体交通设施的改善需要巨额资金和先进技术,加之长期以来不尽合理的城市规划,道路容量的扩增需要相当长一段时间。而且,道路改造本身还会使当前的交通状况面临更大压力。因此,有限的道路交通资源需要得到更加公平、合理的配置。新购车辆一旦取得牌照即能够上路行驶,就能合法地占用有限的路面资源;对于那些暂时难以取得牌照或者无力购车者而言,则会因为车辆绝对数量的实际增加而导致出行更加困难。如此一来,作为有车族与无车族的不同市民之间便会分化为相互对立的利益群体。政府通过拍卖方式发放新增车辆牌照则能够兼顾私人汽车与道路容量的平衡增长,适度化解公共交通与私人交通之间的矛盾。当然,这是以拍卖所得资金直接用于公共交通的改善或者公交乘客的补贴作为前提条件的。可见,牌照拍卖是政府在道路交通改善任务极为艰巨的特殊时期所采用的一种过渡性规制手段。

从实际效果来看,通过私车牌照拍卖求得机动车总量控制的规制政策对于缓解上海交通压力的确起到了一定的积极作用。[2] 在同一时期,首都北京对私车购买不加任何限制,其所采取的规制政策是大力改善公共交通,甚至不惜大幅降低公交票价吸引市民更多选择公交出行,但结果却是交通"馒头片效应"的出现——路修到哪里车就堵到哪里。[3] 两相对比,地域狭小、人口众多的上海所实行的总量控制政策更合本地实情。然而,规制政策的合理性和规制效果的可观性并不能成为规制手段正当性一劳永逸的论证依

---

① 参见《民建上海市委:关于改革私车管理 调整牌照政策的建议》,http://www.justice.gov.cn/node2/node1721/node1828/node3463/node3474/node3475/u1a15832.html,2015 年 7 月 2 日访问。

② 根据有关测算,自 1994 年实行新增机动车投标拍卖制度以来,上海市至少减少了约 125 万辆机动车的投放。参见李曙明:《私车牌照拍卖:良策还是误区》,载《检察日报》2007 年 9 月 26 日。

③ 参见黄小伟:《十年轮回 重归公益——北京公交真的姓"公"了》,载《南方周末》2007 年 10 月 18 日。

据。围绕私车牌照拍卖而引发的广泛争议集中体现于四个方面：一是拍卖缺乏合法性依据，甚至直接与上位法相抵触；二是拍卖过程中的信息不对称导致拍卖价格严重扭曲，大大加重了购车者的经济负担；三是拍卖所得资金具体数额及使用情况不公开，加剧了政府不当得利的嫌疑；四是异地牌照的大行其道不仅使上海税收流失、车辆管理更加困难，而且造成了持不同牌照购车者之间新的实际不平等。

事实上，即使撇开上述已经为人熟知的社会争议不论，更有可能被质疑的是：数量庞大的公车同样挤占了有限的道路资源，新增公车是否也应当与私车一样平等地通过拍卖取得牌照？但如果公车牌照拍卖款仍由所在单位财政支付，拍卖又有何实际意义？因此，在公车改革没有迈出实质性步伐之前，私车牌照拍卖背后永远都会隐藏着挥之不去的公正性质疑，而有限道路资源利用上的事实不公平更无法真正消弭。如果说在公共交通建设资金短缺、技术低劣时期私车牌照拍卖尚有现实合理性的话，那么在当下公共交通发展已经成绩斐然之际，私车牌照拍卖的必要性则大打折扣。由此可见，作为过渡性规制手段的私车牌照拍卖制度在实施多年之后已然到了存废改革的关键时刻，就连这一规制手段所追求的机动车总量控制策略本身似乎也有了反思和重塑的必要。

三、政府车辆规制策略的革新

作为过渡性规制手段的私车牌照拍卖制度也许很快就会寿终正寝，但汽车与道路之间的矛盾将永远存在，因而保障道路交通安全、有序和畅通始终都将是政府治理城市的基本目标。问题在于，面对纷繁复杂的替代性规制策略与手段，上海以及与之市情相类似的大城市究竟应该作出何种选择？道路交通规制将如何实现制度变迁？诚如学者所言："行政法制度变迁主要受制于由经济、政治、技术、观念等诸要素所组成的社会结构的约束，社会结构的变迁直接引致了行政法的制度变迁。”[1]因此，当下上海道路交通规制尴尬处境的破解只能立基于公共政策制定者对规制背景的正确把握，从而实现政府车辆规制策略的革新和规制手段的修正。

（一）车辆规制背景的变迁

步入新的世纪之后，随着我国经济的快速发展和城市居民消费能力及观念的改变，政府的道路车辆规制正面临着全新的外部环境。总体而言，以下三个方面的变化尤其值得规制者予以关注：

第一，国家汽车产业发展政策的变迁。近年来，我国经济生活领域的基本国策之一就是通过扩大内需、刺激消费推动国民经济的快速发展，而培育以私人消费为主体的汽车市场、鼓励汽车进入家庭就是其中的重要组成内容之一。为了有效指导作为国民经济支柱行业的汽车产业持续健康快速发展，国家发展与改革委员会继 1994 年《汽车工业产业政策》（以下简称“旧版”产业政策）之后，于 2004 年再度公布《汽车产业发展政策》（以下简称“新版”产业政策），其中的政策目标之一就是“创造良好的汽车使用环境，培育健康的汽车消费市场，保护消费者权益，推动汽车私人消费”。与“旧版”产业政策仅仅笼统规定“国家鼓励个人购买汽车”相比，“新版”产业政策则以“汽车消费”专章的形式对私人汽车消费规定了大量的保护性措施，如第 62 条的建立全国统一开放的汽车市场和管理制度、第 63 条的制定国家统一的汽车收费项目和标准以及第 72 条的实行全国统一的机动车登记和检验管理制度等。透过“新版”产业政策的规定，人们不难看出国家主管部门对发展汽车产业、拉动经济增长的殷殷期盼。虽然国家的产业政策并不具有绝对的强制性，但它毕竟代表着国家对具体产业发展的基本态度和政策走向，无疑在今后的产业结构调整中具有格外重要的指导作用。在国家有关汽车私人消费政策已然发生实质性变化的背景下，上海市实施多年的私车牌照拍卖做法无疑走到了历史的尽头，即使支撑这一规制手段的总量控制策略本身，也

---

① 宋功德：《行政法的制度变迁》，载罗豪才主编：《行政法论丛》（第 4 卷），法律出版社 2001 年版，第 37 页。

面临正当性质疑。

第二，城市居民购车巨大热情的释放。在改革开放之后的相当长一段时期内，我国的汽车销售对象大部分都来自企事业单位。近几年来，私车消费则呈现出异常迅猛的发展势头。根据一般发达国家经济发展的规律，当人均 GDP 达到一万美元时必定有充分的汽车消费，而充分的汽车消费反过来又能够支撑人均一万美元的 GDP。从这个意义上来说，汽车无疑是现代文明的推动剂。据统计，上海市 2007 年人均 GDP 就已经超过八千五百美元，到世博会举办的 2010 年，上海市成为国内第一个人均 GDP 突破一万美元的地区。[①] 事实上，尽管上海市多年来一直实行严格的私车牌照拍卖规制手段，但市民购车的热情仍然十分高涨，这从参与牌照竞拍人数的众多和异地牌照汽车的大量涌现上即可看出。作为我国经济最发达的地区，上海市正源源不断地吸引着各类优秀年轻人才，这一群体将成为未来引领上海私车消费的又一主力军。更为重要的是，在当前城市居民的消费观念中，拥有私车已经成为生活幸福的重要指数之一，学车成为社会时尚就是极好的佐证。同时，国家在政策层面鼓励私人汽车消费，特别是引导和鼓励私人消费者购买价格相对便宜的节能环保型小排量汽车，未来城市居民巨大的购车热情还将进一步释放。面对民众巨大的购车需求和追求美好生活的渴望，一个负责任的政府无疑应当积极创造条件予以满足。这既是全心全意为人民服务宗旨的内在要求，更是深入贯彻落实科学发展观的题中应有之义。因此，通过私车牌照拍卖实现机动车总量控制的规制政策违背了私车驶入寻常百姓家的时代潮流。

第三，汽车社会对环境与能源的威胁。中国曾经是世界上的自行车王国，但近年来随着汽车产业的爆发性增长，特别是私车消费的迅猛发展，中国的部分大中城市已经率先步入汽车社会时代。汽车社会的核心标志并不在于简单的汽车产销数量的增长，而在于社会业已围绕汽车这一现代工业

---

① 参见《上海统计局：上海人均 GDP 超八千五百美元》，http://business.sohu.com/20080204/n255077548.shtml，2015 年 7 月 20 日访问。

产品形成了一整套相应的经济、文化及生活体系。在汽车已经成为大众生活不可或缺组成部分的地方,汽车社会实际上已经悄然来临。任何社会的形成都会引发特定的社会问题,汽车社会也不例外。在促进经济发展、交通便利的同时,汽车社会也蕴藏着巨大的风险。除了交通拥挤、事故频发以外,能源紧张、大气污染更是突出的新问题。在坚持走科学发展道路的当下中国,汽车增长对环境与能源的巨大威胁尤其值得警惕。汽车产业不仅要快速健康发展,而且还要与经济社会协调发展。为此,在汽车社会时代,政府调控的“政策之手”不能顾此失彼。可以说,促进汽车产业与城市交通基础设施、环境保护、能源节约和相关产业的协调发展已经成为时代赋予公共政策制定者的历史使命。上海市通过私车牌照拍卖实现对机动车总量控制的规制政策固然能够缓解部分交通压力,但这种旨在延缓汽车社会来临的堵塞做法本身是反汽车社会的。

（二）车辆规制策略的革新

社会变迁产生行政法的制度需求。面对汽车社会的来临,政府应当通过其积极的“有形之手”克服市场失灵的弊端,妥善化解不同利益群体之间的冲突。可见,汽车时代下的适度政府规制依旧具有充足的正当性基础。正如美国学者 E. 博登海默所言:“在一个复杂的社会中,有许多相互冲突的利益需要调整,公共福利也必须加以保护以使其免受反社会的破坏性行为的侵损,因此由政府直接采取行动进行管理也就成了势在必行之事了。”①

上文的分析业已显示,上海市通过私车牌照拍卖求得总量控制的规制策略已经难以适应汽车时代规制背景的急剧变迁。“政府及其机构有能力根据环境的变化制定相应的政策,而不是用固定的方式回应新的挑战”②。那么,什么才是更为合理的替代性规制方案呢?实际上,中外政府规制实践

---

① 〔美〕E. 博登海默:《法理学:法律哲学与法律方法》,邓正来译,中国政法大学出版社 1999 年版,第 369 页。

② 〔美〕B. 盖伊·彼得斯:《政府未来的治理模式》,吴爱明等译,中国人民大学出版社 2001 年版,第 87 页。

中大量的成功事例完全能够为当下车辆规制策略的革新提供有益的启示。以美国的枪支规制为例，虽然枪击事件频频发生，限制枪支的呼声此起彼伏，但由于公民拥有枪支的权利早已为宪法所明确认可，因而美国目前并没有对成年公民拥有枪支进行多少限制。[①] 相反的，美国的《枪支规制法》只是禁止出售枪支给未成年人、吸毒者、精神病人以及已被认定为罪犯的人员，同时强化枪支经销商和收藏者的执照和档案管理；有的州，如纽约州仅规定不得在公共场所持枪。这种通过限制枪支使用的规制策略能够有效消弭自由与安全之间的冲突。又如，我国一些城市基于安全和环保的考虑，曾经一度禁止在城区范围内燃放烟花爆竹，后来大多解禁或者选择有条件限放的规制策略，既满足了市民渲染节日气氛的需求，又减少了火灾等安全事故的实际发生。

其实，无论是汽车、枪支还是鞭炮，工业化时代的任何产品几乎都具有利害两面性。“限制拥有”固然能够抑制负面效应的发生，但也无法充分发挥其积极作用，因而并非理性的规制策略。相反的，不限制私车拥有但对私车使用加以必要限制则能够起到趋利避害的作用，不失为一种更好的政策选择。对于已经或者即将迈入汽车社会的大中城市而言，市民拥有私车业已成为生活质量提升的重要标志，同时也意味着出行方式选择自由度的增加。如果城市公共交通畅达、舒适而便利，那么私车拥有者也会基于自利考虑而更多选择利用公共交通出行；即使公共交通尚不能满足市民出行需要，通过一些私车使用上的限制措施同样能够起到缓解路面交通压力的作用。因此，笔者认为，在车辆规制背景已经发生深刻变化的今天，类似上海这样的大中城市在汽车规制策略上应当尽早实现由“限制拥有”向“限制使用”的转变。

（三）车辆规制手段的选择

在确立了符合现实规制背景的策略之后，就应当选择与此其相适应的

① 美国宪法修正案第 2 条规定：“管理良好的民兵是保障自由州的安全所必需的，因此人民持有和携带武器的权利不得侵犯。”这通常被视为美国公民个人持枪自由的宪法依据。

规制手段。也就是说,需要在规制策略与规制方式之间进行“目光的流转”,以尽可能科学、合理的规制方式来回应既定的规制策略。[①] 不消说上海这样的特大城市,即便邻近地区经济发达的杭州、苏州等大中城市,由于各种历史原因,主城区的道路资源已经极为有限,甚至连拓展都几无可能。在这些城市,交通高峰时段城区主要道路的车流量早已饱和,成为交通拥堵的重灾区。面对私车保有量的继续增长,如果不采取必要的限制性措施,主城区的道路完全可能陷入瘫痪状态,最终利益受损的还是所有的出行市民。

那么,作为公共利益维护者的政府应当选择什么样的方式来合理配置主城区稀缺的道路资源呢?笔者认为,目前一些城市正在积极酝酿中的征收高峰时段“交通拥堵费”的规制方案值得尝试。作为一种高度稀缺性的公共资源,城区道路的分配应当坚持“多使用多付费”的基本原则。也就是说,开征交通拥堵费的目的在于引导机动车上路的时间段和区域,从而使有限的道路资源能够得到充分而合理的利用。值得关注的是,这种规制手段早已为国外的一些大城市如伦敦、新加坡、洛杉矶、斯德哥尔摩等所采用,并在缓解交通压力方面取得了积极成效。与这些城市相比,尽管上海等国内大中城市公共交通系统尚欠发达,且在市民出行方式上也存在明显的结构性差别,但通过征收拥堵费来限制车辆进入城市中心区域仍不失为一种相对合理的选择。

实行征收交通拥堵费的规制手段需要解决三个核心问题,即收费路段的划分、收费时段的确立和收费标准的设定。考虑到交通拥堵费的征收涉及诸多群体的切身利益,且各地城区道路状况存在不少差异,因而上述基本问题的解决都需要借助听证会的形式,通过各方力量的理性博弈寻求最佳的实施方案。也就是说,新的车辆规制政策的出台应该建立在民意得到充分而有效表达的基础之上,防止公共政策的制定因民主性、科学性的不足而引起的实施困境。为此,应当着重从健全听证会代表的遴选机制、消弭信息

---

① 参见朱新力、高春燕:《行政立法中的最好行政》,载《行政法学研究》2006年第3期。

的不对称以及提升听证案卷的法律效力等方面进行努力。

与此同时，为了保证征收交通拥堵费“新政”的公正性和可接受性，还必须妥善解决好三个延伸性问题：一是公车与私车的平等负担。无论是先前的牌照拍卖还是设想中的征收拥堵费，无不涉及数量庞大的公车特权问题。鉴于公车消费中普遍存在的极度浪费现象，有必要将其与私车一起纳入拥堵费征收行列。除了公交车、出租车及少数公务急需用车之外，一般的公车在高峰时段进入特定城区路段应当同私车一样缴纳拥堵费。公车与私车平等负担原则不仅能够减少公车使用中的铺张浪费现象，而且还能赢得更多市民对征收拥堵费新政的认可。二是交通拥堵费的资金利用。鉴于征收拥堵费政策的主要目的是调节城市交通、缓解道路拥挤，因而收取的资金应当直接作为公交乘客的补贴，以体现稀缺资源公平利用的原则。三是拍卖获取牌照的车主补偿。就上海而言，由于是国内唯一长期实行私车牌照拍卖的城市，因而还必须直面数以万计的拍卖获取牌照车主的补偿问题。当然，由于不同车主取得牌照的拍卖价格各有不同，因而在补偿数额及方式上也需要灵活处理。通过这些延伸性问题的妥善解决，征收交通拥堵费的规制手段可望真正起到缓解道路交通压力的作用。

【拓展阅读】

1. 朱芒：《行政处罚听证制度的功能——以上海听证制度的实施现状为例》，载《法学研究》2003 年第 5 期。

2. 凌维慈：《行政法视野中机动车限行常态化规定的合法性》，载《法学》2015 年第 2 期。

3. 余凌云：《机动车单双号限行：是临时还是长效？——行政法学的视角》，载《法学家》2008 年第 2 期。

4. 刘书燃：《行政活动方式多样化与政府间法制冲突的解决——上海“车牌拍卖”事件释疑》，载叶必丰主编：《长三角法学论坛——论长三角法制协调》，上海社会科学院出版社 2005 年版，第 282—293 页。

第七章

行政法政策个案分析

诚如学者所言:"行政法的时代机能应当包括私人权益的司法保障和公共福祉的制度体现。将行政法定位为私人权益的司法保障,其背后的基本哲学是:行政机关在本质上倾向于滥权而侵害人民权益;容易滥权的行政机关必须受法律的拘束;不论是避免行政机关滥权或保障人民权益,都必须借由独立公正并具有法律专业的法院进行。将行政法定位为公共福祉的制度体现,其背后的基本哲学是:行政机关在本质上应被定位为增进公共福祉;法律并非消极的用来拘束行政机关,而是借由适当的制度设计,积极地促成公共福祉的增进;公共福祉的体现,并不能只靠独立公正并具有法律专业的法院,行政机关或政府整体所主导的程序,更是影响公共福祉体现的重要场域。"[①]可以说,形成良好的公共政策已经成为现代行政法所追求的基本目标。围绕行政法上某项公共政策的变迁展开分析,能够管窥公共政策的生成逻辑和运行规律,推动行政法政策学的研究。本节以婚检政策和行政审判政策的变迁为例,试图摹绘出良好公共政策的脸谱。

① 叶俊荣:《行政法案例分析与研究方法》,台湾三民书局1999年版,第9—11页。

第一节　婚检政策变迁分析

一、婚检政策演变的回顾

自2003年以来,围绕新《婚姻登记条例》的制定和实施,有关婚前医学检查是否必要、是"强制"还是"自愿"始终是公众争相热议的话题。特别是在2005年6月24日黑龙江省人大常委会通过《关于修改〈黑龙江省母婴保健条例〉的决定》率先"恢复强制婚检"之后,社会各界对是否应该实施强制婚检、强制婚检是否合法等问题再次展开了激烈争辩。不仅普通公众之间、政府部门之间对强制婚检与自愿婚检孰优孰劣看法不一,即便法学专家之间对黑龙江"恢复强制婚检"是否违法也存在不同理解。一时间,婚检制度乱象丛生,令相关执法部门与"准新人"都无所适从。那么,婚检制度在我国究竟是怎样产生,又是怎样演变的呢?毫无疑问,追溯婚检制度的历史变迁有助于人们正确理解制度争议背后的社会动因,进而能够为新的制度变迁奠定必要的认识基础。

20世纪80年代初,伴随着计划生育政策的推行,婚前医学检查在我国应运而生。起初,婚检并未在全国范围内强制执行。婚检变为一项强制推行的制度肇始于1986年。当时,为了配合《婚姻登记办法》有关"患麻风病或性病未治愈的禁止结婚、不予登记"规定的实施,卫生部和民政部于1986年9月联合下发了《关于婚前健康检查问题的通知》。该通知指出:婚前健康检查的目的是诊断当事人是否患有禁止结婚的疾病,这是减少出生缺陷、提高人口素质的重要举措;婚姻登记机关在办理结婚登记时,应要求当事人出具《婚姻登记办法》规定的禁止结婚疾病的检查证明。从此,强制婚检制度在我国逐步建立起来。如果说这一时期强制婚检制度的法律依据还仅仅是规范性文件的话,那么1994年2月《婚姻登记管理条例》的公布实施则使强制婚检第一次写入行政法规之中。根据该条例第9条的规定,在实行婚前健康检查的地方，申请结婚登记的当事人“必须”到指定的医疗保健机构进行婚前健康检查，并向婚姻登记机关提交婚前健康检查证明。事实上，婚检所要求的医疗条件并不高，一般乡镇卫生院即可进行，因而我国绝大多数省市旋即依据该条例建立了婚前健康检查制度。随后，《母婴保健法》于 1995 年 6 月正式实施。根据该法第 12 条的规定，男女双方在结婚登记时，“应当”持有婚前医学检查证明或者医学鉴定证明，婚姻登记机关“应当”查验上述证明。这一规定首次以国家法律的形式明确宣告并进一步强化了强制婚检制度。至此，强制婚检成为国家一项正式的法律制度。

进入 21 世纪之后，随着政府职能转变的加快和公民自由意识的兴起，公权力逐渐从大量的私人领域退出。在这一背景之下，2001 年 4 月新修订的《婚姻法》进一步贯彻了婚姻自由原则。尽管该法也有“患有医学上认为不应当结婚的疾病应当禁止结婚”的规定，但并没有同时明文规定这些疾病的具体种类。鉴于未婚先孕现象的增加，特别是流于形式的婚检制度对预防出生缺陷的作用极其有限，国务院于 2003 年 8 月公布了主要依据《婚姻法》而制定的《婚姻登记条例》，不再将婚前健康检查作为结婚登记的前提条件，从而在事实上取消了实施多年的强制婚检制度，进一步放宽了对公民结婚登记的限制。由强制婚检到自愿婚检，标志着政府从婚检领域的退出，体现了政府对公民选择权的充分尊重，无疑是一次立法向民意的回归。但由于先前《母婴保健法》有关婚前健康检查的强制性规定并未被废止，导致《婚姻登记条例》与《母婴保健法》之间存在事实上的冲突，以至于卫生部门与民政部门就是否已经取消强制婚检形成了两种截然不同的理解。卫生部官员表示：根据新《婚姻登记条例》第 6 条的规定，患有医学上认为不应当结婚的疾病的，婚姻登记管理机关不予登记。鉴于普通的当事人并不具备判断与确认自身健康状况的能力，尤其是隐性的传染病和遗传疾病，因而仍然应当按照《母婴保健法》的规定实施强制婚前健康检查。[①] 而民政部官员则认为，

① 参见蓝燕：《卫生部：新〈婚姻登记条例〉并未取消强制婚检》，载《中国青年报》2003 年 8 月 20 日。

《婚姻登记条例》是严格依照《婚姻法》所制定的，就婚姻关系而言，《婚姻法》的效力要高于《母婴保健法》，当事人是否婚检完全自愿，强制婚检属于违法。[①] 由于两大政府职能部门的理解殊异，加之相关立法之间的冲突没有在现行制度框架内获得有效解决，近几年来，对于婚检究竟是强制还是自愿仍然纷争不断。而 2005 年发生在黑龙江省所谓的“恢复强制婚检”，充其量只不过是这场法律困局争论的延续或升级而已。事实上，梳理相关省份的母婴保健条例，有关婚检的规定仍然存在很大程度的差异。[②] 与此同时，伴随着婚检率的急剧下降，恢复强制婚检的呼声和行动也不断泛起。

从以上对婚检制度历史变迁的简单勾勒中，不难看出，当下有关婚检的争议主要涉及两个层面的问题，即取消婚检与支持婚检之争和强制婚检与自愿婚检之争。从科学属性和现实状况来看，强制婚检与自愿婚检之争更是焦点之所在。就法律层面而言，这一争议涉及法律位阶的维护、立法冲突的化解以及立法权限的界定等问题；就政策层面而言，这一争议则涉及婚检的规制目标、婚检中的利益冲突与消解以及婚检的具体形式等问题。与法律层面的分析相比，政策层面的分析更具有预防性价值。为此，下文拟以婚检过程中不同利益之间的冲突为切入点，着力分析强制婚检与自愿婚检两类不同的公共政策模式怎样权衡取舍以及能否达致各自所宣称的规制目标。

二、两类婚检政策模式下的利益考量

按照边沁的说法，利益“是不属于任何更广泛的逻辑种类的词汇之一，

---

① 参见王俊秀：《民政部：新〈婚姻登记条例〉更加保障婚姻自由》，载《中国青年报》2003 年 8 月 20 日。

② 有的省份规定，准备结婚的男女双方应当到经许可的医疗、保健机构进行婚前医学检查，婚前医学检查免费提供且须向当事人出具婚前医学检查证明，如《江苏省实施〈中华人民共和国母婴保健法〉办法》；有的省份规定，婚姻登记管理机关办理结婚登记时，应当将婚前医学检查证明或者母婴保健医学技术鉴定证明作为结婚登记的依据，经婚前医学检查认为应当暂缓结婚的须暂缓办理结婚登记，认为不宜生育的应当采取长效避孕措施或者施行结扎手术后方可办理结婚登记，如《广东省母婴保健管理条例》《河南省母婴保健条例》；有的省份规定，在城市实行婚前医学检查制度，在农村有计划、分步骤地开展婚前医学检查工作，如《贵州省母婴保健条例》。

无法以通常的方式来定义”[①]。然而,不得不承认的是,利益始终是人类社会的永恒话题。人们所奋斗的一切无不与其利益休戚相关,而法律的初始任务就在于适时地将利益内化为权利的形态,以国家强制力的背景对其加以保护。由于利益源自社会的需求,而利益本身又往往涉及当事人主观的价值追求,加之理性人具有追求自身利益最大化的潜在动力,因而真实世界中的利益冲突现象比比皆是。[②] 为此,在确认并维护利益的同时,法律的另一重要作用就在于调整及调和种种相互冲突的利益。正如美国社会法学家庞德所言:“在近代法律的全部发展过程中,法院、立法者和法学家们虽然很可能缺乏关于正在做的事情的明确理论,但是他们在一种明确的实际目的本能支配之下,都在从事于寻求对各种冲突的和重叠的利益的实际调整和协调方法,以及(在不可能做得更多时)进行实际的妥协。”[③]庞氏的利益衡量虽然主要是就司法及立法活动而论的,但作为一种平衡、协调各方利益冲突的方法,利益衡量无疑具有普适性价值。就政府的规制活动而言,无论是经济性规制还是社会性规制,都需要规制者对特定行政领域内错综复杂的利益关系进行判断、权衡并作出最终取舍。可见,政府规制的过程实则是一个利益衡量的过程。对于公民婚姻登记之前的健康检查来说,行政权力的介入实际上是对下列三组相互冲突的(权利)利益所进行的权衡。[④]

---

① 〔英〕边沁:《道德与立法原理导论》,时殷弘译,商务印书馆 2000 年版,第 58 页。尽管如此,但边沁仍然在其著作中秉持功利主义的立场给出了关于利益的定义,即“利益是快乐的增加或痛苦的减少”。

② 正如耶林所言:“无论个人的权利,还是民族的权利,大凡一切权利都面临着被侵害、被抑制的危险——因为权利人主张的利益常常与否定其利益主张的他人的利益相对抗。”〔德〕鲁道夫·冯·耶林:《为权利而斗争》,胡宝海译,中国法制出版社 2004 年版,第 15 页。

③ 〔美〕罗斯科·庞德:《通过法律的社会控制》,沈宗灵等译,商务印书馆 1984 年版,第 59 页。

④ 需要指出的是,“权利冲突”业已成为近年来我国法学界争相热议的课题,并形成了权利冲突“肯定论”(以刘作翔先生为代表)和“否定论”(以郝铁川先生为代表)两种截然相反的观点。笔者持肯定论观点,并认为权利冲突的本质就是利益冲突。当然,由于利益概念的高度概括性,不同利益之间的冲突既可以通过已法定化的利益(即法定权利)之间的冲突表现出来,也可以通过未法定化的利益之间的冲突表现出来,甚至还可以通过两种不同形态利益之间的冲突表现出来。从这个意义上说,“利益冲突”概念更具有现实解释力。有关权利冲突研究的新近综述,可参见郭明瑞:《权利冲突的研究现状、基本类型与处理原则》,载《法学论坛》2006 年第 1 期。

（一）当事人的个人隐私权与配偶方的健康知情权

按照《查士丁尼法学阶梯》对婚姻的定义，婚姻指的是“一男一女以永续共同生活为目的之结合”[①]。可见，作为典型私域关系范畴的婚姻关系，其成立之后直接的受影响者就是当事人双方。当两个人经过相爱准备长期生活在一起时，就必须经过合法的手续登记结婚建立起正式的夫妻关系。那么，结婚之前的医学检查自然就会触及当事人双方的利益。

首先，婚检涉及对当事人个人隐私权的保护问题。作为个人私生活领域的屏障，隐私权对于维护人的尊严与价值具有极其重要的作用。按照通行的理解，隐私权是指公民享有的个人不愿公开的有关个人生活的事实不被公开的权利。作为隐私权客体的隐私，范围及于整个私生活领域，包括个人的人体秘密、性生活秘密以及其他生活情报秘密。[②] 隐私权是一种以事实不被公开为内容的权利，因被公开而受侵害。因此，在婚前医学检查中，当事人的某种生理或心理缺陷、疾病就构成了特定的个人隐私，不能向他人公布。

其次，婚检还涉及对配偶方健康知情权的保护问题。虽然人类性欲的满足即使不通过求偶、婚姻及家庭也能够得到，但以缔结婚姻作为开启个人性生活的仪式却无疑是更能得到社会认同的“正途”。康德甚至认为，婚姻就是“两个不同性别的人为了终身互相占有对方的性官能而产生的结合体”[③]。正是由于婚姻关系的缔结意味着男女双方永续共同生活的开始，因而婚姻生活质量的高低、婚姻关系的稳定程度无疑就与当事人一方对另一方基本情况（当然也包括身体健康状况在内）的充分了解息息相关。事实上，如同人类社会无处不存在风险一样，缔结婚姻本身也会给当事人带来潜

① 《罗马法》，群众出版社 1983 年版，第 98 页。
② 参见谢鹏程：《公民的基本权利》，中国社会科学出版社 1999 年版，第 159 页。
③ 〔德〕康德：《法的形而上学原理》，沈叔平译，商务印书馆 1991 年版，第 94—95 页。

在的健康风险。① 因此,婚前的健康检查能够使双方当事人及时了解彼此的身体状况,从而使其理性地选择是否登记结婚。试想,如果某一方刻意隐瞒自己的身体缺陷或疾病,而婚后被对方察觉甚至被传染,那么婚姻关系的稳定、婚姻生活的质量、传染病的控制都会受到负面影响。因此,为了满足配偶方的健康知情权,婚前的健康检查并非完全没有必要。

上面的分析表明,为了保障配偶身体的健康、维护婚姻关系的稳定进而提升婚姻生活的质量,婚前健康检查确有存在的必要。尤其是在当下中国的社会治理中,婚姻往往被视为家庭而非个人的事,而家庭又是作为一个基本的社会单位而存在的。婚姻家庭关系的稳定是整个社会稳定的前提和组成内容,为社会稳定计也需要坚持婚前健康检查。其实,我国现行《婚姻法》关于"患有医学上认为不应当结婚的疾病"的规定本身亦昭示了婚前医学检查的正当性。道理很简单,不经过严格的医学检查,怎能识别什么样的疾病"不适宜结婚"?问题在于,在具体规制手段的选择上究竟是强制婚检好还是自愿婚检好?毕竟,当事人的个人隐私权与配偶方的健康知情权是同样值得保护的利益,一种利益的满足将导致另一种利益的消减。在个人隐私权与健康知情权发生冲突的情况下,规制者应如何权衡取舍?在强制婚检模式下,健康知情权因为牵涉到婚姻、家庭乃至社会的稳定等"社会利益"而被更多地加以关注与维护。相比之下,私域中的个人隐私权在"遭遇"社会公共利益时应当予以适度让步,权利人负有容忍的义务。这既是婚姻固有的社会属性使然,也是实现政府规制目标应当支付的必要成本。正如美国学者弗雷德所言:"如果把隐私解释为对与自己有关的信息的控制,那么也就意味着某种允许或者拒绝其他人获得它的权力。……与他人亲近意味着与他分享自己的一部分内心世界的权利,对此,不可能与整个世界一起分享。由于让渡这种权利,隐私构成了人们在友谊或爱情中必然付出的道德

---

① 社会学中的"风险"概念早已从其最初的居留地延伸至整个社会,甚至扩展到人生,扩展到类似劳动力市场的不可预测性,以及疾病、为人父母等方面的不可预测性。正是从这个意义上来说,人们认为离婚甚至结婚都无疑充满了风险。参见〔德〕贝克、威廉姆斯:《关于风险社会的对话》,路国林编译,载薛晓源、周战超主编:《全球化与风险社会》,社会科学文献出版社 2005 年版,第 41 页。

成本。”[①]相反的，在自愿婚检模式之下，婚姻的自然属性和私域特质被更多地予以关注。既然婚姻关系的缔结主要是当事人双方的私事，国家公权自然就应当充分保障个人的隐私权，不得强制推行婚前健康检查，更不能将检查结果与婚姻登记硬性“捆绑”在一起，进而阻挠当事人婚姻自由权的行使。

（二）当代人的婚姻自由权与下代人的身体健康权

婚姻的目的是什么？或者说，一对男女选择“永续共同生活”的意义究竟何在？对这个“元问题”的不同回答不仅直接决定了婚姻立法的规制内容，而且还影响到政府规制婚姻手段的选择。拉德布鲁赫曾言：“所有的法律婚姻观和家庭观都可以被分为两大部分：个人主义观部分和超个人主义观部分。个人主义婚姻观是在夫妻共同订立的契约关系的背景下来观察婚姻的，超个人主义观则在结婚双方一起进入的婚姻生活状态的概念下来思考婚姻的。前者明显注重夫妻相互的关系，而后者则将他们与孩子的关系作了出发点。……如果说超个人主义观念将婚姻视为生育共同体，那么婚姻则被个人主义观念刻画为爱情共同体。”[②]那么，缔结婚姻的目的是“生育和孩子”还是“性爱和自己”，或是二者兼而有之呢？

任何人都有追求幸福生活的权利，更有与自己所爱的人谋求“永续共同生活”的权利。事实上，婚姻自由早已为国际社会所普遍认可。《公民权利和政治权利国际公约》第23条即规定：“……二、已达结婚年龄的男女缔婚和处理家庭的权利应被承认。三、只有经男女双方的自由的和完全的同意，才能缔婚。”因此，婚姻的意义首先就体现在男女双方立基于追求永续共同生活之上的自愿结合。在这个层面上，婚前健康检查固然能够起到满足男女双方知情权的作用，但检查结果断然不能阻却当事人追求共同美好生活的权利，即使检查结果表明存在不适宜结婚的疾病，哪怕是存在不宜生育的疾病。正如康德所言：“他们（指缔结婚姻的男女——引者注）生养和教育孩子

① 〔英〕彼得·斯坦、约翰·香德：《西方社会的法律价值》，王献平译，中国法制出版社2004年版，第273—274页。

② 〔德〕G.拉德布鲁赫：《法哲学》，王朴译，法律出版社2005年版，第152—153页。

的目的可以永久被认为是培植彼此欲望和性爱的自然结果，但是，并不一定要按此来规定婚姻的合理性，即在婚前不能规定务必生养孩子是他们成为结合体的目的，否则，万一不能生养孩子时，该婚姻便会自动瓦解。”[①]可见，在结婚的条件设置上不应当给予过多的限制，特别是不应当将婚前健康检查的结果作为婚姻登记的必备要件。否则，公权力就会逾越边界而侵蚀私权利。就此意义而言，自愿婚检模式无疑体现了政府对婚姻当事人自主权的尊重，是一次向婚姻自由精神回归的改革之举。

在当今自由主义高涨的时代，尽管婚姻本身不再以生育为直接目的，但人类的繁衍却只能通过婚姻中的生育行为才能得以实现。正如英国学者马林诺斯基所言："种族的需要绵延并不是靠单纯的生理行动及生理作用而满足的，而是一套传统的规则和一套相关的物质文化的设备活动的结果。这种生殖作用的文化体系是由各种制度组织成的，如标准化的求偶活动，婚姻，亲子关系及氏族组织。"[②]这既是人类文明进步的标志，也是人类文明进步的保障。可见，生育是婚姻的重要附属功能，甚至可以说是婚姻稳定的"推进器"。这是因为，孩子的抚育是一项需要夫妻双方长期密切合作的甜蜜而艰辛的事业，在共同抚育儿女的过程中夫妻之间的感情得以持久的维系。"这就是人类的男女结合何以比其他动物的结合较为长久的主要的——如果不是唯一的——理由。"[③]由此看来，人类社会无论在什么地方，两性关系尽管可以在一定限制下享受相当的自由，但生育孩子却有着十分严谨的规律，而且这种规律总是以婚姻作为基础的。因此，可以说婚姻与生育的关系要重于与两性的关系。[④] 有关婚姻缔结之后诸多关系的演进，可以通过下图予以呈示：

---

① 〔德〕康德：《法的形而上学原理》，沈叔平译，商务印书馆 1991 年版，第 95 页。

② 〔英〕B. 马林诺斯基：《文化论》，费孝通译，商务印书馆 1940 年版，第 26—27 页。

③ 〔英〕洛克：《政府论》（下册），叶启芳等译，商务印书馆 1964 年版，第 49 页。

④ 参见费孝通：《乡土中国 生育制度》，北京大学出版社 1998 年版，第 126 页。

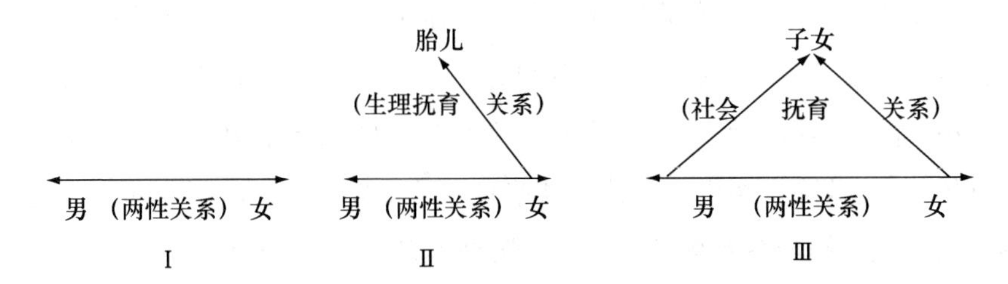

这个简约化的关系图大体上反映出了人类一般个体缔结婚姻之后(排除了婚前已经生育孩子、婚后终生不生育孩子以及有子女者再婚等少数例外情况)通常都会发生的一系列动态关系,其基本内容如下:

1. 在图Ⅰ中,男女双方结婚之后所形成的仅是夫妻之间的两性关系。

2. 在图Ⅱ中,随着女方的受孕,除了原先存在的两性关系之外,增加了女方与其体内胎儿之间的生理抚育关系。这种单向度的抚育关系主要源于女性的特殊生理构造。由于胎儿存在于母体之中,因而实际担负直接抚育使命的就只能是女方。

3. 在图Ⅲ中,当子女出生之后,除了夫妻之间的两性关系之外,还分别形成了夫妻双方与子女之间的社会抚育关系。与图Ⅱ相比,此时明显的变化是女方与胎儿之间的单系抚育关系已经演变为夫妻双方与子女之间的双系抚育关系。① 于是,随着子女的出生,一种稳定的三角关系正式形成,此后这种因社会抚育而形成的亲子关系远比单纯的两性关系更为重要。

正是由于文明社会中婚姻承载了种族绵延的功能,因而公权力在尊重当代人的婚姻自由权的同时,还必须采取行之有效的措施积极保障下代人的身体健康权。事实上,公民的健康权特别是婴儿的健康权也早已为国际社会所广泛认同。《经济、社会、文化权利国际公约》第12条即规定:“一、本公约缔约各国承认人人有权享有能达到的最高体质和心理健康的标准。

① 事实上,与其他动物的生殖与抚育相比,人类社会中父亲与子女之间的抚育关系更为突出。从这一角度来看,婚姻只不过是社会为孩子确定父母尤其是社会性父亲的手段而已。孟德斯鸠甚至指出:“父亲有养育子女的天然义务,这促成了婚姻制度的建立。”〔法〕孟德斯鸠:《论法的精神》(下册),张雁深译,商务印书馆1963年版,第108页。

二、本公约缔约各国为充分实现这一权利而采取的步骤应包括为达到下列目标所需的步骤:(甲)减低死胎率和婴儿死亡率,和使儿童得到健康的发育……"作为一项医学产品,婚前健康检查赋予婚姻登记申请人一次了解双方身体状况、排除影响生育及遗传疾病的机会,无疑能够在一定程度上有效预防和降低妊娠的各种疾病,进而确保母婴的健康和出生人口的素质。在我国已经实施多年的强制婚检制度,其主要目的也正是在于"降低出生缺陷率、保障母婴健康和提高出生人口素质"。

上面的分析表明,在是否需要婚检的问题上,现代医学所具有的"工具理性"已经令人无法怀疑。但在婚检具体模式的选择上,确实存在权利的代际冲突。一方面,婚姻既然是男女之间追求永续共同生活的私事,那么公权力自然就应当保障当代人的婚姻自由权;另一方面,婚姻又不完全是当事人双方纯粹的私事,因其承载了生育的功能,因而公权力需要对作为典型公共利益的下代人的身体健康予以适度保护。在这里,当代人的婚姻自由权与下代人的身体健康权之间存在着潜在的冲突。就秉承个人主义婚姻观的自愿婚检模式而言,制度设计的出发点在于对当代人婚姻自由权的尊重,但其结果确有可能使出生人口健康的第一道屏障失去作用。相反的,就秉承超个人主义婚姻观的强制婚检模式而言,制度设计的初衷在于保障下代人的身体健康权。在可持续发展观念深入人心、人口政策作为基本国策没有发生丝毫改变的时代背景下,特别是在建设社会主义和谐社会总目标的指引下,这种明显有损当事人婚姻自由权的规制模式还是得到了多数国民"同情的理解",恢复强制婚检呼声的高涨即是明证。

(三) 多数人的自由与少数人的权利

根据卫生部的统计,从2000年到2002年,我国婚检的疾病检出率分别是8.1%、9.1%和9.29%,主要是以生殖系统和传染性疾病为主,性传播疾病检出率逐年上升。这意味着每10对新人中仅有一对可能因为健康原因而不宜结婚、暂缓结婚、不宜生育、限制生育。借用统计学上的术语,患病人群属于"小概率事件"。如此,婚检制度的推行实际上直接涉及多数健康人(超过 90%）与少数不健康人（不到 10%）之间的权利冲突与协调。

首先，就多数健康人而言，如果法律强迫他们在婚前必须进行健康检查，无疑会增加其结婚的各种成本，如医学检查费用的支付、工作时间的牺牲、必要的交通支出等。此外，这种强制性的婚检也是对其婚姻自由的一种外在干预。更重要的是，强制婚检制度的设计实际上是以牺牲多数人的利益来换取少数人利益的做法。因此，对于多数人而言，自愿性的婚检可能更受欢迎。其次，就少数不健康人而言，如果采取自愿婚检制度，由于国人健康意识和责任意识的普遍匮乏，可能很多人实际上在婚前不会选择去进行健康检查，由此将可能造成一系列的负面影响。反之，如果国家提供强制性的婚检制度，则不宜结婚或不宜生育的疾病就能及早发现、及早治疗，这对当事人、家庭及社会都有助益。因此，对于少数人而言，强制性的婚检可能更受欢迎。

以上纯粹的逻辑分析似乎表明规制者应当针对多数健康人与少数不健康人分别设计出不同的婚检制度。然而，这种想法是不现实的。没有实际参加婚前健康检查，焉能区分健康还是不健康？于是，强制婚检理所当然地被规制者视为最好的选择——健康还是不健康只有所有的人都参加检查之后才能最后见分晓。问题在于，这一制度设计付诸实施的结果是多数人支付了不菲的成本（包括自由的舍弃、隐私的披露以及财力的支出等），而换回来的却只是少数人病情的发现。由此可见，不管政府采取何种方式的婚检，事实上都不可能回避多数健康人与少数不健康人之间的利益冲突，这种不同群体利益之间的冲突与消解相应地也将成为考量政府婚检模式是否符合成本收益原则的重要指标。

三、介于两类婚检政策模式之间的非正式制度尝试

就在公众围绕《婚姻登记条例》所规定的“自愿婚检”与《母婴保健法》所规定的“强制婚检”孰优孰劣、孰大孰小争执不休的时候，一些地方政府已经开始谨慎地在婚检问题上进行了新的探索，进而形成了若干游离于国家立

法之外的非正式制度安排。虽然这些尝试尚未得到中央层面的认可，且多数仍然处于试点状态，但这些行动本身却为国家正式婚检制度的变革提供了鲜活的标本。大体上来说，这些非正式的制度尝试主要有以下三类：

（一）指导性免费婚检模式

这一模式以上海为代表。作为我国现代化水平最高的经济发达地区，上海市在婚检问题上采取的是更加人性化、规范化的“指导性免费婚检模式”。这一模式的特点主要体现在两个方面：一是在当事人申请婚姻登记时，由专门的社工“婚导”引导准新人至设在婚姻登记处的婚姻家庭健康咨询室，接受由具备资质的婚前保健医师和计划生育工作人员提供的免费婚前保健咨询，倡导和鼓励男女双方自愿接受婚前医学检查；二是对自愿需要进行婚前健康检查的当事人，由政府免费提供规定项目的检查。自 2005 年上半年开始，这一新的婚检模式在上海市六个区进行试点，取得了明显成效。为了在全市范围内推广这一做法，上海市政府办公厅还在 2005 年 7 月专门转发了相应的规范性文件，对指导性免费婚检模式的服务形式、基本内容、服务程序、职责分工及经费保障进行了详细的规定。①

与正式的婚检规制模式相比，上海地区的做法无疑体现了更多的灵活性。首先，免费婚检减轻了当事人的负担，彰显了政府的责任行政理念和服务行政理念；其次，通过劝导、建议、鼓励等柔性管理方式引导当事人自愿进行婚检，体现了政府对公民的尊重和负责；最后，通过社工婚导员的加盟，能够有效地整合政府与社会资源，化解官方强制婚检和纯粹自愿婚检所引发的治理危机，向公民自治迈出了坚实的步伐。一年来的实践表明，指导性免费婚检模式逐渐赢得了社会的认可，在全国各地婚检率一路走低的情况下，唯独上海市的婚检率却明显回升。② 事实证明：尊重与保障要比限制与剥夺更能激发人们对于权利的珍视，也更容易激活公民的责任意识。

---

① 参见《上海市人民政府办公厅转发市卫生局等四部门关于进一步做好本市婚前保健服务工作意见的通知》（沪府办[2005]45 号）。

② 参见徐斌忠：《上海婚检率强劲反弹 由去年 3%上升至 38%》，载《新闻晨报》2005 年 8 月 18 日。

（二）自愿性免费婚检模式

这一模式最早于2004年5月在青岛市崂山区开始试点。稍后，武汉市武昌区、北京市西城区、福建省晋江市、浙江省舟山市普陀区等地也纷纷效法。近年来，这种“自愿婚检、政府买单”的模式逐渐推广开来，上海、浙江、湖北等地已经在全部区域内实行免费婚检。

在《婚姻登记条例》改强制婚检为自愿婚检模式之后，旧政策走向新政策的变迁过程中惯常的“政策断裂”现象再次显现。习惯于被公权力约束的人们一旦从权力的枷锁中解脱出来，往往表现出极度的无所适从，于是婚检率在全国各地相继持续走低，局部地区甚至长时间出现了“零婚检”现象。在自愿婚检制度过度受到冷落的情况下，一些地方政府为了提升婚检率，筑起提高出生人口素质的第一道防护线，果断地推出了自愿性免费婚检模式，试图通过费用的免除来吸引更多的婚姻登记申请者自觉接受婚检。应该肯定的是，这种做法取得了一定的预期收效，也得到了官方权威机构的支持。① 不过，限于各地财力的不均，在全国统一推行这一做法目前尚不现实。而且，单纯地倚赖免除检查费用也未必能够提高婚检率。事实上，当事人不愿意参加婚检的因素很多，经济负担可能只是其中的一个次要考虑。相比之下，前述通过行政指导方式积极鼓励当事人自愿免费婚检的做法或许更具实效。

（三）强制性免费婚检模式

这一模式因为涉及较为敏感的“强制”字眼，目前仅在少数地区适用。鉴于自愿婚检备受冷落，且当事人对自愿免费婚检并不领情，一些地方为了实现预设的婚检规制目标——减低出生缺陷婴儿的比率、提高出生人口的素质，审慎地提出了“强制婚检、政府买单”的制度构想。例如，针对深圳市近年来新生缺陷儿明显增多的现状，该市人大透露，深圳有关方面已考虑建

① 卫生部官员表示，婚检不单纯是个人消费，它是一项公共卫生工作，必须用解决公共卫生的方式来解决婚检问题，应创造条件将婚检纳入公共卫生服务。这实际上是政府花小钱为群众买健康，并为社会医疗投入省了大钱。参见《卫生部正在酝酿由政府出资婚检的新制度》，http://news.sohu.com/20060222/n241950199.shtml，2015年8月2日访问。

议通过深圳拥有立法权的优势,在全市实行强制性免费婚检。[①] 此外,南京等地事实上也在实行这种模式。当然,这些地区从未对外高调宣称已经恢复强制婚检,只是做法相类似而已。

强制性免费婚检模式的初衷似乎无可非议,但这一做法本身不仅与《婚姻登记条例》简化婚姻登记手续、放宽婚姻状况审核条件的精神相悖,而且还开了"政府买单"成为其行使强制权力理由的恶例。个中逻辑是:既然政府买单为公民提供了免费婚检的保障,那么政府就有充分的理由恢复强制婚检。值得玩味的是,这种做法也得到了相关权威部门的支持。[②] 很显然,在放松政府规制的背景下,这种做法不能不说是一种倒退。道理很简单,公民被"免费"并不是其可以被强制的理由,否则一个公民的支付能力越低,他所面临的被强制的危险就越大。

考察地方政府在婚检领域所进行的一系列非正式制度尝试,不难看出,其共同的举措都在于免除当事人婚检的费用,婚检福利化的改革倾向日渐显现。这不仅能够切实地减轻民众的负担,防止婚检机构借机敛财,而且也与现代给付行政勃兴的趋势相吻合,无疑值得引起婚检制度决策者的关注。但正如上文所分析的那样,单纯的免费并不足以引导当事人自觉地参加政府所希望的婚检。换言之,婚检免费的实际功效并不能被无限放大。同时,也应该看到,实践中的制度创新表现出"权利尊重"与"权利漠视"两种不同的改革进路。以上海为代表的指导性免费婚检模式因为含有对当事人权利的尊重而值得推崇,在未来婚检制度的再度变迁中应当发挥更大的作用空间;相反的,有开历史倒车之嫌的强制性免费婚检模式则因为对权利的漠视而需要认真检视,重走老路不仅会引起公权力的再度扩张,对政府的公信力

---

① 参见《深圳拟"强制免费婚检"》,http://life. wg365. com. cn/2006/2006-1-8/wg36520061895911.shtml,2015年7月22日访问。

② 国家计生委官员表示,在中国目前的国情下,强制婚检对民族有利,可以减少出生缺陷,提高人口素质。特别是城市污染使男性生殖能力下降,如果在这种情况下还不进行强制婚检,民族素质会受到很大威胁。因此,各地应当向黑龙江省学习,恢复强制婚检,并努力做到免费强制婚检。参见《国家计生委官员:政府应实行免费强制婚检》,http://life. people. com. cn/GB/1089/4181181.html,2015年7月25日访问。

也会造成严重的负面影响。由此可见，婚检规制结构的重塑业已成为当下社会治理中亟待解决的重要议题。

四、婚检政策的结构性调整

前文的分析显示，无论就正式的立法规定还是非正式的制度尝试而言，我国婚检（无论是强制还是自愿的）的规制目标都被定位于“保障母婴健康、提高出生人口素质”。应该承认的是，正是基于对母婴健康和人口素质属于典型公共利益的社会共识，婚检本身才具有存在的正当性基础。换言之，男女恋爱和结婚本来都属于私权领域，具有明显的个体性且多涉及私人利益，因而国家公权不能强行干预。但由于婚姻的缔结牵涉到母婴的健康和下代人的人口素质，因而国家公权又具有合法干预的基础。问题是，强制婚检和自愿婚检能不能有效地达到上述规制目标？是不是维护公共利益最优且成本最低的规制手段？正如边沁所言：“当一项政府措施之增大共同体幸福的倾向大于它减少这一幸福的倾向时，它就可以说是符合或服从功利原理。”[①]西方政府规制学理论也认为，当收益超过成本而使社会资源的总价值增加时，规制就是有效的；反之，当收益少于成本，社会所花费的钱超过其所产生的收益时，有限的资源便浪费了。[②]

对于结婚之后立即生育的当事人来说，强制婚检兴许能够部分地达到既定的规制目标，但社会却无疑为此支付了过高的成本。这些成本至少包括当事人的婚姻自由、隐私权、追求幸福的权利等，在个人付费的情况下，还将加重当事人的经济负担。可见，强制婚检并非保障母婴健康、提高出生人口素质的最优且成本最低的规制手段。就自愿婚检而言，虽然社会所支付的成本较少，但由于公民健康意识、责任意识的缺乏，难以保证规制目标的实现。因此，当下的婚检制度的确存在两难的处境。这种尴尬处境的破解

① 〔英〕边沁：《道德与立法原理导论》，时殷弘译，商务印书馆2000年版，第59页。

② See R. J. Pierce, S. A. Shapiro and P. R. Venkuil, *Administrative Law and Process*, New York: The Foundation Press, 1999. pp. 14—15.

只能立基于对规制背景的正确把握，从而在规制目标和规制手段修正的基础上实现婚检制度的再度变迁。

（一）婚检规制背景的变迁

如学者所言："行政法制度变迁主要受制于由经济、政治、技术、观念等诸要素所组成的社会结构的约束，社会结构的变迁直接引致了行政法的制度变迁。"[1]回顾婚检制度的历史演变，可以看出，强制婚检向自愿婚检的转变主要归因于个人自由观念及有限政府观念的传播。问题是，多年来不仅自愿婚检制度的运行实效不佳，而且与此有关的社会争议接连不断。这一现象促使人们反思：中国婚检制度的改革究竟面对的是一个什么样的规制背景？

值得关注的是，当下中国正处于艰难的社会整体转型时期，体制、制度、观念都在不断地调整之中。同其他行政管理领域的制度变革一样，婚检所面临的规制背景异常复杂。总的来看，存在以下四组相对应的景象：

第一，性观念的开放致使未婚先孕现象激增，基于优生优育的婚检失去了原初的意义。在我们的传统文化里，结婚往往被视为个人性生活开始的仪式，正所谓"洞房花烛夜，金榜题名时"。然而，在社会观念日新月异的今天，这种朴素的贞操观虽未绝迹但也发生了翻天覆地的变化，婚前性行为的大量涌现即是明证。波斯纳曾言："避孕药片的出现降低了婚前性交的成本，因此增加了婚前性交的需求。"[2]即便在我们这样一个社会成员尚不太习惯采取避孕措施的国度，婚前的性行为同样在大量疯长。很显然，对于众多在怀孕之后再去结婚的女性来说，婚检充其量只是一个微不足道的程序而已。

第二，社会竞争的加剧拉大了结婚与生育之间的时差，晚婚特别是晚育现象日渐突出，以预防出生缺陷为规制目标的婚检作用日渐式微。身处当

① 宋功德：《行政法的制度变迁》，载罗豪才主编：《行政法论丛》（第4卷），法律出版社2001年版，第37页。

② 〔美〕理查德·A.波斯纳：《超越法律》，苏力译，中国政法大学出版社2001年版，第398页。

下中国社会转型时期的适龄男女，无论身居城市还是乡村，无不面临着生活、工作等诸多方面的现实压力，因而晚婚业已成为普遍的社会现象。[①] 虽然生育是婚姻的自然结果，但基于居住条件、经济基础、事业发展、心理准备等多重现实考虑，越来越多的青年夫妇选择了晚育。在结婚与生育时距日益加大的背景下，婚前体检在保障生育质量方面的意义几乎丧失殆尽。

第三，权利意识的觉醒与责任意识的缺席，致使寄望于当事人自愿合作进行婚检的立法预测落空。随着社会经济的发展和对外开放的深化，我国公民的权利意识不断高涨，但相应的责任意识特别是社会责任意识却依旧匮乏。自愿婚检制度的推行固然体现了国家对公民选择权的尊重，但婚姻关系当事人基于即时利益与远期利益的权重，往往在事实上否定了立法者关于“每个人都会对自己的健康负责”的预测，由此而形成的低婚检率确实导致出生缺陷的第一道防护堤失去了预期的作用。

第四，科学技术的发展、自然环境的恶化、食品安全的隐患无不威胁着国人的健康，上代人整体体质的下降直接波及下代人的人口素质。与此同时，随着人口流动的加快，性与婚姻相分离的趋势日渐明显，婚外性行为、性交易的普遍存在致使性病的蔓延和艾滋病的传播成为一大社会公害，婚姻当事人及下代人的健康面临更大的威胁。[②] 强制婚检的取消在一定程度上加剧了婚姻当事人健康状况恶化的可能，从而使下代人的健康也面临着潜在的威胁。

社会的变迁产生了行政法的制度需求。面对现实婚恋、生育领域中的诸多乱象，作为一个负责任的政府，无疑应当在广泛倾听民众声音的基础上

---

① 社会调查显示，由于婚姻成本和机会成本的大幅上升，我国目前中、低产阶层人群中出现了令人罕见的“单身潮”现象。参见《又见单身潮来临》，载《报刊文摘》2006 年 9 月 11 日。

② 一份来自国家人口和计划生育委员会的权威报告显示，目前我国艾滋病疫情仍呈上升趋势，新发生的感染以注射吸毒和性传播为主。暗娼中的艾滋病病毒感染率从 1996 年的 0.02%上升到 2004 年的 0.93%；高流行地区孕产妇中的艾滋病病毒感染率从 1997 年的 0，上升到 2004 年的 0.26%。感染者的流动、性乱行为的增加以及很多城市增长的性病发病都成为促进艾滋病进一步蔓延的重要因素。参见《2005 年中国艾滋病疫情与防治工作进展》，http://www.chinapop.gov.cn/rkzh/rk/wxzl/t20060227_56354.htm，2015 年 8 月 1 日访问。

及早实现婚检制度的“诱致性变迁”。[①] 当然，鉴于自愿婚检制度的实施时间不长，如若再次进行制度变迁难免有朝令夕改之嫌。但是，正如美国公共管理学大师彼得斯所言：“对于政府部门来讲，变革与其说是一种特例，不如说是一种惯例。只要有一个不完美的政府，人们就会持续不断地寻求理想的治理形态。”[②]就社会争议始终不断的婚检制度而言，既然现行的制度设计难以达致既定的规制目标，那就表明当下的政策不是好政策，自然就有尽早作出变革的必要，要么重新确立规制目标，要么重新选择规制手段。

（二）婚检规制目标的修正

规制目标的确定决定着规制手段的选择。“保障母婴健康、提高出生人口素质”不仅是现行立法所明确宣示的婚检（尤其是强制婚检）规制目标，而且也是各地非正式制度尝试的政策目标。立法者与规制者往往认为，结婚是生育的前提和条件，为了实现优生优育、保障母婴健康，必须实行婚前健康检查制度。然而，预想的规制目标却难以实现与真实世界的对接。正如前文所言，未婚同居、未婚先孕、婚后晚孕等现象日益增多，婚姻与生育呈现出前所未有的分离景象。在规制背景已经发生重大变化的情况下，再以保障母婴健康、预防出生缺陷作为婚检的规制目标显然不合时宜。为此，规制目标的重定应当成为婚检制度变迁的首要任务。

事实上，根据我国现行《母婴保健法》及其实施办法的规定，婚前健康检查、孕期健康检查和新生儿健康检查业已成为当下保障母婴健康、防止出生人口缺陷的三道防护堤。就目前制度的实际运作来看，孕期健康检查是其

① 经济学家林毅夫先生认为，诱致性制度变迁指的是一群（个）人在响应由制度不均衡引致的获利机会时所进行的自发性变迁；强制性制度变迁指的是由政府法令引起的变迁。参见林毅夫：《关于制度变迁的经济学理论：诱致性变迁与强制性变迁》，载〔美〕R. 科斯等：《财产权利与制度变迁》，上海三联书店 1994 年，第 374 页。按照这种解释，我国婚检制度由强制向自愿的转变属于典型的自上而下的、依靠政府单方面强力向社会推销的强制性制度变迁模式。实践表明，这种制度变迁模式往往因缺乏现实回应性而难以产生实效。相比之下，由于诱致性变迁完全建立在各方信息高度集中的基础之上，体现了决策者对社会现实需求的积极回应，因而能够产生实效。就此意义而言，我国婚检制度的再度变迁应当采取诱致性变迁模式。

② 〔美〕B. 盖伊·彼得斯：《政府未来的治理模式》，吴爱明等译，中国人民大学出版社 2001 年版，“序言”第 5 页。

中最为重要的一环，对于遏制缺陷儿的出生起到了至为关键的作用。从这个意义上来说，婚前健康检查就不宜以优生优育、提高人口素质作为唯一的规制目标或首要的规制目标。从前文有关婚检规制过程中的利益冲突来看，婚检的首要规制目标应当定位于“保障配偶健康、维护婚姻稳定”，次要规制目标才是“预防出生缺陷、保障优生优育”。也就是说，婚姻首先是一个爱情共同体，其次才是一个生育共同体。直接受婚姻关系缔结影响的是当事人双方的健康和幸福，下代人的人口素质仅仅受婚姻关系缔结的间接影响。正是基于婚姻与生育相分离的现实，立法上就不应以保障下一代人的健康为由来阻碍当代人婚姻关系的形成。基于此，《母婴保健法》将婚前健康检查作为婚姻登记的必备条件且将一部分患有特定疾病的当事人阻挡在婚姻大门之外的做法是明显不当的，也与新的婚检规制目标相抵触，应当坚决予以废除。

(三) 婚检规制手段的选择

在确立了符合现实规制背景的目标之后，就应当选择与此规制目标相适应的规制手段。也就是说，需要以尽可能科学、合理的规制方式来回应既定的规制目标。恢复强制婚检之动议有违全球范围内政府规制放松的趋向，而当下的自愿婚检实则公权力在婚检领域的彻底退出，无论就退出时机还是实际效果而言，都是值得认真加以检讨的。为此，应当在“强规制”与“不规制”之间寻求新的较为合适的“弱规制”手段。正如日本规制经济学家植草益所言：“规制不只是权力性的行政行为，还要通过非权力的指导(行政指导)加以补充。也就是说，行政指导不是通过基于法律下命令的行政行为，从而赋予企业等以行为和不行为的义务，而是通过非权力的手段(提议、劝告、说服等)使企业等的行动服从一定的政策目的的行为。”[1]在这方面，上海地区行之有效的指导性免费婚检模式值得在全国范围内渐次推广。其实，行政指导手段的运用也符合全球行政改革运动中“弹性化”政府方案日

① 〔日〕植草益：《微观规制经济学》，朱绍文等译校，中国发展出版社 1992 年版，第 30 页。

益受宠的新趋势，即“政府及其机构有能力根据环境的变化制定相应的政策，而不是用固定的方式回应新的挑战”[①]。

在我国当下母婴保健及计划生育领域，事实上已经存在着大量的行政指导措施，如《母婴保健法实施办法》第 24 条关于“国家提倡住院分娩”、《人口与计划生育法》第 34 条关于“对已生育子女的夫妻提倡选择长效避孕措施”的规定等。鉴于婚姻登记的日渐简化，特别是对当事人婚姻自由权的充分尊重，对于婚前健康检查宜选择鼓励、倡导等新型的激励性规制手段，通过健康宣传、免费婚检、婚导劝告等措施吸引更多的当事人自愿采取与政府合作的态度进行健康检查。无论从规制的成本收益还是从规制手段的可接受性上看，以行政指导为中心的柔性婚检模式都比刚性的强制婚检和完全自愿的婚检要好。当然，柔性的婚检模式可能难以有效实现婚检的次级规制目标，但正如前文所言，在我国出生人口缺陷的防护上，最重要的规制手段是孕检，婚检充其量只能算作第一道防护措施。因此，次级规制目标实现的困难不能成为否定柔性婚检模式的理由。在我国，出生人口素质提高的关键在于普及健康知识、提升孕检质量，而不能寄望于婚前的健康检查。就目前可供选择的规制手段而言，以孕检范围前移、强化孕前保健、增加孕检补贴为主要内容的孕检制度无疑是降低出生缺陷、提高人口素质的最佳规制手段。通过柔性婚检和刚性孕检规制手段的结合，加上既有的新生儿检查，保障母婴健康、提高出生人口素质的规制目标可望能够更好地得到实现。

---

① 〔美〕B. 盖伊・彼得斯：《政府未来的治理模式》，吴爱明等译，中国人民大学出版社 2001 年版，第 87 页。

第二节　行政审判政策分析

一、封闭对抗型行政审判政策的挫折

在中国这样一个“官本位”传统根深蒂固的国家，“民告官”制度的建立确实具有异乎寻常的意义。即便是在该制度建立的二十多年以后，当我们在讨论行政诉讼制度的完善时，对其本身存在的巨大价值仍然坚信不疑。那么，《行政诉讼法》为什么能够在20世纪80年代末期的中国得以颁行？《行政诉讼法》文本及其实施展现出怎样的行政审判政策图景？立法当初所确立的行政诉讼模式的实践命运如何？通过立法史的回顾，无疑能够探究当代中国行政审判政策的雏形及其境遇。

（一）封闭对抗型行政审判政策的形成

1982年3月，五届全国人大常委会通过《中华人民共和国民事诉讼法（试行）》。该法第3条第2款规定：“法律规定由人民法院审理的行政案件适用本法规定。”这一规定通常被视为中国行政诉讼制度试验的开始。不过，行政诉讼法立法工作真正启动则是1986年之后的事情。根据公开的资料，1986年，在《民法通则》颁布之后，在一次全国人大常委会法制工作委员会召开的会议上，与会人士讨论了我国的行政立法问题，一致认为，刑法、民法、行政法、刑事诉讼法、民事诉讼法、行政诉讼法是国家的基本法，在已有了《刑法》《刑事诉讼法》《民法通则》《民事诉讼法（试行）》的条件下，进一步完善法制的最重要任务就是尽快将《行政法》《行政诉讼法》的立法提上议事日程。随后，在时任全国人大法律委员会顾问陶希晋先生的倡议下，“行政立法研究组”正式成立。研究组最初的使命就是着手起草类似《民法通则》的《行政基本法》，后来由于社会条件和立法技术均不成熟，这一探索暂时被搁置。1987年2月，研究组在与全国人大法工委协商后，决定先行起草《行政诉讼法》（试拟稿）。1988年8月，研究组完成《行政诉讼法》（试拟稿）并提交全国人大法工委。后经广泛征求意见、反复修改，最终在1989年4月4日经七届全国人大二次会议审议通过。[①]

回顾《行政诉讼法》的制定过程，不难看出，其历时之短、出台之快实属历史罕见。从正式启动到最后通过，前后仅两年时间。无论从学术研究成果的积累还是各项社会条件的准备来看，《行政诉讼法》的出台都难免给人一种"仓促"之感。事实上，《行政诉讼法》的顺利通过与当时政治体制改革的外部环境休戚相关。在立法起草的过程中，适逢党的十三大召开。在题为《沿着有中国特色的社会主义道路前进》的报告中，"加快和深化改革"成为最重要的主题词。报告不仅认为"把政治体制改革提上全党日程的时机已经成熟"，而且还提出了"实行党政分开、进一步下放权力、改革政府工作机构、改革干部人事制度、建立社会协商对话制度、完善社会主义民主政治、加强社会主义法制建设"等一系列政治体制改革的具体任务。尤其值得关注的是，报告还明确指出了"制定行政诉讼法，加强对行政工作和行政人员的监察，追究一切行政人员的失职、渎职和其他违法违纪行为"的行政立法任务。从这个意义上来说，十三大报告无疑"催生"了《行政诉讼法》的制定。[②]

正是由于最高决策层及时释放出政治体制改革的信号，参与《行政诉讼法》起草工作的法律界人士才备受鼓舞，进而使立法进程大大加快。显然，离开了这一特殊社会历史时期的背景，人们就无法理解在学理和实践积累都明显不足的情况下，《行政诉讼法》为何能够异常顺利地出台。在政治精英和法律精英的共同主导下，《行政诉讼法》的颁行一开始就几乎成为立法

---

① 有关现行《行政诉讼法》制定进程的介绍，可参见姜明安：《行政诉讼法学》，北京大学出版社1993年版，第31—37页；何海波：《法治的脚步声——中国行政法大事记(1978—2004)》，中国政法大学出版社2004年版，第48—51页。

② 关于十三大报告对《行政诉讼法》制定的影响，可从时任全国人大常委会副委员长、法制工作委员会主任的王汉斌所作的草案说明中得到印证。《关于〈中华人民共和国行政诉讼法（草案）〉的说明》开宗明义地指出："制定行政诉讼法，是刑事诉讼法、民事诉讼法（试行）制定之后，我国社会主义法制建设的一件大事，也是我国社会主义民主政治建设的一个重要步骤。行政诉讼法的制定，对于贯彻执行宪法和党的十三大报告提出的保障公民合法权益的原则，都有重要的积极的意义。"

者的"刻意"安排。作为国家厉行民主与法治的标志性成果,《行政诉讼法》的颁行预示着国家对行政纠纷解决司法化方向的偏好,希冀通过民众的起诉使得行政机关的具体行政行为能够受到司法机关的独立审查。在《行政诉讼法》诸多条文的字里行间,人们能够强烈感受到行政诉讼程序的对抗性和封闭性。在这种封闭对抗的审判过程中,司法机关始终主导程序的具体流向。例如,作为《行政诉讼法》的"灵魂条款",该法第1条明确规定:"为保证人民法院正确、及时审理行政案件,保护公民、法人和其他组织的合法权益,维护和监督行政机关依法行使行政职权,根据宪法制定本法。"尽管"维护"一词以及各种目的之间的排序时常受到学者诟病,但"保证人民法院正确、及时审理行政案件"明确置于首位的做法却昭示立法本身对司法中心地位的追求。按照这种"司法中心主义"的立法进路,"人民法院依法对行政案件独立行使审判权""人民法院审理行政案件一律实行合议制""人民法院审理行政案件除涉及国家秘密、个人隐私和法律另有规定者外一律公开进行""人民法院审理行政案件不适用调解"等一系列刚性的原则性规定进一步固化了司法权与行政权之间的对抗。[①]

作为封闭对抗性行政审判政策的程序表征,《行政诉讼法》第51条对诉讼过程中原告撤诉特别是被告改变所作行为的限制彰显出人民法院对诉讼指挥权的全盘垄断。"程序具有暂时冻结某一状态的用途。一个事物或案件在被置之程序的那一刻开始,就与社会发展的因果链隔离了。"[②]当行政相对人将其与行政主体之间的纠纷诉诸法院而进入行政诉讼程序之后,这一

---

① 参见《行政诉讼法》第3、6、45、50条的规定。时任全国人大常委会副委员长、法制工作委员会主任的王汉斌在《关于〈中华人民共和国行政诉讼法(草案)〉的说明》中曾经指出:"人民法院依法对行政案件独立行使审判权,不受行政机关、社会团体和个人的干涉。这是宪法规定的人民法院行使审判权的基本原则,对审理行政案件更应当予以强调。……由于行政案件审理难度较大,草案规定,人民法院审理行政案件,由审判员组成合议庭,或者由审判员、陪审员组成合议庭,不适用民事诉讼法(试行)关于'简单的民事案件,由审判员一人独任审判'的规定。"这些说明旨在凸显行政审判制度的特殊性,实现行政诉讼与民事诉讼的分野。相比之下,民事诉讼不仅允许甚至鼓励人民法院进行调解,而且还允许人民法院在当事人申请之后对某些案件进行不公开审理(《民事诉讼法》第93—99条、第134条第2款)。

② 季卫东:《法治秩序的建构》,中国政法大学出版社1999年版,第19页。

争议事项即被暂时冻结起来。与此相对应的是,原被告双方都必须在人民法院的主持和引导下实施相关的诉讼活动,直至行政纠纷最终解决。在这一过程之中,作为案件审理对象的被诉行政行为就不能被随意地加以改变。正如学者所言:"从诉的提起开始(具体权利要求的设定),经过争议之点在法律意义上的形成(要件事实的确定)、证明和辩论以及上诉等阶段到达判决的确定,具体案件的处理可以被视为一个'法的空间'形成过程。在这个过程中,程序的逐渐展开以获得具有既判力的决定为目标且有强烈的不可逆性质。这种不可逆性的表现之一即体现在程序的展开对于当事者和法官的拘束性上,即到一定阶段后当事者提出新的事实或证据可以被禁止,法官也不能随意宣称已经完成的程序不算数而要求从头再来。"[①]《行政诉讼法》的上述规定就在于塑造行政诉讼"法的空间",使人民法院成为诉讼程序"存亡"的最高主宰者,并最终作出胜败对错的权威裁判。

《行政诉讼法》施行之后,最高人民法院相继在1991年和2000年发布了《关于贯彻执行〈中华人民共和国行政诉讼法〉若干问题的意见(试行)》(以下简称《贯彻意见》)和《关于执行〈中华人民共和国行政诉讼法〉若干问题的解释》(以下简称《若干解释》)。一般认为,《若干解释》"对行政诉讼法作了更加符合立法精神和原则、更加符合行政诉讼实践需要、更加符合行政诉讼制度发展方向的解释"[②]。不过,无论是《贯彻意见》还是《若干解释》,都没有偏离《行政诉讼法》文本所确立的行政诉讼模式,甚至在某些方面还进一步强化了其内在的封闭性和对抗性。例如,《贯彻意见》第1条直接界定具体行政行为的做法曾经遭到很多学者的非议,被认为人为地缩小了具体行政行为的范围。如果结合第2条有关劳动教养、强制收容审查以及征收超生费等行为可诉的规定,就能看出《贯彻意见》在受案范围问题上作了很多有利于原告方的解释。又如,《贯彻意见》第76条在《行政诉讼法》限制被告改变所

① 王亚新:《民事诉讼中的依法审判原则和程序保障》,载梁治平编:《法律解释问题》,法律出版社1998年版,第154—155页。

② 罗豪才教授语,参见其为最高人民法院行政审判庭甘文法官所著《行政诉讼法司法解释之评论——理由、观点与问题》(中国法制出版社2000年版)一书所作的"序",第1页。

作行为的基础上进一步规定"行政机关不得在第二审程序中改变其原具体行政行为""上诉人如因原具体行政行为被改变而申请撤回上诉的,人民法院不予准许",这些内容显然强化了行政诉讼程序的对抗性。至于《若干解释》,无论是受案范围的拓展、原告资格的放宽还是证据规则的完善、判决种类的增加,都体现了最高人民法院十年间司法审查规则和政策的变迁,特别是对管辖制度、被告设定、排除妨害诉讼行为的手段等方面的新规定,有利于减少行政诉讼的阻力,对人民法院依法独立行使行政诉讼权原则的落实发挥了重要的保障作用。

（二）封闭对抗型行政审判政策的特点

上述立法史的简要回顾显示,在20世纪90年代,《行政诉讼法》文本确立了一种独特的封闭对抗型的行政审判政策模式。这种模式为人们摹绘出一幅行政诉讼的理想图景:民众通过起诉将其与行政机关之间的行政争议提交至法院,法院通过受理起诉主宰行政诉讼程序的进行;在"法的空间"的塑造过程中,法院针对具体行政行为的合法性展开独立审查,并通过权威裁判的作出实现社会正义。具体来说,封闭对抗型行政审判政策模式呈现出如下三个方面的特点:

1. 明辨是非曲直。封闭对抗型行政审判政策模式的首要特点在于审判目标上的明辨是非曲直。也就是说,当人民法院受理行政相对人的起诉之后,一切诉讼程序的运作都指向最终胜负裁判的作出。从《行政诉讼法》排除调解和简易程序的适用以及坚持合法性审查、合议制、公开审判和以判决形式结案上看,行政诉讼是一定要在争议双方间决出胜败对错的。与富有柔性和"给面子"的调解相比,判决是"撕破脸"的一刀两断方式,其根本使命在于"定分"而非"止争"。《若干解释》有关驳回诉讼请求判决和确认判决的补充规定,在很大意义上固化了明辨是非曲直的行政诉讼政策导向。结合《行政诉讼法》出台之前政治体制改革的特殊社会历史背景,可以看出,封闭对抗型行政审判政策模式旨在营造一个独立的审查判断空间,由人民法院单枪匹马地为行政相对人最终讨个"说法"。在现行宪法所确立的"强行政、弱司法"的权力配置格局之下，这种行政诉讼模式表现出浓郁的理想主义情结，其象征意义要远远大于现实意义。

2. 凸显权力对抗。司法权与行政权之间的冲突与对抗，是贯穿行政诉讼始终且无法避免的事实。一般认为，《行政诉讼法》总则所规定的"审查具体行政行为合法性原则"是行政诉讼区别于刑事诉讼、民事诉讼的特有原则。"人民法院在行政诉讼中对具体行政行为进行审查是指对具体行政行为的合法性作出有法律效力的评价、确认，从而决定相应具体行政行为能否存在，能否继续对社会、对相对人发生拘束力，而不是指作一般的评价、判断。"[①]正是基于对行政诉讼这一特有原则的尊奉，整个《行政诉讼法》的框架结构都是围绕具体行政行为的审查而展开的。从受案范围、管辖、证据到审理、判决和执行，处处体现出司法权与行政权之间的对抗。尽管行政诉讼法律关系是一种三方关系，但人民法院与被告之间的矛盾与对抗却始终居于主导地位。《贯彻意见》和《若干解释》在扩大受案范围、增加提级管辖、强化裁判执行等诸多制度设计方面的努力，都在于进一步摆脱行政机关的干扰，增强司法审查的实效。

3. 司法主导运作。为了通过权力对抗达到明辨是非曲直的目标，《行政诉讼法》还将审判程序的指挥权完全授予人民法院，最大限度地压缩了原、被告之间通过合意解决纠纷的可能。这是封闭对抗型行政审判政策模式表现出的又一重要特点。与民事诉讼当事人享有充分的处分权相比，行政诉讼当事人在整个诉讼过程中都必须听从人民法院的指挥，很难实际影响行政诉讼程序的运作。一方面，行政相对人的起诉一旦被受理之后，案件即被"封存"起来交由人民法院处理，原告的撤诉只有经过法院裁定准许之后才能终结审判程序；另一方面，基于行政权不得自行任意处分的传统法理，作为被告的行政机关负有积极应诉和举证的义务，不能通过随意改变被诉具体行政行为而终结审判程序。颇具对抗色彩的是，《贯彻意见》和《若干解

---

① 姜明安：《行政诉讼法学》，北京大学出版社1993年版，第71页。

释》不惜违背“有错必究”原则和行政行为效力理论，对被告在一审程序中的改变权明确作出了限制，彰显出人民法院对行政诉讼程序运作的绝对主导权。根据《贯彻意见》第62条的规定，被告在一审程序中改变原行为，如果原告不申请撤诉或者申请撤诉未获准许，法院就应当继续审理原被诉行为。“行政主体自己否定了被诉行政行为的公定力，并另外作出了一个事实上具有公定力的新行政行为；但由于原告及法院并不一定就承认被告的改变之举，因而原行政行为的公定力事实上也还是存在的。这样一来，针对同一个对象实际上就同时存在着两个彼此不同的行政行为。”[①]尽管《若干解释》第50条对被告一审期间的改变权予以明确认可，但仍然赋予人民法院在原告不撤诉时对原行为的审查权。可见，法院对诉讼程序进展的绝对主导权极大地压缩了当事人处分权的空间，进一步显示出行政审判政策模式固有的封闭性与对抗性特征。

（三）封闭对抗型行政审判政策模式的挫败

《行政诉讼法》通过之后，社会各界曾经给予普遍好评，对其实施同样充满殷殷期待。然而，《行政诉讼法》二十多年的实施却将行政诉讼“立案难、审理难、判决难、执行难”的问题全面暴露出来。可以说，封闭对抗型行政审判政策模式已经遭遇到严重的挫折。

首先，从行政相对人角度上看，行政诉讼的公信力在不断下降，信访以及其他畸形维权方式的兴起打破了行政诉讼中心地位的预设。在行政诉讼法的制定过程中，立法者曾担心受案范围过宽会导致人民法院案件数量上的“承受力”问题。事实上，二十多年来的司法统计数据显示：全国法院一审行政案件的数量并没有出现原先预期的“井喷”局面。在《行政诉讼法》实施的最初几年里，全国一审行政案件只有2万多件；直到2001年，一审行政案件数量才达到10万件；随后即出现下滑、徘徊局面；直到2007年之后，一审行政案件数量才恢复到10万件；最近两年基本保持在13万多件。与数以亿

① 章志远：《行政行为效力论》，中国人事出版社2003年版，第160页。

计的行政纠纷相比，通过行政诉讼解决的数量实在过于稀少。“行政诉讼案件的这个数量，不符合行政执法的实际，不符合行政纠纷的实际，更不符合将人民内部矛盾纳入法律程序解决的要求，以及对行政权力广泛监督的需要。”[①]更令人担心的是，在这些数量本就不多的一审行政案件中，和解撤诉结案的一直保持在三成以上，有的年份甚至接近六成；同时，判决支持原告的案件基本上在二成以下，有的年份甚至不到一成。过高的撤诉率和过低的胜诉率既是《行政诉讼法》实施陷入困境的真实写照，也是行政诉讼自身公信力在不断下降的危险信号。2009 年 11 月 9 日，最高人民法院发布《关于依法保护行政诉讼当事人诉权的意见》(法发[2009]54 号)，坦承“行政诉讼‘告状难’现象依然存在，已经成为人民群众反映强烈的突出问题之一”，呼吁各级人民法院“不得随意限缩受案范围、违法增设受理条件”。在《行政诉讼法》实施近二十年之际，还要通过最高司法机关发文郑重强调“依法保护当事人诉权”，这本身就宣示了封闭对抗型行政审判政策模式的挫败。进入 21 世纪之后，信访潮的涌现、数量不断攀升的群体性事件以及“闹访”“自焚”等畸形维权方式的出现，进一步暴露出现行以司法为中心的行政纠纷解决机制面临崩溃的危险。

其次，从行政机关角度上看，行政诉讼化解官民矛盾的能力较弱，行政复议、行政调解的兴起不断侵蚀着行政诉讼的生存空间。植入权力对抗因子的《行政诉讼法》刚刚施行，就遭遇到行政机关的强烈抵触。当时，一些行政机关的工作人员质问：“我们办的案子，还要法院认可，这是全国人大吃了饭没事干想出来的。”广西桂林的一个镇长甚至还说：“群众告镇长，这是孙子告爷爷。”[②]国务院在 1990 年 9 月专门召开贯彻实施行政诉讼法的电话会议，通过领导讲话形式自上而下地动员部署。不过，多年以来，行政机关对行政诉讼制度的抵触情绪并未根除，一直想方设法地排斥司法机关的审查，尽可能将行政纠纷保留在行政系统内部解决。其中，行政复议制度的发展

① 杨小君：《行政诉讼问题研究与制度改革》，中国人民公安大学出版社 2007 年版，第 3 页。
② 江必新、梁凤云：《行政诉讼法理论与实务》，北京大学出版社 2009 年版，第 107 页。

对行政诉讼事实上就起到了分解和侵蚀作用。一般认为,1990 年 12 月 24 日国务院发布《行政复议条例》(以下简称《条例》)是为了"配合"行政诉讼制度的实施。其实,结合行政复议制度的整个发展进程,可以说《条例》完全是被《行政诉讼法》倒逼出来的,是行政机关试图最大限度地保障行政权顺利运作的本能之举。在二十多年的制度演进中,行政复议与行政诉讼之间上演出一幕幕激烈的"竞争剧":《行政诉讼法》—《条例》—《贯彻意见》—《条例》修改—《行政复议法》—《若干意见》—《行政复议法实施条例》。最近,"行政复议应成为我国行政纠纷解决主渠道"的呼声在官方和学界逐渐泛起,行政复议对行政诉讼生存空间的挤压再度显现。① 与此同时,尚在探索之中的行政调解却被正式写入国务院新闻办公室发布的《中国的司法改革》白皮书中,预示着大量的行政纠纷可能会被强制性分流到行政机关的行政程序中进行化解。其实,早在 2006 年年底,鉴于行政诉讼等主导性行政纠纷解决机制难以有效化解官民矛盾,中共中央办公厅和国务院办公厅就非常罕见地联合下发《关于预防和化解行政争议健全行政争议解决机制的意见》(中办发[2006]27 号),首次正式提出"健全行政争议解决机制"的设想,并将其上升到"关系群众切身利益、关系社会和谐稳定和关系党的执政地位巩固"的全局高度。来自行政系统的各种反馈显示,封闭对抗型行政审判政策模式的实效性亟待反思。

最后,从人民法院角度上看,行政诉讼的外部环境长期未见好转,行政诉讼的规范性功能日渐式微。由于"司法的依附性""没有违宪审查制度""公民诉讼没有安全保障"等宪法意义上的体制性障碍,行政诉讼法实施陷入困境几乎成为一种宿命。在司法体制没有根本改革的背景下,法院系统一直都在试图优化行政诉讼的外部环境。例如,在《行政诉讼法》实施的过程中,"民告官不见官""法官审案不见官"的现象极为普遍,以至 2001 年 11 月福建省罗源县县长刘嘉水"亲自出庭"应诉一起行政诉讼案件居然成为轰

---

① 参见应松年:《行政复议应当成为解决行政争议的主渠道》,载《行政管理改革》2010 年第 12 期。

动一时的新闻。[①] 为了推动、引导行政首长积极出庭应诉,近年来一些地方法院使出浑身解数,试图通过争取当地党委和政府的支持采取联合发文的形式对此作出刚性要求。这一做法虽在个别地方产生了出庭率高达100%的效果,但总体上并没有改变行政首长不愿、不敢、不屑出庭的现状,甚至还加剧了法院功能“工具化”和庭审过程的“庸俗化”。[②] 又如,在能动司法哲学的影响下,一些地方的法院注意积极拓展行政诉讼的延伸服务功能,通过司法建议、行政诉讼白皮书、司法与行政联席会议等多种形式为行政机关出谋划策。法院的这些主张、做法“更多强调和行政机关的沟通、配合与协调,这种司法的自我限缩在一定程度上有一种自我保护的功效”,但是,法院长期沉湎于此的结果注定会使“司法的中立、消极、自治如梦幻泡影”[③]。结合最近几年各地法院大张旗鼓地推行协调和解的行政案件处理新机制,人们不难看出,行政诉讼制度的规范性日渐式微,“行动中”的行政诉讼与“文本上”的行政诉讼几乎面目全非了。从这个意义上来说,人民法院自身的实践创新已经在很大程度上消解了《行政诉讼法》所确立的封闭对抗型行政审判政策模式。

二、开放合作型行政审判政策模式的生成

面对封闭对抗型行政审判政策模式的挫败和社会转型对行政诉讼工作的新要求,最高人民法院十年来通过各种形式不断调整行政诉讼政策,积极探索行政诉讼制度创新,在很大程度上促成了行政诉讼模式“静悄悄的革

① 参见陈海:《县长为何出庭当被告》,载《南方周末》2002年1月31日。

② 例如,在山东五莲、海南海口等地,为了提高行政首长出庭应诉率和行政案件协调和解率,法院出于“给面子”的考虑实行到被诉行政机关去开庭的做法。事实上,法院频繁到作为一方当事人的被诉行政机关去开庭使得司法的工具化面相更为突出,会在很大程度上加剧行政相对人对司法的不信任,实属得不偿失的庸俗之举。参见刘顺斌等:《将行政权力导向法治轨道——五莲法院促司法与行政良性互动》,载《人民法院报》2011年7月22日;陈祥林:《行政审判 新理念推动新实践》,载《人民法院报》2009年11月22日。

③ 汪庆华:《政治中的司法:中国行政诉讼的法律社会学考察》,清华大学出版社2011年版,第118页。

命”。可以说，一种新的以开放合作为内核的行政审判政策模式已经初现。

（一）社会转型呼唤行政审判政策模式转变

肇始于20世纪80年代的改革开放已经将中国带入一个不可逆转的社会转型时期。在政府的强力主导之下，中国的城镇化进程在21世纪之初迅速加快。在2012年的政府工作报告中，“中国城镇化率已经达到50%”的字样赫然列在其中，这是中国社会结构的一个历史性变化。伴随着城乡二元结构的断裂、人口结构的巨变和社会关系结构的变动，社会利益纠纷、社会矛盾日益突出。近年来，社会资源分配的不公、城乡贫富差距的加大和国家正式纠纷解决机制的迟钝，严重威胁到社会的稳定与和谐。信访潮的涌现和群体性事件的频发，更是社会有机体面临崩溃的征兆。事实表明，当前中国的社会矛盾纠纷主要是“干群矛盾”和“官民冲突”。被国家最高决策层视为解决人民内部矛盾、实现社会稳定最有效方式之一的行政诉讼制度，在解决行政纠纷、化解官民矛盾方面显然没有发挥应有的作用。充满理想主义色彩的封闭对抗型行政审判政策模式在激烈的社会转型中越发显得不适应，行政审判政策模式亟待转型。

首先，就行政相对人而言，将行政争议提交法院处理不仅希望能够讨个说法，更希望纠纷能够得到实质性解决。在社会转型时期，官与民之间的矛盾纠纷往往都具有十分复杂的社会背景，很多案件的背后都存在错综复杂的利益博弈。因此，行政案件的处理必须达到“案结事了人和”的效果。然而，封闭对抗型的行政诉讼模式却片面追求明辨是非曲直的目标，禁止通过调解、和解等更为灵活的手段妥善化解行政纠纷，行政案件的处理往往出现“官了民不了”的结局。当前，日益增多的行政申诉、上诉案件就反映出行政诉讼制度“定分”功能有余而“止争”功能不足的问题。仅以2010年为例，尽管相当比例的一审行政案件是以协调和解和其他方式结案的，但以判决方式结案的一审案件上诉率仍然高达78.8%；法院立案再审的数量占当年全部一审行政案件的1.1%，占全部二审案件的4.1%。[①] 这些数据表明，行政案件的审理不能简单地一判了事，必须立足纠纷的实质性化解，使行政相对人的利益得到最大限度的实现，进而真正地实现社会和谐。诚如学者所言，纠纷的解决绝不仅限于是非判定的作出，其内涵至少包括"化解和消除冲突""实现合法权益和保证法定义务的履行""法律或统治秩序的尊严与权威得以回复""避免或减少同类冲突的重复出现"等。[②] 可见，从行政相对人角度上看，一种新的以促进行政纠纷能够得到实质性解决为目标的行政审判政策模式亟待建立。

其次，就行政机关而言，基于经济发展、社会稳定与社会和谐的三重考量，希望得到人民法院的配合以实现社会多元合作共治。与西方市场主导的城市化发展路径所不同的是，我国的城镇化推进完全是一种政府主导型模式。从中央到地方，各级党政机关的相应部门对于城镇、城市的设置、规划、建设选址、土地使用的审批、土地功能的改变、规划许可证、工程许可证、基础设施的建设、改造拆迁等事务都有着严格的审批和直接决定权，举凡开发区的大规模建设、新城的设置乃至大规模的旧城改造都由政府直接运作。[③] 政府主导型的城镇化发展模式尽管能够在短时间内实现经济社会的发展目标，但也造成了土地闲置、环境恶化、社会分化等一系列十分棘手的社会问题。近年来，诸多群体性事件都是由失地农民、城市拆迁户及环境污染受害者等弱势群体所引发的。"国家对稳定的高度强调以及纠纷对社会稳定的影响，决定了纠纷解决在社会生活和政治运行中的特殊意义。持续多发的社会冲突很容易使转型社会陷入无序状态、乃至引起社会危机。"[④]正是基于对社会稳定价值的重大关切，执政党在2006年10月提出了"构建社会主义和谐社会"的政治理念，要求"统筹协调各方面利益关系，妥善处理社会矛盾"。就行政机关而言，在保持经济平稳较快发展的同时，动员体制内

---

① 参见何海波：《困顿的行政诉讼》，载《华东政法大学学报》2012年第2期。

② 参见顾培东：《社会冲突与诉讼机制》(修订版)，法律出版社2004年版，第27页以下。

③ 参见李强等：《中国城镇化"推进模式"研究》，载《中国社会科学》2012年第7期。

④ 范愉：《纠纷解决的理论与实践》，清华大学出版社2007年版，第336页。

一切有利因素化解社会矛盾、维护社会稳定就成为最重要的中心工作。因此，当行政相对人将行政纠纷诉诸人民法院时，行政机关也迫切需要得到司法机关的理解、配合和支持，进而共同完成化解社会矛盾、促进社会和谐的政治任务。然而，封闭对抗型的行政审判政策模式却以司法与行政之间的对抗作为明辨是非的手段，拒绝与行政机关之间任何可能的合作。为此，从行政机关角度上看，需要建立一种新的凸显司法与行政良性互动的行政审判政策模式。

最后，就人民法院而言，基于自身能力和所处环境的考虑，也希望“借力”于其他机关通过各种方式妥善化解行政纠纷。身处急速社会转型时期的当代中国，大量行政纠纷的发生源自复杂的社会原因，矛盾尖锐、处理难度大。以目前法院在体制内的孱弱地位和有限能力而论，实在难以承受如此过重的包袱。2004 年 10 月，时任最高人民法院院长的首席大法官肖扬在美国耶鲁大学所发表的题为“中国司法：挑战与改革”的演讲中就曾经提出：在中国目前的法院审判中，对正义执著追求的“理想主义”可能在一定程度上必须让位于解决纠纷的“现实主义”。[①] 为了积极应对复杂多样的行政纠纷，近几年来，人民法院一直在努力探索优化行政诉讼外部环境机制，试图通过协调当事人双方及其他外部社会力量一起参与行政纠纷的化解。尤其是在原告人数众多、社会影响突出的群体性行政争议的化解过程中，人民法院几乎自始至终都要在法律与政策、实质正义与程序正义、维护政府权威与个人权利、自主与谦抑之间不断穿行。在最高人民法院《关于妥善处理群体性行政案件的通知》(法[2006]316 号)所开列的机制“清单”中，“认真做好群体性行政案件的稳控工作”“积极探索以和解方式解决群体性行政争议机制”“处理群体行政案件要把司法为民和服务大局紧密联系起来”“要切实提高协调利益关系、开展群众工作、处理人民内部矛盾、维持社会稳定的本领”“紧紧依靠党委的领导和政府的支持”等政治话语充斥其间，反映出人民法

① 参见颜茂昆：《肖扬在美国耶鲁大学发表演讲》，载《人民法院报》2004 年 10 月 12 日。

院的实践智慧和对现实的无奈。相比之下,封闭对抗型的行政审判政策模式强调司法的中心地位,由法院主导一切行政纠纷的化解。很显然,这种传统的行政审判政策模式难以适应行政纠纷化解多中心的现实需求。可见,从人民法院角度上看,一种新的纠纷解决多元化的行政审判政策模式也亟待建立。

(二)开放合作型行政审判政策模式的初现

在激荡的社会转型过程中,人民法院究竟通过何种路径实现行政审判政策模式的悄然转变?有学者在分析"我国法院是如何发展行政法"时,曾经总结出司法解释、《最高人民法院公报》及法院内的规范性文件或者权威性文件等三种最主要的"法官造法"路径,认为它们"超越了个案的纠纷解决,能够产生具有法一样的对未来案件反复适用的规范效应,能够在特定的事项与领域内建章立制,形成一种稳定的法秩序"①。就超越《行政诉讼法》文本本身、总结行政诉讼实践经验、引领行政审判政策模式调适而言,最高人民法院的司法解释特别是权威性司法文件发挥了至关重要的作用。

自2004年开始,最高人民法院先后发布《关于进一步加强行政诉讼工作的通知》(法[2004]33号)、《关于加强和改进行政诉讼工作的意见》(法发[2007]19号)、《关于当前形势下做好行政诉讼工作的若干意见》(法发[2009]38号)等三个具有全局指导意义的权威性行政诉讼政策文件,推动了封闭对抗性行政审判政策模式的蜕变,对行政诉讼制度的变迁产生了极为深刻的影响。法[2004]33号文明确提出要"积极开展行政诉讼制度创新""努力营造良好的行政诉讼司法环境",要求各级法院"按照人民法院司法改革的总体部署,根据行政诉讼工作的特点和规律,积极改革和创新行政诉讼制度和工作机制,争取短期内使行政诉讼工作上一个新台阶""结合当地实际,主动自觉地接受党委领导和人大监督,争取政府支持"。"创新""主动"等词语的首度出现,彰显出最高人民法院加强行政诉讼工作的决心,也拉开

① 余凌云:《法院是如何发展行政法的》,载《中国社会科学》2008年第1期。

了行政诉讼模式转型的序幕。此后，在上述三个纲领性文件的指导下，最高人民法院又相继发布了一系列重要的司法文件和司法解释，从不同侧面突破了现有法律规定的局限，通过司法政策的调整促进行政审判政策模式的悄然转向。这些解释和文件主要包括：《关于为构建社会主义和谐社会提供司法保障的若干意见》（法发[2007]2号）、《关于进一步发挥诉讼调解在构建社会主义和谐社会中积极作用的若干意见》（法发[2007]9号）、《关于进一步加强司法建议工作为构建社会主义和谐社会提供司法服务的通知》（法发[2007]10号）、《关于行政诉讼撤诉若干问题的规定》（法释[2008]2号）、《关于充分发挥行政诉讼职能作用为保障和改善民生提供有力司法保障的通知》（法[2008]125号）、《人民法院第三个五年改革纲要（2009—2013）》（法发[2009]14号）、《关于依法保护行政诉讼当事人诉权的意见》（法发〔2009〕54号）、《关于开展行政诉讼简易程序试点工作的通知》（法[2010]446号）、《关于加强司法建议工作的意见》（法[2012]74号）。解读这些权威性文件，不难看出，《行政诉讼法》文本所规定的诸多制度都已经出现了明显变化，有的甚至完全走向了文本规定的反面。作为一种非穷尽的列举，表15直观地反映出这些变化，折射出封闭对抗型行政审判政策模式的蜕变。

表15　司法政策调整促进行政审判政策模式转型实例

基本事项	新增内容	司法文件依据	《行政诉讼法》
行政审判任务	促进依法行政，化解行政争议；从源头上预防和减少争议；注意争议的实质性解决，促进案结事了	法发[2007]2号 法发[2007]19号 法发[2009]38号	**第1条**　保证人民法院正确、及时审理行政案件；保护公民、法人和其他组织的合法权益；维护和监督行政机关依法行使职权
司法权与行政权关系	加强与行政机关的沟通与联系，取得行政机关的理解和配合，增进司法与行政的良性互动	法发[2007]19号 法发[2009]38号	**第5条**　对具体行政行为是否合法进行审查
行政审判组织形式	适用简易程序审理的案件，经当事人同意，可以实行独任审理	法[2010]446号	**第6条**　合议制

（续表）

基本事项	新增内容	司法文件依据	《行政诉讼法》
行政首长出庭应诉	肯定和支持行政领导出庭应诉；推动行政机关法定代表人出庭应诉制度，为协调、和解提供有效的沟通平台	法发[2007]19号 法发[2009]38号	**第29条** 当事人可以委托一至二人代为诉讼
积极探索行政案件处理新机制	善于运用协调手段有效化解行政纠纷；推动当事人和解；人民法院可以建议被告改变其所作的具体行政行为；善于利用现行体制提供的各种资源	法发[2007]9号 法发[2007]19号 法[2008]125号 法释[2008]2号 法发[2009]38号	**第50条** 不适用调解 **第51条** 被告改变其所作的具体行政行为，原告同意并申请撤诉的，是否准许，由人民法院裁定
简易程序	明确适用简易程序的案件范围，制定简易程序审理规则	法发[2009]14号 法[2010]446号	无
司法建议	坚持严肃性、必要性、针对性、规范性和实效性原则；坚持能动司法，延伸审判职能	法发[2007]10号 法发[2009]38号 法[2012]74号	**第65条** 行政机关拒绝履行判决、裁定的，一审法院向其上级行政机关或者监察、人事机关提出司法建议

（三）开放合作型行政审判政策模式的特点

最高人民法院近几年来一系列司法政策的调整显示，一种具有浓郁中国本土气息的行政审判政策模式正在形成。这种本土化的行政审判政策模式与《行政诉讼法》文本所宣示的“封闭对抗”已渐行渐远，“开放合作”的意蕴却日益浓厚。这种模式为人们摹绘出行政诉讼的别样图景：民众通过起诉将其与行政机关之间的行政争议提交到法院面前，法院通过与行政机关之间的互动合作，将审判活动转化为有效化解矛盾的过程，经由多元主体的程序运作最终实现行政纠纷的实质性解决。具体来说，开放合作型行政审判政策模式呈现出如下三个方面的特点：

1. 促进行政纠纷实质性化解。与以明辨是非曲直为根本任务的封闭对抗型行政审判政策模式相比，开放合作型行政审判政策模式的最终目标在于促进行政纠纷的实质性化解。现行《行政诉讼法》片面强调人民法院对被诉行政行为的合法性进行审查并作出类型化的胜负裁判，这种简单化的处理方式往往难以触及行政案件背后深层次的权利义务关系，最终过高的行政案件申诉上访率与过低的原告服判息诉率之间形成强烈反差。有鉴于此，最高人民法院近年来特别强调行政案件的审理要达到“案结事了人和”的效果，避免出现“案结事不了”“官了民不了”的现象。这种司法导向体现了行政诉讼纠纷解决观的复归，与我国当下化解社会矛盾、构建和谐社会的主流政治观完全契合。在纠纷实质性化解观的支配下，包括判决、调解、协调和解、司法建议在内的各种处理方式都可以尝试，包括法院、行政机关、原告以及其他一切有利的社会资源都可以加以利用。从这个意义上来说，促进行政纠纷实质性化解是开放合作型行政审判政策模式最为显著的特点，体现出浓郁的现实主义情结。

2. 实现司法与行政良性互动。以促进行政纠纷实质性化解为目标的行政审判政策模式必然要求重新塑造司法权与行政权之间的关系，避免出现对立化和附庸化的极端关系形态。作为行政诉讼法律关系中最为重要的一环，人民法院与行政机关之间的合作尤为必要。特别是在中办、国办联合下发《关于预防和化解行政争议健全行政争议解决机制的意见》之后，“从源头上预防和减少行政争议发生”已经成为我国和谐社会政治语境下的核心司法理念，无疑是人民法院和行政机关的共同使命。从这个意义上来说，实现行政纠纷的实质性化解构成了行政机关和人民法院之间“合作”与“共谋”的牢固政治基础。[①] 近年来，人民法院从不准调解到大张旗鼓地推崇协调、从鼓励行政首长出庭应诉到倒逼行政首长出庭应诉、从消极对待司法建议到积极运用司法建议，这些转向无不反映出人民法院在现行体制的夹缝中谋求行政诉讼发展空间的良苦用心。如果结合同一时期行政系统内部的类似

① 例如，在第五次全国行政审判工作会议上，时任中央政法委书记罗干就明确提出了衡量行政审判工作好坏的三项新标准，即“是否化解了行政争议”“是否理顺了群众情绪”“是否促进了社会的和谐稳定”。与此同时，他还意味深长地指出：“司法机关和行政机关分工不同，但在执行国家法律和维护社会和谐稳定方面目标是一致的，要努力实现司法和行政的良性互动。”参见罗干在第五次全国行政审判工作会议上的讲话，2007 年 3 月 27 日。

努力,就不难发现这种主动调适其实是相辅相成的。[①] 司法与行政之间良性互动关系的形成,为行政纠纷的实质性化解奠定了坚实基础。

3. 程序运作主体多中心主义。与封闭对抗型行政审判政策模式坚持由司法主导程序运作所不同的是,开放合作型行政审判政策模式倡导的是多中心的程序运作。也就是说,人民法院通过开放行政诉讼活动过程,吸纳更多的司法外力量参与审判程序的运作,共同推动行政纠纷的实质性化解。在多中心主义的程序运作框架之下,原、被告双方不再是消极、被动地听从于人民法院的安排,而是更加频繁地通过合意解决纠纷。行政首长出庭应诉之所以被誉为"执政为民的试金石""法治政府建设的风向标""社会矛盾化解和社会管理创新的大智慧""政府自身建设的好抓手"[②],就是因为行政首长出庭搭起了官民之间平等对话与理性沟通的平台,为人民法院协调行政案件、促使当事人和解撤诉提供了极大便利。与此同时,简易程序的设置特别是双方同意实行独任审理的试点,体现出人民法院对当事人程序选择权的尊重,促进了行政纠纷解决方式和行政案件审理程序的多元化发展。在最高人民法院近几年发布的一系列司法文件中,"善于利用现行体制提供的各种资源""积极争取当地党委和政府的支持""建立健全民意沟通表达机制"等措辞频频使用,暗含着司法高层对优化行政诉讼外部环境、借助各种司法外社会力量参与矛盾纠纷化解的热切期望。短短五年时间内,最高人

---

① 国务院 2004 年发布的《全面推进依法行政实施纲要》(国发[2004]10 号)第 28 条规定:"对人民法院受理的行政案件,行政机关应当积极出庭应诉、答辩。对人民法院依法作出的生效的行政判决和裁定,行政机关应当自觉履行。"2008 年发布的《关于加强市县政府依法行政的决定》(国发[2008]17 号)第 22 条进一步指出:"要认真做好行政应诉工作,鼓励、倡导行政机关负责人出庭应诉。行政机关要自觉履行人民法院作出的判决和裁定。"国务院《关于加强法治政府建设的意见》(国发[2010]33 号)第 25 条明确规定:"做好行政应诉工作。完善行政应诉制度,积极配合人民法院的行政审判活动,支持人民法院依法独立行使审判权。对人民法院受理的行政案件,行政机关要依法积极应诉,按规定向人民法院提交作出具体行政行为的依据、证据和其他相关材料。对重大行政诉讼案件,行政机关负责人要主动出庭应诉。尊重并自觉履行人民法院的生效判决、裁定,认真对待人民法院的司法建议。"无论从规范内容还是具体用语上看,国务院三个建设法治政府的纲领性文件都体现出对司法权威的尊重和建立行政与司法良性互动关系的愿望。

② 江必新:《积极推进行政机关负责人行政诉讼出庭应诉工作》,载《人民法院报》2011 年 7 月 23 日。

民法院相继发布两份推进司法建议工作的专门文件，使这一原本极为边缘化的制度上升为行政诉讼的中心制度，成为与行政判决、裁定及决定并驾齐驱的第四类重要的行政诉讼法律文书。[①] 司法建议的兴起，表明人民法院已经开始有意识地发挥行政诉讼的延伸功能。这种不拘泥坐堂问案，主动为党委、政府出谋划策的做法，是贯彻能动司法理念的体现，有助于人民法院社会管理创新“促进者”角色的充分发挥。[②] 可见，在多中心的程序运作中，人民法院自身的司法功能也呈现多元化的发展趋势，加之前述行政纠纷解决方式的多元化和行政案件审理程序的多元化，可以看出，“多中心主义的司法”已经取代“司法中心主义”而成为开放合作型行政审判政策模式的又一重要特征。

分析至此，开放合作型行政审判政策模式与传统的封闭对抗型行政审判政策模式的区别可以通过表 16 直观地显示出来。

表 16　开放合作型行政审判政策模式与封闭对抗型行政审判政策模式的区别

审判模式 / 比较事项	封闭对抗型行政审判政策模式	开放合作型行政审判政策模式
诉讼目标	明辨是非曲直	行政纠纷实质性化解
司法功能	权利保护、监督依法行政	权利保护、监督与促进依法行政、服务
审辩关系	对抗	合作
审理组织	合议制	允许独任审判、吸纳司法外力量参与
审查标准	合法性审查	允许合理性审查
审理程序	普通程序	允许简易程序
结案方式	判决	允许协调和解
程序运作	司法主导	多主体共同主导

① 参见章志远：《我国行政诉讼司法建议制度之研究》，载《法商研究》2011 年第 2 期。

② 参见江必新：《拓展行政审判职能 推进社会管理创新——行政审判在社会管理创新中的角色思考》，载《法律适用》2011 年第 3 期。

三、行政诉讼法修改昭示开放合作型行政审判政策的调适

2014年11月1日，第十二届全国人民代表大会常务委员会第十一次会议通过了《关于修改〈中华人民共和国行政诉讼法〉的决定》。在历经整整24年之后，我国"民告官"的基本法律终于迎来了2.0时代。现行《行政诉讼法》修改启动于十八届三中全会闭幕之际，完成于十八届四中全会闭幕之际，作为两次全会后国家层面的首要修法活动，《行政诉讼法》修改因承载特殊的历史使命而备受社会关注。党的十八届三中全会通过的《关于全面深化改革若干重大问题的决定》指出："全面深化改革的总目标是完善和发展中国特色社会主义制度，推进国家治理体系和治理能力现代化。"可以说，如何发挥行政诉讼在推进国家治理现代化进程中的作用，是此次修改行政诉讼法所面临的"最大课题"。① 国家治理体系和治理能力是一个国家制度和制度执行能力的集中体现。相比较国家治理体系的现代化而言，国家治理能力的现代化更为艰巨。作为国家治理体系重要内容的行政审判制度，能否在改革、发展和稳定的大局中发挥实际功效，事关国家良法善治的实现。立足国家治理能力现代化的视角审视《行政诉讼法》的修改，可以看出问题解决导向的修法思路非常明显，预示着国家行政审判政策向开放合作型的转向。当然，新法也留下很多遗憾之处，行政审判政策的调适还是未竟的事业。

（一）化解行政争议能力的提升

总体来看，此次修法在很大程度上提升了行政审判制度化解行政争议的能力。一方面，"解决行政争议"作为基本目的之一被正式写入《行政诉讼法》的第1条之中，彰显出行政审判制度行政争议化解功能的回归。德国法学家耶林曾言："目的是全部法律的创造者。每条法律规则的产生都源于一种目的，即一种实际的动机。"②作为《行政诉讼法》的"灵魂"条款，行政诉讼

---

① 参见江必新：《修改行政诉讼法的基本遵循》，载《光明日报》2014年4月28日。

② 转引自〔美〕博登海默：《法理学：法律哲学与法律方法》，邓正来译，中国政法大学出版社1999年版，第109页。

法的立法目的具有强大的涵摄效应，能够在法律规范冲突或者法律规范供给不足时发挥应有的解释功能。此次修法旗帜鲜明地将“解决行政争议”正式列为行政诉讼法的立法目的之一，且排在“保证人民法院公正、及时审理行政案件”之后，凸显了行政审判制度在化解官民矛盾、维护社会和谐中的重要地位，无疑会对行政审判实践产生深远的影响。

另一方面，在“灵魂”条款的引领下，新法在分则中还增加了若干匹配机制，强化了行政审判制度的纠纷化解功能。这些机制主要体现在调解结案方式的明确、简易程序的适用、一并解决民事争议的认可、行政复议机关作被告以及明显不当的行政行为可以判决撤销上。例如，新法第60条规定：“人民法院审理行政案件，不适用调解。但是，行政赔偿、补偿以及行政机关行使法律、法规规定的自由裁量权的案件可以调解。”第61条规定：“在涉及行政许可、登记、征收、征用和行政机关对民事争议所作的裁决的行政诉讼中，当事人申请一并解决相关民事争议的，人民法院可以一并审理。”又如，新法第82、83条明确了简易程序的适用范围及审判组织的形式，对于节约行政审判资源、及时化解行政争议都具有重要的推动作用；新法第70条将撤销判决的适用范围扩大到明显不当的行政行为，有助于实质性地解决行政争议。分则中的上述诸项匹配机制与总则中的灵魂条款相互呼应，有望增进行政审判制度化解行政争议的现实能力。

新法在化解行政争议方面着墨甚多，但也留下了些许遗憾。例如，调解结案方式虽然已经正式成为行政诉讼的基本制度，但与精致的行政裁判体系相比，还只是例外的补充性纠纷化解机制。我国《民事诉讼法》一方面在总则篇中设专条规定“人民法院审理民事案件，应当根据自愿和合法的原则进行调解；调解不成的，应当及时判决”，另一方面还以专章形式就调解程序的适用作了具体规定。行政诉讼制度与民事诉讼制度虽性质不同，但在化解争议方面却存在很多共性。考虑到现代行政活动方式多为裁量行政的现实，行政案件的调解事实上存在很大空间，新法第60条“不适用调解”的原则性表述尚待斟酌。加之此次修法没有实现行政诉讼的“显性”类型化改造，今后调解方式能否得到恰如其分的运用还需要观察。[①] 此外，在相关配套诉讼程序尚未健全的情况下，“一并解决相关民事争议”“行政复议机关与原行政机关共同应诉”的规定能否切实解决行政争议也不无疑问。

（二）监督依法行政能力的提升

综观新法的规定，很多内容都是以“行政权之恶”的理论预设作为前提的，全面、有效地监督行政权的行使自然就成为此次修法的亮点之一。一方面，新法第1条果断地删除了“维护行政机关依法行使职权”的规定，仅将“监督行政机关依法行使职权”保留为行政审判制度的目的之一，彰显出修法者对行政诉讼规律与时俱进的认知。作为行政诉讼法的“灵魂”条款之一，“维护和监督”的长期并存模糊了行政审判制度的功能，不利于行政审判制度在国家治理体系中的角色定位。特别是与之相匹配的维持判决的设置及其在行政审判实践中的广泛运用，几乎颠覆了行政审判制度应有的监督功能。在此次修法的过程中，无论官方还是民间，对删除“维护行政机关依法行使职权”早已形成共识。修法者顺势而为，通过“灵魂”条款的修正一举修复了行政审判制度监督行政机关依法行政的功能。

另一方面，新法还从多个角度扩大了司法监督行政的范围。首先，新法通过受案范围的扩大，使更多的行政活动得以接受司法机关的监督。新法回应行政法治实践和行政法学理论研究的发展，以“行政行为”取代“具体行政行为”作为框定行政诉讼受案范围的基石概念，暗含了拓展行政审判权运作范围的旨意；新法增设规范性文件审查之诉和行政协议之诉，使更多类型的行政活动得以纳入司法权的监督范围之中；新法将“法律、法规、规章授权组织作出的行政行为”也纳入行政行为范围之内，大大拓展了行政审判权的运行空间。其次，新法通过被诉行政机关负责人应当出庭应诉的强制性规

① 梁凤云法官在解读新法精细化的行政判决时指出：“从某种意义上讲，本次修法在确立了中国特色的行政判决体系的同时，也确立了中国特色的行政诉讼类型体系，为今后行政诉讼法典的精细化、科学化奠定了一个坚实的制度基础。”梁凤云：《不断迈向类型化的行政诉讼判决》，载《中国法律评论》2014年第4期。笔者认为，所谓“中国特色的行政诉讼类型体系”最多只是一种“隐性”而非“显性”的诉讼类型化。

定，使更多的行政首长得以接受司法机关的监督。在《行政诉讼法》的修改过程中，行政机关负责人出庭应诉制度的规定几经变化，最终罕见地成为总则篇中的基本制度，个中蕴涵着摆脱行政审判困境的本土智慧，对于提升行政首长的法治思维具有重要的推动作用。伴随着行政首长相继走上法庭，司法权威也必将获得更为广泛的社会认同。[①] 最后，新法通过对行政机关不履行裁判义务惩处措施的规定，有望使司法监督行政机关依法行政落到实处。法律的生命在于实施，法律的权威也源于实施。如果法院的生效行政裁判得不到实施特别是得不到行政机关的切实履行，那么行政权力就难以真正被关进制度的笼子内。为此，新法调整了对行政机关拒绝履行裁判义务的措施，将罚款和拘留的目标直接指向行政机关的负责人，有望增进司法监督行政机关依法行政的实效。

尽管新法通过诸多新概念、新制度的引入扩大了司法监督行政机关依法行政的范围，但能否真正落到实处还有待观察。例如，“行政行为”虽然已经上升为正式的法律概念，但其内涵和外延依旧比较模糊，与新法中所出现的“行政协议”“复议决定”等是并列关系还是种属关系还存在争议；新法第 2 条概括式规定采行的核心概念是“行政行为”，第 12 条列举式规定采行的核心概念则是“诉讼”，二者之间是何种关系同样未能明确。这些不确定概念及其相互关系的定位，在很大程度上影响着行政审判权运作的实际范围。又如，将被诉行政机关的负责人逼上法庭确实具有重要的宣示意义，但新法有关“不能出庭的应当委托行政机关相应的工作人员出庭”的例外规定又极有可能抵消制度创新的潜在价值。可见，司法监督行政机关依法行政能力的提升依旧任重道远。

（三）保障行政诉权能力的提升

从新法的规定来看，“切实保障行政诉权行使”的理念一直流淌在新法的字里行间。一方面，总则篇中专门增加了保障行政诉权的“宣示性”条款。

---

① 参见章志远：《行政机关负责人出庭应诉制度的法治意义解读》，载《中国法律评论》2014 年第 4 期。

新法第3条规定："人民法院应当保障公民、法人和其他组织的起诉权利，对应当受理的行政案件依法受理。行政机关及其工作人员不得干预、阻碍人民法院受理行政案件。被诉行政机关负责人应当出庭应诉。不能出庭的，应当委托行政机关相应的工作人员出庭。"仔细研读该条规定，不难看出，相关法意早已体现在《宪法》及《人民法院组织法》中。此处的规定貌似重复，实则是对民众行政诉权予以切实保障的重申。虽然该条的意义主要还停留在宣示层面，但因其处于总则之中，因而重要性仅次于作为立法目的的"灵魂"条款。鉴于我国行政审判制度的实施困境主要根源于孱弱的司法体制和不当的行政干预，因而宣示条款的设立非常及时且富有针对性，能够引领新法发挥保障行政诉权的功效。

另一方面，新法针对个案的具体流程，在"起诉—受理—审理—裁判—执行"等诸多环节都推出了一系列个性化的制度设计，从程序和实体两个方面保障行政诉权的充分有效行使。在起诉环节，新法明确规定书写起诉状确有困难的可以口头起诉，将一般起诉期限延长到"知道或者应当知道作出行政行为之日起六个月内"，将原告资格标准放宽到与行政行为有利害关系的公民、法人或者其他组织；在受理环节，新法改立案审查制为立案登记制，并规定了特殊情况下的"飞跃起诉"制度；在审理环节，新法规定可以实行跨行政区域管辖行政案件，规定被诉行政机关负责人应当出庭应诉，并将简易程序、一并解决民事争议、调解制度升格为基本的诉讼制度；在裁判环节，新法对判决种类和适用条件作出了详细的区分，并对再审事由进行了限定；在执行环节，新法对行政机关拒绝履行裁判义务的，规定了公告拒绝履行情况及对行政机关负责人按日罚款、拘留等措施。这些新制紧紧围绕"人民法院公正、及时审理行政案件"的宗旨展开，使每个具体案件的处理流程更符合行政诉讼的基本规律。特别是行政诉讼管辖制度的改革，有望从根本上切断地方政府对受案法院的干预。"跨区域管辖"条款作为新法第18条的第2款，与第1款"最初作出行政行为的行政机关所在地法院管辖""复议机关所在地法院管辖"直接相对，具有同等的法律效力。只要存在地方政府干预法院公正审理行政案件的可能，高级人民法院就可以动用这种“飞地管辖”模式，切实为受案法院排除各种外来干扰，进而实现民众权利有效司法救济的目标。

新法为破解行政案件“立案难”“审理难”“执行难”等问题，可谓费尽心思，在制度层面上也作了相当大的努力。不过，行政审判实践中的老大难问题能否经由修法得到一揽子解决也不无疑问。例如，跨行政区域管辖行政案件不失为现有体制内一种富有意义的改革尝试，但究竟能否借此彻底斩断行政审判的外来干预则尚需观察。目前各地正在探索的确定铁路法院集中管辖行政案件的做法虽成本较低，但能否成为未来中国式行政法院设立的先导还需审慎对待。又如，起诉环节的诸多新制确实更加人性化，但立案难问题的背后却蕴含着激烈的权力博弈，甚至是个“立案政治学”的问题。经验研究早已显示，行政案件不立案可能源自“法院自我保护”“其他官僚机构压力”“法院内个人化因素”。[①] 可见，法律技术层面的完善能够在多大程度上扭转“有案不立”现象颇值疑虑。

（四）预防行政争议能力的提升

与灵魂条款的修正和宣示条款的增加相比，新《行政诉讼法》并没有明确将预防行政争议列为行政审判制度的目的，但一些重要的制度创新实际上已经隐含着对预防行政争议发生价值的追求。首先，新法总则篇中有关行政机关负责人出庭应诉的制度规定，就是希冀通过行政机关负责人亲自走上法庭与原告激辩、与法院沟通，及时掌握行政争议发生的内在机理，从而避免新的行政争议的产生。“老大难，老大重视就不难。”新法之所以打破常规将被诉行政机关的负责人逼上法庭，主要目的还是希望行政机关负责人能够亲身了解行政争议发生的是非曲直，有则改之，无则加勉。行政机关负责人通过在法庭上掌握第一手资讯，能够对本部门、本单位、本地区的行政执法状况有较为清晰的了解，进而为及时查找和修补执法缺漏提供了可

① 参见汪庆华：《政治中的司法：中国行政诉讼的法律社会学考察》，清华大学出版社 2011 年版，第 42—52 页。

能。长此以往,被诉行政机关的执法水平有望获得显著提升,被诉行政机关负责人的法治思维有望获得有效锤炼,从而大大降低行政机关再次被诉的概率,进而达到从源头上预防行政争议发生的目的。

其次,新法有关行政复议机关决定维持原行政行为的作共同被告的规定,就是希冀通过行政复议机关的认真履职在行政系统内部及时消弭行政争议,避免将更多的行政争议引向法院。在国家治理体系中,行政复议与行政诉讼制度之间实际上存在着“竞争”与“合作”的双重关系。所谓竞争关系,就是在行政争议的解决“市场”上,行政复议和行政诉讼制度分别以其内在的优势吸引潜在的“顾客”将行政争议提交解决;所谓合作关系,就是在化解行政争议维护社会和谐的背景之下,行政复议和行政诉讼制度能够相互匹配、相互衔接共同促进行政争议的及时有效解决。在行政机关普遍不愿意当被告心态的指引下,行政复议机关宁愿选择以维持方式结案以达到规避当被告的目的。于是,行政复议在现实生活中往往就蜕变为一种十足的“维持会”。新法之所以打破常规将作出维持决定的行政复议机关列为共同被告,主要目的也在于敦促行政复议机关切实履行复议化解行政争议的职责,在司法程序之外先行解决行政争议,进而起到预防行政争议发生的效果。

最后,新法有关规范性文件附带审查后法院向制定机关提出处理建议的规定,就是希冀通过司法建议权的行使督促制定机关及时撤销或者修改不合法的规范性文件,避免再次引发新的行政争议。近年来,最高人民法院先后两次发布推进司法建议工作的专门文件,使这一原本边缘性的制度上升为基本的行政诉讼制度,成为与行政判决和裁定并驾齐驱的行政诉讼法律文书。在此次修法过程中,司法建议制度也得到了进一步的运用和发展。就规范性文件审查的结果而言,当法院认为不合法时不仅可以否定其作为被诉行政行为的合法依据,而且还能够向其制定机关提出处理建议。这样的制度安排虽然不能一揽子解决规范性文件的法律效力问题,但司法建议权的赋予及行使却具有预防规范性文件再次发生现实侵害的功能。

当然,新法若干制度所蕴含的预防行政争议发生的功能能否实际发挥作用,还有赖行政审判权独立行使外部环境的改善以及行政法官专业素养的形成。事实上,在最近几年基层的行政审判实践中,“纠纷预防型”的司法建议就得到了较好的运用。一般来说,“纠纷预防型”司法建议的发出主要包括两种情形:一是法院针对某类相同行政案件或某一时段行政案件所普遍暴露出的共性问题,及时向行政机关发出司法建议,通过接受建议者建章立制堵塞漏洞,防止再次发生类似的行政纠纷;二是法院以行政审判白皮书方式将司法建议从个案层次提升到年度报告层次,通过对上年度本行政区域内行政案件总体状况的深度剖析,为行政机关改进工作、化解诉讼风险提供具有针对性的意见和措施。很显然,这些实践中的创造体现了中国本土的司法智慧,对预防行政争议的发生具有重要的作用。

四、开放合作型行政审判政策模式的完善

新《行政诉讼法》的良法美意能否在实施过程中得以展现,不仅事关行政审判制度的发展,而且还直接影响国家治理现代化的进程。在行政诉讼受案范围得到拓展、立案登记制更加便利、跨行政区域管辖更加公正的背景下,人民法院应当勇于立案、敢于立案、善于立案,不断锤炼行政审判制度化解纠纷、监督行政、保障诉权和预防纠纷的能力,进一步完善开放合作型行政审判政策模式。

(一) 适度抗衡是开放合作的前提

开放合作型行政审判政策模式的建构并不意味着司法机关可以完全放弃对行政行为的合法性审查,也不意味着司法机关可以一味采取模糊、迁就的方式寻求行政纠纷的功利性化解。针对行政诉讼实践中出现的各种各样的变异,有学者批评“中国的法院为了摆平各种关系,很大程度上所展现的

并不是一个中立司法者的面向”[①]。《行政诉讼法》颁行二十多年来，尽管遭遇到很大挫折，但其对于行政法治的推动、人权保障的落实、官民矛盾的化解以及公法研究的促进都起到了积极作用。因此，对于传统封闭对抗型行政审判政策模式中的某些合理因子仍有必要予以继承。正如美国社会法学的创始人庞德所言：“我们必须决定，通过法律我们预计能做些什么以及必须把什么留给其他社会控制机关去办。我们必须检验我们所有的法律武器，估计一下每件武器对于我们今天的任务有多大的价值，还要问一问，可能设计一些什么新的东西，以及设计出来之后，我们能合理地期望它们完成什么任务。”[②]

在开放合作型行政审判政策模式的完善过程中，首先应当坚持适度抗衡是开放合作的前提原则。就适度抗衡的匹配性制度设计而言，关键在于“行政审判权独立行使”和“行政诉讼类型化改造”的落实。其中，前者的目的在于为适度抗衡提供组织保障，后者的目的在于为适度抗衡提供空间保障。当前，围绕行政审判权独立行使的改革主张很多，建立行政法院的呼声很高。行政法院的设置事关中国司法改革的走向，也涉及国人特别是政治精英对西方社会司法独立理念的理解程度和继受方式，实有必要循序渐进从而不断凝聚社会共识。不过，在现行《宪法》第126条“人民法院依照法律规定独立行使审判权，不受行政机关、社会团体和个人的干涉”规定的解释框架下，各种有助于行政诉讼权独立行使的举措都可以进行尝试。《中共中央关于全面深化改革若干重大问题的决定》指出：“深化司法体制改革，加快建设公正高效权威的社会主义司法制度，维护人民权益，让人民群众在每一个司法案件中都感受到公平正义。确保依法独立公正行使审判权检察权。改革司法管理体制，推动省以下地方法院、检察院人财物统一管理，探索建立与行政区划适当分离的司法管辖制度，保证国家法律统一正确实施。”这

---

① 汪庆华：《政治中的司法：中国行政诉讼的法律社会学考察》，清华大学出版社2011年版，第161页。

② 〔美〕罗·庞德：《通过法律的社会控制 法律的任务》，沈宗灵等译，商务印书馆1984年版，第114页。

一规定为进一步推进司法改革提供了有力依据,“人民法院独立行使行政审判权”有望获得更加坚实的体制保障。出于“妥善消解司法权与行政权间的紧张对立”[①]的考虑,对行政诉讼制度实施类型化改造确有必要。在不同类型的行政诉讼中,司法与行政抗衡的程度并不相同。一般来说,撤销诉讼、课予义务诉讼、确认诉讼中的对抗相对比较激烈,调解结案受到很大限制;相反的,一般给付诉讼中的合作成分则大为增强,调解结案应受鼓励。因此,为了明确抗衡和合作的具体场域,行政诉讼类型化改造显得尤为必要。当前,应在认真贯彻实施新法司法解释的基础上不断生成不同类型的行政诉讼的审理规则,为今后行政诉讼类型化改造奠定基础。

(二)机制创新是开放合作的关键

作为一种全新的行政审判政策模式,开放合作既是诉讼理念和诉讼哲学的更新,同时也是纠纷解决机制的转型。鉴于现行《行政诉讼法》完全是一种行政行为中心主义的结构安排,因而在行政纠纷解决机制上体现的也都是一种一元化的思路:单一的撤销诉讼;单一的合法性审查;单一的普通程序审理;单一的判决结案方式。按照行政诉讼类型化的改造思路,必须充分发挥行政争议以及行政相对人诉讼请求的引领作用,通过多元化的机制创新,改变目前纠纷解决方式僵化、单一的局面。为此,就必须处理好“边缘与中心”“变革与守成”之间的关系,将一些实践证明行之有效的机制及时吸纳进来,形成一种多中心主义的结构。

在开放合作型行政审判政策模式的建构中,与开放合作精神相匹配的机制建设主要包括如下四个方面:一是多元化的行政诉讼程序。当前,需要从适用范围、审判组织及审理规则等方面进一步完善简易程序。针对已经经过行政复议程序特别是复议听证式审查程序之后进入行政诉讼程序的案件,以及适用简易行政执法程序作出的行政处理决定,可以考虑适用更为灵活、快捷的诉讼程序进行审理,从而使有限的行政诉讼资源得到更为科学合

---

① 章志远:《行政诉讼类型构造研究》,法律出版社 2007 年版,第 33 页。

理的配置。二是多元化的纠纷解决方式。除了贯彻实施好现行行政裁判方式以外,有必要参照《行政复议法实施条例》的有关规定并结合司法实践的经验得失,对行政诉讼调解和和解结案方式作出更为详细的规定,切实扭转既往行政诉讼非正常撤诉率过高的局面。同时,要进一步发挥“裁判补充型”司法建议在行政纠纷化解中的特殊作用。三是多元化的司法审查标准。除了在撤销诉讼、课予义务诉讼及部分确认诉讼中继续坚持合法性审查标准之外,应着力从两个角度构建多元化的司法审查标准:一方面,区分事实问题、法律问题、政策问题和裁量问题,针对行政案件所涉及的不同方面的问题分别进行合法性、合理性和合目的性审查;另一方面,区分不同类型的行政诉讼,在无效确认诉讼中探索建立“是否明显违法”的审查标准,在一般给付诉讼中探索建立实质性审查标准。四是多元化的庭审布局。庭审布局属于法律仪式范畴,法庭场景的布置、审判地点的选择并非微不足道的技术问题,其背后往往具有深刻的司法隐喻。近年来,“圆桌审判的德州模式”“行政首长出庭应诉的海安模式”“法院文化建设的港闸模式”等地方样板的兴起,显示出中国行政诉讼庭审布局多元化的发展趋势。

放眼中国的整个法治事业,可以看出法治的进路也正处于转型之中,即从单向度的学习、借鉴西方法律制度和理论的“追仿型进路”迈向以适应中国具体国情、解决中国实际问题为目标的“自主型进路”。“自主型法治进路的实质,就是把解决中国实际问题、实现有效的社会控制与治理的要求渗透到法律及其运作的整个过程之中,从而形成与中国国情相适应的法治体系。”[①]中国社会的转型仍在艰难进行之中,中国法治的探索也在进退维谷之间。如何在法治理想与中国现实之间进行适度妥协,如何在普世价值与中国特色之间理解行政诉讼制度,如何在变革与守成之间完成行政审判政策的调适,注定是我们这一代人将要长期面临的课题。笔者相信,伴随着新法的实施,开放合作型行政审判政策模式将得到进一步发展和完善,不仅会影

① 顾培东:《中国法治的自主型进路》,载《法学研究》2010年第1期。

响到我国行政诉讼制度未来的变革，而且也必将为我国自主型法治进路的探索积累更多有益的经验。

【拓展阅读】

1.《聚焦婚检立与废》，载《人民法院报》2005年8月7日。

2. 莫纪宏：《停止强制婚检是执法违法》，载《检察日报》2005年8月15日。

3. 江必新、梁凤云：《最高人民法院新行政诉讼法司法解释理解与适用》，中国法制出版社2015年版。

4. 李广宇：《新行政诉讼法逐条注释》，法律出版社2015年版。

5. 李广宇：《新行政诉讼法司法解释读本》，法律出版社2015年版。

6. 全国人大常委会法制工作委员会行政法室编：《行政诉讼法立法背景与观点全集》，法律出版社2015年版。

后　记

如何将自己的科研成果及时融入教学实践活动之中，如何吸引更多的年轻学子对行政法产生浓厚兴趣，如何为行政法学科发展储备充足的年轻力量，一直是萦绕在我心中亟待求解的问题。从教十四年来，我不断摸索、大胆尝试，逐渐形成了一种综合性的行政法案例教学模式。这种模式的主要特点有二：一是案例素材的多元化，举凡最高人民法院公布的经典案例、媒体关注的时兴案例、社会治理实践中的热门事件、国家重要的政策变迁，都被纳入行政法学的研习视野；二是分析方法的多元化，既有立足行政法释义学所进行的“法内”分析，也有立足行政法社会学所进行的“法外”分析。这本著作的整理和出版，就是我所倡导的综合性行政法案例教学模式的结晶。希望拙著的面世，能够吸引更多的年轻学子喜欢行政法、热爱行政法直至以行政法学为毕生追求的志业。

如果从大学毕业攻读研究生开始算起，今年已是我从事行政法学研习的第二十个年头。从肥西路3号到十梓街1号再到万航渡路1575号，我的人生之旅一路向东。感谢启蒙老师程雁雷教授，她的鼓励让我有勇气离开家乡走向外面的天地；感谢授业恩师杨海坤教授，他父亲般的关怀让我感受到家的温暖；感谢老校长何勤华教授，他的信任让我有机会效力华政行政法学科的振兴。感谢北京大学出版社驻沪办事处王业龙老师和徐音老师，二位的邀请延续了我心中的北大梦；感谢我指导的研究生谢小元和芮雪晴同学，二位的仔细校阅减少了书稿文字的错漏；感谢《法学研究》《法学家》《清华法学》《法商研究》《法学》《华东政法大学学报》《行政法学研究》《浙江社会科学》《江苏行政学院学报》等刊物的厚爱，使得书稿的学术质量有了基本保证。唯愿自己能够在行政法案例研习方面继续探索，今后为社会奉献更好的专题作品。

这本小书是我转会沪上之后出版的第三本著作，记录着我生命中一段非常特殊的心路历程。俗话说，每个转会的教授背后都有一段故事。对于我这样纯粹的书生而言，由苏到沪只不过是听从内心深处的召唤而已，其间的焦灼、无奈和冷暖都已化作人生或快或痛的记忆。感谢妻子和女儿，她们与我在新的环境里一起努力打拼，谱写了我们这个家庭一段艰辛的奋斗史；感谢沪上叶必丰教授、关保英教授、朱芒教授、邹荣教授、沈福俊教授等前辈行政法学者和许多同辈学者、朋友的关心和帮助，使我得以逐渐融入沪上；感谢华政新书记曹文泽教授、新校长叶青教授的勉励，感谢华政行政法学科同事的支持，相信华政行政法学科的明天更美好。

当我在键盘上敲击文字撰写后记时，沪上三十年来最寒冷的冬日刚刚过去。此刻，窗外是一片明媚的阳光。回首过去一年在沪上生活的点点滴滴，那些境遇、奇遇和遭遇就像这变幻莫测的天气，让人目不暇接。只要内心有梦想、只要内心真强大，生活必将更加美好、人生必将更加丰满。三十年前，当童年的我挤在邻居家如痴如醉地观看电视剧《上海滩》时，又怎能想到我最终会与这座城市结缘？无论前路还有多么艰难，我会继续怀揣梦想演绎“都市放牛”，直到永远。

章志远

2016 年 1 月 25 日于沪上愚园路